教育部人文社会科学研究规划基金项目成果"考虑环境效应的中国省际能源效率问题研究"（编号：11YJA790121）

考虑环境效应的中国省际能源效率问题研究

屈小娥 著

经济科学出版社

图书在版编目（CIP）数据

考虑环境效应的中国省际能源效率问题研究／屈小娥著．
—北京：经济科学出版社，2014.8
ISBN 978-7-5141-4869-5

Ⅰ.①考…　Ⅱ.①屈…　Ⅲ.①省-区域经济发展-能源效率-研究-中国　Ⅳ.①F206

中国版本图书馆CIP数据核字（2014）第172042号

责任编辑：凌　敏　程辛宁
责任校对：王肖楠
责任印制：李　鹏

考虑环境效应的中国省际能源效率问题研究
屈小娥　著
经济科学出版社出版、发行　新华书店经销
社址：北京市海淀区阜成路甲28号　邮编：100142
教材分社电话：010-88191343　发行部电话：010-88191522
网址：www.esp.com.cn
电子邮件：lingmin@esp.com.cn
天猫网店：经济科学出版社旗舰店
网址：http://jjkxcbs.tmall.com
北京密兴印刷有限公司印装
710×1000　16开　12.75印张　220000字
2014年8月第1版　2014年8月第1次印刷
ISBN 978-7-5141-4869-5　定价：38.00元
（图书出现印装问题，本社负责调换。电话：010-88191502）
（版权所有　翻印必究）

前　言

　　改革开放以来，中国经济在保持平稳快速增长的基础上，其巨大的能源消耗和环境污染，已经对可持续发展提出了严峻的挑战。尤其是高耗能产业和重化工业的快速发展，导致对能源资源的掠夺式使用，最终造成了能耗大、效率低、污染重的严重后果。目前，中国正处于经济社会转型的特殊历史时期，工业化快速发展，由此带动城市化进程步伐加快，能源消耗快速增长的同时，能源利用效率低下，浪费严重，环境问题突出，能源环境问题已成为制约可持续发展的重要因素之一。

　　为了缓解经济增长面临的资源环境压力，我国在"十一五"规划中首次提出把降低能耗强度和减少主要污染物排放作为国民经济和社会发展的约束性指标，把节能减排作为调整经济结构，转变经济发展方式的突破口。"十二五"规划指出，到2015年，全国万元GDP能耗下降到0.869吨标准煤（按2005年价格计算），比2010年的1.034吨标准煤下降16%，"十二五"期间实现节约能源6.7亿吨标准煤。全国化学需氧量和二氧化硫排放总量分别比2010年各减少8%，全国氨氮和氮氧化物排放总量比2010年各减少10%。而实现这一目标的根本途径就在于如何提高能源效率，减少环境污染。中国幅员辽阔，各省区之间能源效率差异显著，在制定节能减排战略目标时，如果不考虑各省区的异质性而将节能减排指标按相同比例分摊，势必会影响节能减排目标的顺利实现。本书从各省区能源消费、环境污染及能源效率差异的现实出发，以中国省级经济单元为对象，以能源效率为中心展开研究，在综合考虑各种因素的共同作用下，全面测评各省区全要素能源效率，以此为基础研究提高能源效率的根本途径。其研究结果可以为有针对性地制定符合中国国情的能源环境经济政策及可持续发展战略目标提供科学依据。

本书是在教育部人文社会科学研究规划基金项目资助的基础上完成的，感谢西安交通大学人文社会科学学术著作出版基金的支助。全书基本结构如下：

第1章和第2章为基础研究部分。第1章为绪论部分，主要根据目前中国经济发展过程中能源消费量大而能源效率低、环境污染严重以及地区能源效率差异不断扩大的现实，介绍选题背景、研究目的与研究意义以及研究内容。第2章为文献综述。分别从理论研究、实证研究等方面回顾与总结国内外已有研究进展及尚需要进一步完善的方面，提炼出本研究的创新点、重点及难点。

第3章至第7章为实证研究部分内容。主要运用经济学、管理学、运筹学、统计学、计量经济学等相关交叉学科的前沿研究理论与方法，考虑能源消耗、污染排放等资源环境约束条件，全面科学地测评中国省际全要素能源效率、省际工业和工业行业全要素能源效率，研究能源效率变动的影响因素。最后，通过灰色预测GM(1,1)模型，测算各省份的节能、减排潜力和节能、减排规模，为根据地区实际制定切实可行的节能减排战略目标提供依据。

第8章为结论部分。对全书的基本内容和观点结论进行了简单总结，并对未来研究提出了一些基本思考。根据研究结果，提出节能减排约束下中国省际、省际工业、工业行业能源经济可持续发展的对策建议。根据"十二五"期间节能、减排潜力测算结果，提出未来中国能源经济可持续发展的战略选择。

本书的部分研究成果已经在权威及CSSCI以上期刊陆续发表，并被大量转载和引用以及获得学术奖励，这将成为作者继续进行此方面后续研究的动力。在本书写作过程中，参考了国内外大量的理论及实证研究文献，这在本书参考文献中也有列举，但并不全面，在此向各位表示衷心感谢！

屈小娥

2014年6月

目 录

第1章 绪论 ………………………………………………………… （ 1 ）
    1.1 研究背景 …………………………………………………… （ 1 ）
    1.2 研究目的与研究意义 ……………………………………… （ 5 ）
    1.3 研究框架与研究内容 ……………………………………… （ 9 ）
    1.4 研究方法与技术路线 ……………………………………… （ 12 ）

第2章 文献综述 …………………………………………………… （ 15 ）
    2.1 理论研究综述 ……………………………………………… （ 15 ）
    2.2 实证研究综述 ……………………………………………… （ 22 ）
    2.3 本章小结 …………………………………………………… （ 37 ）

第3章 中国省际全要素能源效率及决定机制研究 …………… （ 39 ）
    3.1 能源生产效率的时空演变 ………………………………… （ 39 ）
    3.2 省际全要素能源效率测算 ………………………………… （ 43 ）
    3.3 全要素能源效率的差异性 ………………………………… （ 56 ）
    3.4 全要素能源效率决定机制研究 …………………………… （ 58 ）
    3.5 结论及建议 ………………………………………………… （ 65 ）

第4章 省际能源效率的空间相关性和收敛性研究 …………… （ 68 ）
    4.1 能源效率的空间相关性检验 ……………………………… （ 69 ）
    4.2 空间相关性的计量分析 …………………………………… （ 77 ）
    4.3 能源效率的收敛性研究 …………………………………… （ 84 ）
    4.4 本章小结 …………………………………………………… （ 87 ）

第5章 省际工业全要素能源效率及影响因素研究 ……………（89）

5.1 DEA方法简介 ……………………………………………（90）
5.2 模型、指标与数据 ………………………………………（91）
5.3 省际工业全要素能源效率及节能、减排潜力测算 ……（95）
5.4 省际工业全要素能源效率影响因素分析 ……………（108）
5.5 本章小结 …………………………………………………（112）

第6章 主要工业省份工业行业全要素能源效率变动分解 ……（114）

6.1 模型构建 …………………………………………………（114）
6.2 指标选取与数据说明 ……………………………………（116）
6.3 实证研究 …………………………………………………（118）
6.4 本章小结 …………………………………………………（126）

第7章 "十二五"各省节能减排潜力测算 ………………………（128）

7.1 灰色预测GM（1,1）模型 ………………………………（129）
7.2 预测结果及分析 …………………………………………（133）
7.3 各省单位产值能耗预测 …………………………………（141）
7.4 "十二五"期间各省节能潜力测算 ……………………（144）
7.5 "十二五"期间各省减排潜力测算 ……………………（149）
7.6 本章小结 …………………………………………………（161）

第8章 结论及启示 …………………………………………………（164）

8.1 主要结论 …………………………………………………（164）
8.2 政策启示 …………………………………………………（167）
8.3 有待进一步研究的问题 …………………………………（170）

参考文献 ……………………………………………………………（172）
后记 …………………………………………………………………（194）

第1章 绪　　论

1.1 研究背景

　　早期的经济增长理论在研究增长问题时，大多回避了自然资源对经济增长的约束作用。古典经济学家认为资本、劳动、土地等要素投入是经济增长的动力，新古典增长理论主要分析资本、劳动、技术进步在经济增长中的作用，而新增长理论则试图将技术进步内生化。20世纪70年代连续两次"石油危机"的巨大影响，促使世界各国和经济学家重新审视自然资源对经济增长的约束作用，自然资源在经济增长中的作用日益得到重视，把自然资源作为一种投入要素纳入经济增长模型，探索资源约束下的最优增长路径，也成为经济学家研究的热点。早期的研究中，Rashe 和 Tatom（1977）首次将能源要素引入 Cobb-Douglas 生产函数，探索能源使用和经济增长之间的关系。随后，Kraft J. 和 Kraft A.（1978）研究了美国 1947~1974 年间能源消费和 GDP 之间的因果关系。到目前为止，能源已经和资本、劳动力一样，成为生产过程中必不可少的投入要素，其可持续利用问题已经受到世界各国的普遍关注。从全球范围看，目前世界能源市场普遍存在供给不足、供需不平衡及能源价格的大幅度波动等现象，各国对能源资源的争夺使世界能源市场形势紧张。如何在有限的资源约束下以技术进步提高能源效率，降低能源消耗，缓解能源约束瓶颈，已经成为经济学领域一个新的研究方向和研究热点。

　　作为世界上经济增长最快的国家之一，改革开放以来的中国经济增长速度令世界瞩目。但同时，经济增长过程中的资源约束、环境污染与可持续发展等问题也日益突出。

1.1.1 能源需求增长较快，供需矛盾日益突出

　　根据统计资料，新中国成立 60 多年来，我国 GDP 增长了大约 10 倍，同时矿产资源消耗增长了约 40 倍。1978~2000 年，中国 GDP 平均增长率为

9.5%，能源消费平均增长率为3.82%，能源消费增长率不到GDP平均增长率的一半，能源消费弹性系数小于1，1996~1999年的三年时间里，中国能源消费弹性系数甚至出现负值，中国以较低的资源消耗取得了较高的经济增长。而2001年后中国能源消费大幅度增加，2003~2005年中国GDP平均增长率为10.2%，能源消费平均增速13.9%，能源消费增长速度超过GDP增长速度，经济增长表现为以较高的资源消耗为代价，对能源消费的依赖性不断增加。2006年以后能源消费弹性系数虽有所回落，但和同等发展水平的国家与地区相比，中国的能源效率在国际上还处于较低水平，地区之间的差异也比较明显。

从世界范围看，2007年中国GDP总量24.95万亿元，占世界GDP总量的6.0%；而一次能源资源消费总量达18.634亿吨油当量，占世界一次能源资源消费总量的16.8%；原油消费3.68亿吨，约占世界原油消费总量的9.3%。2011年中国能源消费量34.8亿吨标准煤，同比增长7.1%，远高于世界平均水平（2.5%），其中，石油消费量增长5.5%，在石油净增长中所占份额达到42%；煤炭需求量增长9.7%，是全球最高。从能源供需情况看，2007年我国能源消费总量26.5亿吨标准煤，同比增长7.8%；一次能源生产量23.7亿吨标准煤，同比增长7.2%，供需缺口2.8亿吨标准煤。2011年我国能源消费总量34.8亿吨标准煤，一次能源生产量31.8亿吨标准煤，供需缺口3.0亿吨标准煤。虽然我国能源储量丰富，但人均拥有量较低，因此无论从能源供需的绝对量还是相对量来看，我国能源供需缺口都比较大。如果说20世纪90年代中期以及90年代初期曾经出现的能源短缺主要是由于生产能力的不足，而今后将会逐步受制于国内资源的不足。能源供需矛盾使我国在未来的发展中将会面临更大的挑战。

1.1.2 经济发展阶段的特殊性对能源消费产生强烈的依赖

目前，我国大部分省区已进入工业化发展的中期阶段，随着以工业化带动城市化进程的加快，总人口增长，居民消费水平提高、消费结构升级以及高耗能重化工业行业的过度扩张，交通运输事业的快速发展，汽车和家用电器大量进入居民家庭，使居民生活用能大幅度增加，能源供需压力增大。自1993年我国成为石油净进口国以来，能源（特别是石油）进口大幅度增加，对外依存度不断提高。2001年我国石油对外依存度仅为30%，2005年对外依存度为43%，继2007年达到49.7%之后，2008年已达到51.4%，比2007年增加1.7

个百分点；2012年我国国内生产原油2.04亿吨，进口2.8亿吨，石油对外依存度已经达到58%左右。由此产生的能源供需缺口将严重影响国民经济的平稳运行，并隐含着国家能源安全危机。此外，受国际金融危机的影响，在当前经济增速明显放缓的背景下，进一步降低单位产值能耗难度较大。同时，在拉动内需的过程中，对钢铁、水泥等基础原材料需求呈增长趋势，使高耗能行业保持一定的增长刚性。2014年2月中国社会科学院世界经济与政治研究所发布的《世界能源中国展望（2013－2014）》指出，2035年中国能源需求将占世界能源需求的24%，2035年中国能源需求增量将占世界能源需求增量的38.5%。到2020年，中国每天将进口石油800万桶以上，成为世界上最大的石油进口国。为了保证国民经济的平稳运行与发展，基于中国目前经济发展阶段的特殊性，运用符合我国能源消费特点的研究技术与方法对其可持续利用问题重新定位与研究，可以为政府宏观部门制定可持续发展的能源经济政策提供科学依据。

1.1.3 能源利用效率低，进一步提高的难度大

改革开放以来，虽然我国在节能技术方面取得了显著成效，但能源利用效率低下仍然是目前可持续发展面临的巨大挑战。我国是仅次于美国的世界第二大能源消耗国，但总体能源利用效率仅为33%，低于发达国家10个百分点左右。目前，电力、钢铁、有色、石化、建材、化工、轻工、纺织8个行业主要产品单位能耗平均比国际先进水平高40%；机动车油耗水平比欧洲高25%，比日本高20%；单位建筑面积采暖能耗相当于气候条件相近发达国家的2～3倍。我国可以做到不牺牲经济增长速度而通过调整结构、技术进步、加强管理、深化改革等措施实现大幅度能效提升（上海证券报，2009－02－27）。"十一五"期间，我国GDP年均增长11.2%，能源消费年均增长6.6%，能源消费弹性系数回落较大。但能源效率仍然较低。目前，我国国内生产总值占全世界GDP的9%左右，但能源消费几乎翻了一番，达到了19%。单位GDP能耗是世界平均水平2.5倍，美国的3.3倍，也高于巴西、墨西哥等发展中国家。由于在经济转型中出现的诸多问题以及我国出现并可能持续较长时期的重化工业化新阶段，居民用能增加以及国际制造业的转移等，都会对资源利用造成巨大的压力；另一方面，由于产业结构调整及技术进步缓慢，进一步提高能源效率的难度较大。本书从中国能源利用效率差异的事实出发对此问题进行探讨，可以为如何提高能源利用效率，降低

能源消耗提供科学依据。

1.1.4 地区能源效率差异显著，节能潜力较大

长期以来，在区域经济非均衡发展的格局下，地区之间能源效率（以单位能源投入的经济产出衡量）差异显著。从东、中、西三大地区能源效率的平均变动趋势看，1995~2011年三大地区能源效率（1995=100）提高的趋势比较明显，但地区之间的差异逐年扩大。1995年三大地区能源效率之比（以西部地区为100）为1.32：0.93：1，到2011年这一比例扩大为1.76：1.27：1。

从地区内所含省份看，1995~2011年能源利用效率最高的五个省市都集中在东部地区，分别是广东（1.3145万元/吨标准煤）、福建（1.2808万元/吨标准煤）、海南（1.2160万元/吨标准煤）、江苏（1.1996万元/吨标准煤）、上海（1.1958万元/吨标准煤），这五个省市单位能源投入的经济产出几乎都在1.2万元以上。而能源利用效率最低的五个省区都集中在西部地区，分别是内蒙古（0.2014万元/吨标准煤）、宁夏（0.2822万元/吨标准煤）、贵州（0.3004万元/吨标准煤）、青海（0.3038万元/吨标准煤）、重庆（0.3077万元/吨标准煤），单位能源投入的经济产出几乎都在0.30万元以下。经济增长表现为高投入、高消耗、低效率的粗放型增长模式。

东部各省市除河北、辽宁、山东外，其余省市平均能源利用效率均在0.8万元/吨标准煤以上，中部8省市除江西、湖南外，其余省市都在0.8万元/吨标准煤以下，山西最低在0.38万元/吨标准煤以下，西部11省市除广西外，有一半的省区在0.4万元/吨标准煤以下。三大地区能源效率由东向西呈现明显的"梯度递减"现象。可见，在制定节能降耗战略目标时，如果把各地区看作同质总体而将节能指标按相同比例分摊，势必会影响节能降耗目标的实现。本书从省级经济单元能源效率变动趋势及推动能源效率变动的影响因素出发对此问题进行探讨，可以为根据地区能源效率变动及影响因素，制定有针对性的节能降耗战略目标提供依据。

1.1.5 环境问题突出，已成为可持续发展面临的巨大挑战

我国的能源资源条件决定了以煤为主的能源消费结构在短期内难以改变，由此产生的污染物排放，使得在经济增长的同时，也付出了沉重的环境代价。根据统计数据，全国烟尘排放量的70%，二氧化硫（SO_2）排放量的

90%，氮氧化物排放量的67%，二氧化碳（CO_2）排放量的70%，都来自燃煤。我国每增加单位GDP的废水排放量要高出发达国家4倍，单位工业产值产生的固体废弃物要高出发达国家10倍以上，大气污染造成的经济损失占GDP的3%~7%。二氧化硫和二氧化碳排放量已分别位居世界第一位和第二位。世界银行发展报告列举的世界上污染最严重的20个城市中，中国占了16个；在2010年世界环境绩效指数（EPI）排名中，中国得分49分，在所有163个国家和地区中排名第121位。国际社会对我国经济发展带来的环境问题的关注度也与日俱增，这一切使我国的经济发展面临巨大的内部、外部压力。世界银行根据目前发展趋势预计，2020年中国燃煤污染导致的疾病需付出经济代价达3900亿美元，占国内生产总值的13%，发达国家在工业化中后期出现的污染公害已经在我国普遍出现，它不仅导致贫富分化加剧，社会矛盾激化，到2020年以后中国将难以回避对温室气体排放限制的承诺①。严重的环境污染不仅阻碍了可持续发展，也使中国面临着国际政治舆论的巨大压力。提高能源管理水平和能源效率，降低能源消耗成本，减少能源消耗的环境影响，无疑是应对当前发展困境，建设资源节约型、环境友好型社会的必由之路，也为中国制定符合基本国情的能源经济政策提供指导。

因此，在确保国民经济发展战略目标顺利实现的前提下，以促进资源节约、环境友好、社会和谐为根本，从国家宏观视角和区域视角出发，全面评价并研究中国能源效率及其影响因素，探索提高能源效率的动力源泉，其结果对于进一步完善国家能源经济政策，保证国家能源安全，促进"能源—经济—环境"与社会的和谐发展，将会产生积极的作用。

1.2 研究目的与研究意义

1.2.1 研究目的

目前，中国正处于经济社会转型的特殊历史时期，工业化快速发展，由此带动城市化进程步伐加快，能源消耗快速增长的同时，能源利用效率低下，浪费严重，环境问题突出，能源环境问题已成为制约可持续发展的重要因素之

---

① 董少广，王淮海．我国目前能源结构与资源利用效率分析［N］．中国信息报，2006-04-26．

一。国内外众多的研究机构和学者从不同角度出发,基于不同的数据,运用不同的方法对中国能源效率问题进行研究。但大多数研究主要集中于探讨能源消费与经济增长之间的因果关系。对于中国能源效率问题的研究起步较晚,且有限的研究主要集中于探讨中国总体层面能源效率问题,对中国各省市区能源效率问题及省际工业能源效率,省际之间能源效率的空间相关性,以及"十二五"各省节能减排潜力的测算与分析等方面的问题,迫切需要大量的研究文献予以实证。

基于以上研究背景及目前中国能源效率问题的研究现状,本书从中国能源消费和能源利用效率现状出发,以中国省级经济单元为对象,以能源效率为中心展开研究。第一,基于生产函数理论框架,将"多种投入—单一产出"的能源效率研究扩展到同时考虑能源投入、污染物排放等在内的"多种投入—多种产出"的全要素能源效率研究框架,以此为基础测算各省区全要素能源效率。第二,运用地理统计学与空间计量经济学的相关理论与方法,通过计算空间相关指数,建立能源效率研究的空间回归模型,研究省际之间技术交流及扩散与提高能源效率的关系。第三,在第3章、第4章研究的基础上,逐步深入省际工业全要素能源效率的测算与分析。通过构建数据包络(DEA)分析的能源效率模型,测算并分析省际工业全要素能源效率、节能减排潜力、节能减排总量和节能减排规模;研究省际工业全要素能源效率变动的驱动因素。第四,在省际全要素能源效率、省际工业全要素能源效率研究的基础上,逐步深入工业行业内部,通过构建基于数据包络分析的 DEA - Malmquist 指数,以陕西省为例,测算了工业38个行业全要素能源效率指数,并将测算结果进一步分解为技术进步指数和技术效率指数,对技术效率指数进一步分解为纯技术效率指数和规模效率指数,以此为依据研究工业行业全要素能源效率变动的源泉。第五,通过建立灰色关联预测 GM(1,1) 模型,实证测算"十二五"期间各省区的节能、减排潜力。

综合以上分析,本书的根本目的在于,从时间和空间两个维度,全面、科学地测评中国省际全要素能源效率及省际工业全要素能源效率,探讨能源效率变动的源泉;结合各省份"十二五"规划节能、减排潜力测算结果,为制定有针对性地符合中国国情的能源经济政策及可持续发展战略目标提供科学依据。

1.2.2 研究意义

改革开放以来的中国经济，虽然保持了平稳、快速增长，但高投入、低产出的粗放型增长方式，尤其是高耗能产业和重化工业的快速发展，导致对能源资源的掠夺式使用，最终造成了能耗大、效率低、污染重的严重后果。但是，中国的工业化和城市化进程仍然会继续推进，高耗能、重污染的钢铁、水泥、化工等工业行业仍然会在国民经济中发挥不可替代的基础作用。在此背景下，研究如何转变粗放的经济增长方式，以技术创新提高能源效率，降低能源消耗，减少环境污染，具有重要的理论及现实意义。

1.2.2.1 理论意义

就能源经济理论而言，古典经济学家认为，资本、劳动、土地等要素是经济增长的动力源泉；在新古典经济增长理论中，外生的技术进步成为经济增长的主要决定因素。20世纪70年代两次"石油危机"导致的经济大萧条，促使人们重新思考增长背后潜在的资源危机。经济学的研究也开始注重自然资源的作用，在理论研究方面，主要体现为对主流经济增长模型的扩展，将自然资源引入增长模型，分析资源约束下的最优增长路径。80年代末至90年代初"可持续发展"概念的提出，以及经济增长对不可再生资源需求的不断增加，使经济增长理论重新关注资源问题，这一时期，理论方面的研究主要尝试将自然资源纳入内生经济增长模型进行研究。

随着可持续发展思想的引入，国内许多学者也开始关注资源约束与经济增长的关系。但到目前为止，大部分研究基于能源经济的可持续发展层面，有关经济增长与能源效率方面的学术研究还比较少见，关于中国经济增长与能源效率的理论与实证研究则更为少见，理论研究中也并未形成一套完整的可以指导实践的理论体系。在此背景下，对这一问题进行研究，有助于完善能源经济理论，也将会为相关领域的后续研究提供新的理论奠基。

1.2.2.2 现实意义

继"十一五"规划提出单位GDP能耗降低20%的约束性目标外，我国《"十二五"节能减排综合性工作方案》明确规定，到2015年，全国化学需氧量和二氧化硫排放总量应分别控制在2347.6万吨、2086.4万吨，分别比2010年下降8%；全国氨氮和氮氧化物排放总量分别控制在238.0万吨、2046.2万吨，分别比 2010 年下降 10%。而实现这一目标的根本途径就在于如何提高能源效率，减少环境污染。中国幅员辽阔，各省区之间能源效率差异显著，在制定节能减排战略目标时，如果不考虑各省区的异质性而将节能减排指标按相同比例分摊，势必会影响节能减排目标的顺利实现。因此，本书从各省区能源消费、环境污染及能源效率差异的现实出发，在综合考虑各种因素的共同作用下，全面测评各省区全要素能源效率，以此为基础研究提高能源效率的根本途径。其结果可以为根据各省区能源效率差异现状及提高的可能性与现实性，制定有针对性的节能减排战略目标提供决策依据。

　　中国工业化发展的历史表明，中国工业的高速增长明显表现出能源高消耗和污染高排放为代价的特征。从总体上看，我国的工业能源效率明显低于发达国家，工业领域主要用能行业单位产品能耗高于国外平均先进水平 1.4 倍，有些产品能耗水平甚至高于世界先进国家 1.8 倍。从工业化水平的区域差异看，我国的工业化水平具有明显的区域不均衡性，东部地区大部分省市已进入工业化水平的高级阶段，而中西部大部分省份处于工业化中期，部分落后省份仍处于工业化初期阶段。而在工业化发展的不同阶段，单位产品能耗差异较大，但能源仍然是工业化进程持续进行的重要物质和战略保障。我国许多省份工业化的高速发展在很大程度上经历了粗放型的增长过程，为此也付出了沉重的资源环境代价。党的十六大提出走科技含量高、经济效益好、资源消耗低、环境污染少、人力资源优势得到充分发挥的新型工业化道路，已成为目前及今后工业和国民经济可持续发展的必然选择。基于各省份工业化水平和工业行业能源效率的巨大差异，本书通过研究省际工业能源效率现状及提高的可能途径，探索弱化工业化进程中能源约束的相关对策，其结果对于建立新型工业化道路与能源可持续利用的良性互动机制，有效推进新型工业化进程，具有重要的现实意义。

　　中国区域经济发展的非均衡性已成为共识，与经济的非均衡性发展相适应，中国的能源效率也具有明显的时空分布特征。但现有文献研究大多忽视了能源效率的空间依赖性和空间相关性，进而也就忽视了地区之间技术交流与扩散等因素对能源效率的影响。尤其是在经济全球化和区域经济一体化背景下，地区之间的经济技术联系就更加紧密，结合地理、生态、资源、环境等交叉学科的相关理论与方法，从时空结合的角度研究能源效率的空间依赖及空间集群特征，则可以更全面的把握与提高能源效率相关的各种因素，其结果可以为制定区域能源经济政策提供有效支持，以便于更好地为国家能源安全服务，为走资源节约型、环境友好的可持续区域平衡增长路径奠定基础。

中国经济发展的实践证明，粗放型、低效率、重污染的能源利用方式，将无法支持可持续发展目标的实现。面对有限的资源约束，只有借鉴国际经验，结合各省区实际，全面、科学、客观地评价中国能源效率现状，探讨能源约束的形成机理，并预测其未来可能的发展趋势，才能为制定符合中国国情的能源经济政策、寻求能源约束下的最优增长路径提供有效的决策支持，也必将成为中国能源宏观管理领域研究的新课题。

1.3 研究框架与研究内容

1.3.1 研究框架

本书以我国各省份为基本经济单元，以考虑环境效应的能源效率为中心展开研究。从省际全要素能源效率研究逐步深入到省际工业全要素能源效率、工业行业全要素能源效率及能源效率的空间相关性等方面的研究；进一步基于省际差异测算"十二五"期间各省份节能、减排潜力。具体研究内容包括：

第1章和第2章为基础研究部分，主要根据目前我国经济发展过程中能源消费量大、环境污染严重而能源利用效率低，各省份能源效率差异不断扩大的现实，介绍本书的选题背景、研究目的与意义；在总结国内外相关理论及实证研究的基础上，结合我国内能源效率的研究动态及能源经济研究中迫切需要解决的问题，提出本书的研究内容、研究方法及主要创新点。

第3章至第7章为实证研究部分，主要运用经济学、统计学、运筹学、计量经济学等相关交叉学科的前沿研究方法与技术，考虑能源消耗、污染排放等资源环境约束，全面科学地测算并评价省际全要素能源效率、省际工业全要素能源效率、工业行业全要素能源效率；并从地理统计学和空间计量经济学相结合的角度研究省际能源效率的空间相关性，从时空结合的角度全面把握各省份全要素能源效率的差异及变动源泉。既弥补了国内能源效率研究的欠缺，也为进行绿色增长核算奠定基础。根据各省份经济增长、能源消费及污染物排放的现实，测算"十二五"期间各省份节能减排潜力及节能减排规模，为根据地区差异制定有针对性的能源环境政策及可持续发展战略目标提供可行性支持。

第8章为结论，总结全书，提出进一步的研究方向。

本书主要研究框架图如图 1-1 所示。

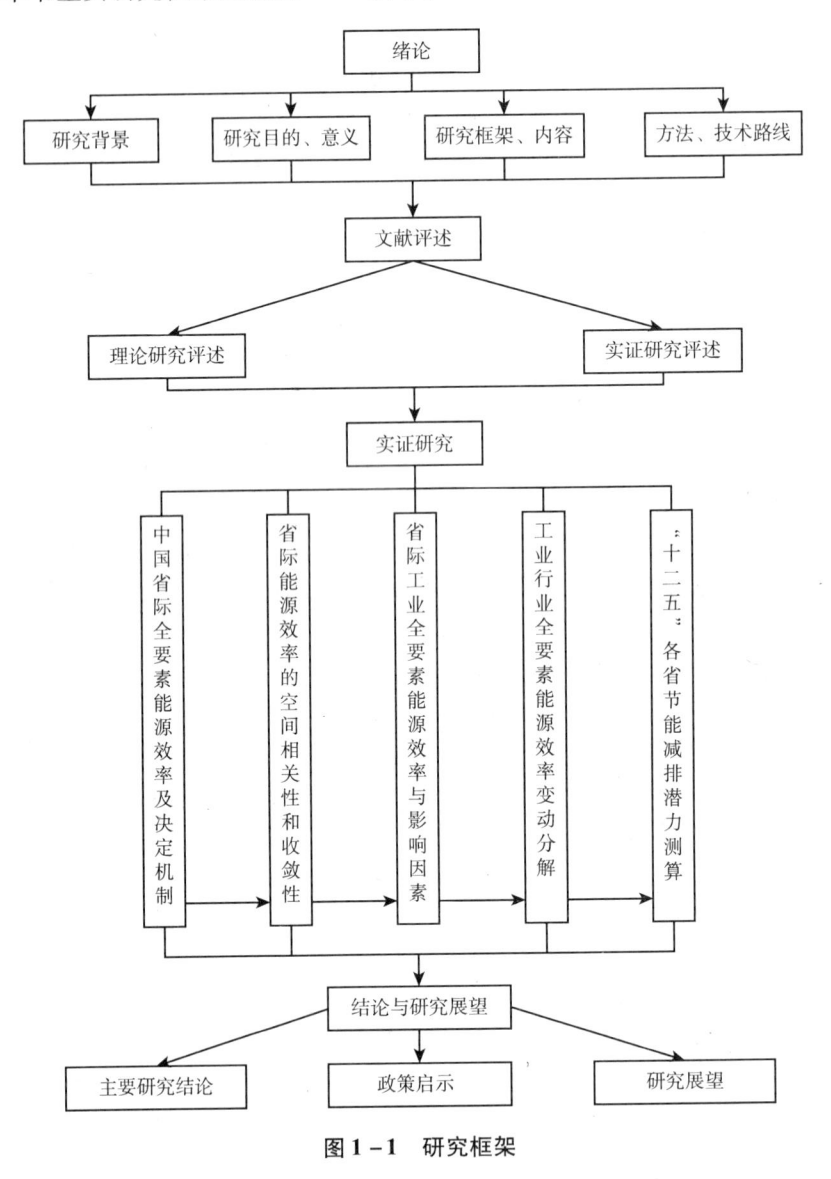

图 1-1 研究框架

1.3.2 研究内容

全书共分8章。各章内容安排如下：

第1章绪论。主要介绍本书的选题背景、研究目的与研究意义；通过对国内外相关领域研究文献的回顾与总结，提炼出本书的研究内容、研究特色与主要创新点。

第2章文献评述。分别从理论研究、实证研究方面回顾与评述国内外能源约束与经济增长的关系、能源效率的内涵、能源效率及其影响因素等方面的已有研究成果。

第3章中国省际全要素能源效率及决定机制研究。通过构建最小能源投入、最大产出增长、最低污染排放的"多投入—多产出"效率前沿模型，实证测算各省份全要素能源效率。运用Tobit模型研究全要素能源效率变动的影响因素。

第4章省际能源效率的空间相关性和收敛性研究。通过计算空间相关指数（MoranI指数），构建空间计量模型，研究中国省际能源效率的空间效应，全面把握能源效率变动的时空特征，以便于各省区合理安排产业布局。

第5章省际工业全要素能源效率及影响因素研究。运用非参数的DEA效率评价方法，同时考虑能源投入和污染排放在内，测算并分析省际工业全要素能源效率，节能减排潜力，节能减排总量和节能减排规模；研究省际工业全要素能源效率变动的成因，探索提高能源环境约束下工业全要素能源效率的途径。

第6章主要工业省份工业行业全要素能源效率变动分解。在全要素框架下构建包括能源投入、污染物排放在内的DEA-Malmquist生产率指数；以陕西省为例，首先测算各行业规模效率与技术效率，判断各行业所属的状态；其次，测算工业行业全要素能源效率指数，并将测算结果进一步分解为技术进步指数和技术效率指数，对技术效率指数进一步分解为纯技术效率指数和规模效率指数，以此研究工业行业全要素能源效率的差异及变动根源，为制定适合本地区发展的能源环境经济政策及承接外来转移产业提供指导。

第7章"十二五"各省节能减排潜力测算。通过建立灰色关联预测GM(1,1)模型，实证测算"十二五"各省份能源消费总量与经济增长总量指标，以此为依据测算"十二五"各省区的节能减排潜力，其结果能较好地模拟地区现实，为根据本地区实际制定中长期节能减排战略目标提供参考。

第8章结论及启示。归纳主要研究观点，提出进一步研究的方向。

1.4　研究方法与技术路线

1.4.1　研究方法

本书在研究过程中遵循"提出问题—确定目标—实证研究—解决问题"的逻辑思路，在此基础上针对各章节内容运用不同研究方法进行研究。

针对省级经济单元的全要素能源效率、省际工业全要素能源效率、工业行业全要素能源效率、能源效率的空间相关性及节能潜力测算等问题的研究是一个跨经济学、管理学、运筹学、计量经济学与统计学等相关学科的一个交叉研究对象。本书围绕研究对象、研究内容与研究目的，检索了国内外相关领域丰富的研究文献，收集与整理了全国30个省份大量的研究数据，为理论分析和实证研究奠定了坚实的基础。

在研究方法上，遵循现代经济学的研究范式，以理论研究为基础，采用定性分析与定量分析相结合、规范分析与实证分析相结合。严格遵循提出问题、理论建模、实证研究、政策建议的研究思路，围绕省际能源效率问题及能源效率的变动源泉展开研究。主要实证研究方法体现在：

（1）构建包含能源投入、污染排放在内的全要素能源效率模型。将"多投入—单产出"的单要素能源效率模型扩展到包含能源投入、污染排放在内的"多投入—多产出"全要素能源效率模型，拓展了能源效率研究的范围。以此测评中国各省级经济单元的全要素能源效率。

对于全要素能源效率收敛性研究采用β收敛模型；全要素能源效率决定因素的研究采用Tobit模型。

（2）数据包络分析法。数据包络分析法（Date Envelopment Analysis，DEA）是集数学、运筹学、数理经济学和管理学于一体的交叉学科，它使用线性规划技术评价具有多个输入与输出的决策单元（Decision Making Units，DMU）的效率问题。由于DEA方法不需要事先设定具体的函数形式，在避免函数形式设定有误和减少误差、简化运算等方面具有不可低估的优势。本书首先利用DEA方法计算目标能源投入，结合实际能源投入，测算省际工业全要素能源效率、可节能量和节能潜力。其次基于产出角度的减排潜力测算模型，测算各省份减排潜力和可减排总量。

（3）Malaquist生产率指数法。Malaquist生产率指数法属于非参数DEA方法的一种，这种方法可用于研究在没有确定行为目标前提下的多投入—多产出效率评价，分为投入型 Malaquist 指数模型和产出型 Malaquist 指数模型；其评价结果可以分解为技术进步指数和技术效率指数，而技术效率指数又可以分解为纯技术效率和规模效率指数。因为工业行业较多且各行业间差异较大，不宜设定统一的函数形式，故选用非参数分析方法，即以数据包络分析为基础的 DEA-Malmquist 生产率指数法，从其分解结果探索工业行业全要素能源效率变动的源泉。

（4）空间相关性研究方法。空间相关性的研究方法在能源效率研究中极为少见，大多数研究忽视了能源效率的空间相关性研究。本书针对这一研究欠缺，首先，通过空间权重矩阵确定本区域与相邻区域之间的空间关系；其次，计算 MoranI 指数，检验省际能源效率的空间相关性。MoranI 指数取值介于 [−1，+1] 之间，其绝对值越大，表示空间相关性越强；最后，构建省际能源效率的空间分布动态模型，定量研究能源效率的空间相关性。

（5）灰色预测 GM（1，1）模型构建及应用。灰色系统理论是控制论观点延伸到经济社会等领域的产物，也是自动控制科学与运筹学等数学方法相结合的结果。本书通过建立抽象能源经济系统发展变化的动态模型，遵循灰色预测 GM（1，1）模型的适用范围及可靠性判断准则，首先，以各省份 1990 ~ 2010 年能源消费总量作为原始数据序列，模拟各省份能源消费的灰色预测模型，测算"十二五"期间各省份节能潜力、节能总量及节能规模。其次，以各省份 1995 ~ 2010 年二氧化硫排放量作为原始数据序列，模拟各省份污染物排放的灰色预测模型，测算"十二五"期间各省份减排潜力、减排总量及减排规模。

总之，本书对各省份能源效率的评价研究，综合了国内外相关学科的前沿研究方法、研究内容以及指标选取及数据处理经验。在此基础上结合中国实际，构建适合中国国情的能源效率研究模型，对各省份能源效率进行创新性应用研究，为继续进行此方面的后续研究提供了一个新的研究方法与研究平台。

1.4.2 技术路线

本书在研究过程中，将遵循以下技术路线：

（1）国内外相关领域文献资料的收集、整理、评述，总结相关研究取得的成果，提出需要进一步探索与完善的方面。

（2）理论研究。有关能源效率评价的理论基础研究，是本书实证研究的基础，也是进一步探索的起点。

（3）相关研究指标的构建，数据的收集、处理与分析。

（4）实证研究及结论。基于一定的理论基础，构建相应的实证模型进行实证研究，找出地区能源效率的演变规律及变动成因，提出相应的对策建议。

第 2 章 文献综述

2.1 理论研究综述

2.1.1 能源约束与经济增长

自然资源作为人类经济活动必不可少的物质基础，在早期的经济增长研究中并没有得到应有的重视。传统的发展经济学承认自然资源的有限性，但并不认为自然资源会成为影响经济发展的决定因素。古典经济增长理论十分强调物质资本在经济增长中的重要性，从约翰·穆勒开始的新古典经济学家的研究兴趣主要集中于给定资源的静态配置，自然资源基本上未纳入主流经济增长理论研究中。因此，早期的经济学论著和经济学教科书中甚少涉及自然资源的合理利用及可持续发展问题。随着工业革命的产生和经济规模的扩大，自然资源对经济增长的约束已日益显现。自 19 世纪开始，以马尔萨斯为代表的古典经济学家就开始预言土地资源的稀缺性问题，20 世纪，一些国家由于木材存量的稀缺恐慌导致林业管理机构建立。随后，在 1972 年，罗马俱乐部发表了研究报告《增长的极限》，该报告将整个世界作为研究对象，指出了世界人口、工业发展、粮食生产、能源消耗和环境污染五种因素之间的变动和相互关系，即人口没有粮食就不能增长，粮食的增长依赖于资本的增长，更多的资本需要更多的资源，被抛弃的资源成为污染，污染扰乱人口和粮食的增长。主要结论为：假定经济系统不发生重大变化，即如果维持现有人口增长率和资源消耗速度不变的话，世界资源将会枯竭，人口和工业的增长最迟在下一个世纪内会停止。

发生于 20 世纪 70 年代的两次石油危机，似乎印证了 Meadows 等人的结论，这不仅引起了经济学界对资源环境问题的普遍关注，也使世界各国普遍认识到，如果经济增长过度依赖能源消耗，则一旦发生能源短缺，经济系统必将遭到严重打击。与此同时，能源经济理论也随之得到发展。这一时期，在理论方面，主流经济学家试图扩展增长模型，将自然资源纳入生产函数，分析资源约束下经济增长的最优路径。一般认为 Vousden（1973）最早将资源存量作为效用函数的自变量之一，展开对资源问题的研究。Rahe 和 Tatom（1977）首次将可耗竭资源纳入 Cobb-Douglas 生产函数，力图寻找资源使用与长期经济增长之间更加符合实际过程的基本规律，为研究经济增长与自然资源之间的关系提供了一个全新的研究视角。与此同时，少数经济增长理论家则运用新古典 Ramsey 增长模型分析可耗竭资源的最优开采及利用路径，得出了能源只是经济增长的影响因素而非决定因素这一相对乐观的研究结论（Solow，1974；Stiglitz，1974；Dasgupta and Heal，1979）。尽管这些研究从自然资源的角度扩展了经济增长理论，但正如 Barbier（1999）的评价一样，由于基于新古典模型的研究中对技术进步的来源存在解释困难，因此，这些模型缺乏说服力。此后的研究主要沿两个方面展开，一是发展各种分析性的理论模型来解释长期经济增长；二是用数理统计和计量方法对经济增长和自然资源的相关问题进行实证研究。

20 世纪 80 年代以后，由于石油危机导致的能源消费减少，以及新的节能技术和节能设备的出现，经济增长对能源消费的紧张局面有所缓解。相对于工资率，一些主要自然资源，如煤炭、石油、土地等的价格，在 80 年代开始下降，并于 1990 年基本回落到 1970 年的水平（Nordhous，1992）。主流经济学家对经济增长中自然资源约束问题的研究也随之下降，有关"资源约束"问题的研究在 80 年代再次沉寂下来。

20 世纪 80 年代末至 90 年代初，一系列全球环境问题，如气候变暖、酸雨、臭氧层空洞等，再次引发经济学界对资源环境问题的关注。这一时期，可持续发展思想迅速发展并壮大，经济增长理论也出现新的突破，使得主流经济增长理论对自然资源约束问题的研究又开始出现复苏。世界自然保护联盟于 1980 年发表的《全球保护战略》中，正式提出了"可持续发展"的概念，世界环境与发展委员会（WECD）于 1987 年出版的《布伦特报告》（Byuntlang Report）——《我们共同的未来》，则明确提出了"可持续发展"的思想。这两份文献极大地引发了人们关注经济增长带来的资源环境问题的兴趣，也成为这一时期可持续发展思想的标志性文献。在此背景下，资源与环境问题再度引起经济增长理论的关注。这一时期，以 Romer（1980，1990）、Lucas（1988）、Grossman 和 Helpman（1991）、Rebelo（1991）等为代表的经济学家，在内生增长理论的研究上取得了突破性进展，他们强调经济增长的源泉主要来自经济体系内部的力量,即通过人力资本积累、知识外溢、研发收益、干中学等使经济增长保持正的增长率,形成了新增长理论或内生增长理论。由于内生增长理论强调技术进步对现实有较强的解释力,这一理论也迅速成为经济增长理论的研究热点,对自然资源和环境问题的研究也主要以内生增长理论为主展开。由于发达国家在经济发展中存在明显的生态环境破坏现象,如人口增长伴随的耕地沙漠化、水资源短缺等,这一时期学者们的研究兴趣主要集中于将环境因素纳入内生增长模型。如经济学家 Bovenberg 和 Smulders(1995,1996)、Gradus 和 Smulders(1993)、Barbier(1999)等人对内生增长模型予以扩展,将环境因素纳入内生增长模型进行研究。随着经济增长对资源需求的不断增加,经济增长中资源的约束作用也日益显现,一些经济学家也开始尝试在内生增长模型中纳入自然资源进行考察。Common 和 Perring(1992)对照非减少总量财富的定义和关键自然资本的定义,提供了资源约束下经济增长的一种分析方法论;Beltrati 等(1995)将增长理论中的黄金率推广得到了一种"绿色黄金率",并求解出了最优路径;Romer(1996)建立了资本、劳动、技术、自然资源和土地要素基础上的经济增长模型,并利用 Cobb-Douglas 生产函数给出了自然资源约束下的均衡增长率;Schou(1996)和 Smulders(1995)分别将不可再生资源和基于熵流的环境纳入经济增长模型进行研究(余江,2008)。Daly(1996)、Stokey(1998)、Goulder 和 Mathai(1998)、Nordhaus(1999)、Aghion 和 Howitt(1998)、Grimaud(1999)、Copeland(2004)等学者也从不同角度对资源、环境与经济的可持续发展进行研究。Hamilton(1995)关注了可持续发展、Hartwick 准则与最优经济增长的关系;Hamilton 和 Wichagen(2004)关注了储蓄、福利与可持续发展问题;Asheim,Buchholz 和 Withagen,(2003)则研究了 Solow 模型中的可持续规划问题;Withagen 和 Asheim(1998)则从与 Hartwick 准则相反的方向,刻画了经济系统的可持续增长问题。Hamilton 和 Hartwick(2005)则研究了投资可耗竭资源与消费路径。

随着可持续发展思想在全球范围内的普及与深入,自然资源与经济增长关系的研究也引起我国国内学者的关注。但相对于国外,国内学者的研究起步较晚。早期的研究中,蒲建勇(1997)把不可再生资源作为生产要素分别纳入新古典增长模型和"边干边学"的内生增长模型研究可持续发展问题。蒲建勇和杨秀苔(1999)对上述模型进行了扩展,建立了三部门的可持续增长模型。王海建(1999a,1999b,2000)将耗竭性资源纳入生产函数,建立了基于 Romer 模型、研发以及 Lucas 人力资本积累三种不同的内生增长模型,从不同角度考察研发对经济增长和资源耗竭的影响，求解出模型的稳态增长解。范金（2002）在 Olson（1990）、Muse 和 Lines（1995）及 Rubio 和 Geotz（1998）的研究基础上，建立了包括物质资本、人力资本和生态资本在内的最优经济增长模型。刘凤良和郭杰（2002）在内生经济增长模型中引入知识积累的作用，试图解析资源可耗竭、知识积累与内生经济增长的关系。焦必方（2001）则构建了包括环境因素在内的内生经济增长模型；陈超和王海建（2002）则在 Arrow 和 Romer 干中学模型的基础上，建立了环境外在性的内生增长模型。刘朝马和刘冬梅（2001）、芮建伟和王立杰（2001）、魏晓平和王新宇（2002）等学者也分别从不同视角对资源耗竭与可持续增长进行了探索。

近期的研究中，于渤等（2006）在内生增长模型的基础上，建立了同时包含资源耗竭、环境因素在内的可持续增长模型；张彬等（2007）在生产函数框架下，建立了一个同时包含能源和环境在内的内生增长模型，研究经济可持续增长和资源持续利用等问题；李仕兵和赵定涛（2008）基于 Romer 增长模型，通过将污染引入生产函数、将环境引入效用函数，构建了包含环境约束的内生增长模型；彭水军（2008）构建了同时包含劳动供给和人力资本在内的动态增长模型；李金凯（2009）、王庆晓等（2009）、黄菁（2009）等分别从不同角度构建了包含环境、资源在内的内生增长模型，探讨了资源环境约束下的经济增长问题。

从以上资源约束与经济增长理论研究的演进过程看，20 世纪 70 年代"石油危机"爆发前的经济增长理论，几乎都忽视了自然资源对经济增长的约束作用。此后理论层面的研究主要是将自然资源纳入经济增长模型，发展各种分析性的理论模型来阐释长期经济增长。80 年代末至 90 年代初可持续发展思想的兴起，促使经济学家重新审视资源、环境与经济增长的关系问题，出现了同时包含资源和环境双重约束的内生增长模型。但总的来看，主流经济增长理论基本上将资源环境约束下的经济增长问题归结为一个给定要素下的最优增长路径问题。

我国国内已有的关于资源约束与经济增长的理论研究，基本上都是沿袭了西方学者的研究成果，这方面的研究目前正处于探讨阶段，相关的研究文献并不多见。

在有限的资源约束下，如何保持能源经济的可持续发展，能源经济问题的研究视角逐渐转向如何提高能源效率，降低能源消耗，于是，能源效率问题研究引起世界各国经济学界的普遍关注。

2.1.2 单要素能源效率

能源是生产过程中必不可少的投入要素，但同时又会对环境产生负面影响。如何防止能源危机，减少环境污染，Meadows 等（1992）指出，为了能够超越极限，实现资源可持续、环境可支持、技术可行和经济增长的目标，只能通过提高能源效率和使用以太阳能为基础的可再生能源。Daly（1996）构建了一个基于可持续发展视角的新框架，认为经济系统只是生态系统的子系统，为了使资源利用可持续，必须从强调劳动生产率转向强调资源生产率，通过资源效率改进来实现经济质量上的增长和可持续发展（魏楚，2009）。Poter 和 Vander Linde（1995）经过研究认为，改善能源效率可以提高劳动生产率，有利于降低能源和其他投入要素。Patterson（1996）则在一篇综述中指出，当前的公共政策越来越关注能源效率问题。有关能源效率的研究在随后的发展中逐渐引起学者们的普遍关注。

目前，国际上普遍采用"能源效率"来代替20世纪70年代能源危机后的"节能"一词。关于能源效率的定义，世界能源委员会1995年出版的《应用高技术提高能效》中，把能源效率定义为："减少提供同等能源服务的能源投入"，这是能源效率的一般性概念。即能源效率是指能源投入与产出之比，能源效率指标可分为能源经济效率和能源技术效率（王庆一，2003）。经济上的能源效率指用相同或更少的能源获得更多的产出或更好的生活质量；技术经济上的能源效率指由于技术进步、生活方式改变、管理改善等而导致的能源使用的减少（Bosseboeuf，1997）。计算能源经济效率时应采用最终能源消费量，计算能源效率则应采用能源消费总量。

不同领域研究对能源效率的定义存在很大差别，但大多数研究文献都采用能源经济效率指标。计算能源效率的方法有两种：一是单要素能源效率，即只考虑能源要素投入与产出进行比较，而不考虑其他投入要素；二是全要素能源效率，即综合考虑各种投入要素共同作用的能源效率（Hu and Wang，2006）。

关于单要素能源效率的计算，有两种方法：一种是用单位产值能耗表示，即一个国家的综合能源效率指标是指增加单位 GDP 的能源需求；另一种表示方法，按照 Patterson（1996）的定义，能源效率指标可用等式表示，即：

$$能源效率 = 某一生产过程的有用产出/该生产过程的能源投入$$

前者实际上是指能源强度，即单位产值能耗；后者即为能源生产效率——

即单位能源投入的经济产出,两者互为倒数。

对于能源强度指标,Wilson等(1994)认为,能源/GDP比值本身包含了大量的结构因素,如产业结构变动(Jenne and Cattell,1983),能源与劳动、资本之间的替代关系,能源投入结构的变化(Renshaw,1981;Liu et al.,1992),能源价值变化的影响(Boyd and Pang,2000),能源/GDP比值受这些因素的影响,因此,这一指标很难刻画"效率"的内涵,也难以反映经济中能源技术效率的变化。这一结论也在Patterson和Wadsworth(1993)的实证研究中得到了证明。

对于能源生产率指标,Patteron(1996)、Hu和Wang(2006)认为,这一指标只衡量了单一能源要素与产出之间的一个简单的比例关系,忽视了其他投入要素的作用。Ghal和EI-Sakka(2004)也认为,在生产中,资本、劳动以及能源要素是相互配合的,最后的产出则是各种投入要素相互配合、共同发挥作用的结果。因此,用能源投入与产出之比测度能源效率也存在一定的局限性。Abbott(2006)也指出,传统能源生产效率的缺陷在于它无法描述一个产业在生产过程中真实的变化。

综合来看,单要素能源效率指标计算简单,也便于使用和理解,但它只衡量了能源投入和产出之间一个比较简单的比例关系,忽略了其他要素投入对产出的贡献以及能源和其他要素投入之间的替代效应,而且也无法度量潜在的能源技术效率(Wilson等,1994),如产业结构或不同能源要素之间的相互替代等,不能真正刻画出能源效率的真实含义,存在较大的局限性,无法描绘出能源效率的真实变动情况。

2.1.3 全要素能源效率

全要素能源效率是基于全要素生产率(Total Factor Productivity,TFP)框架而发展起来的,对全要素生产率的研究始于经济学家丁伯根(Timberger)和索洛(Solow)。1947年,荷兰经济学家丁伯根首次提出了反映生产中实际产出和实际要素投入间相互关系的指标——全要素生产率。1954年,戴维斯(Davis)在全要素生产率框架下引入原材料和能源要素投入,认为全要素生产率不但包括资本和劳动力投入,也包括原材料和能源等所有的投入要素,明确了全要素生产率的内涵。1957年,索洛在规模报酬不变前提下提出了总量生产函数和增长方程,把总产出看作资本、劳动力投入带来的产出增长,其"余值"(被称为"索洛余值",肯德里克将其定义为全要素生产率)作为技术进步对产出的贡献。索洛模型也因此成为估算全要素生产率常用的理论模型。1967年，丹尼森对"索洛余值"测算方法进行了完善发展，考虑了投入要素的不同特性，对投入要素进行了更为细致的划分和测算。1973年，乔根森（Jorgenson）对基于投入和产出比率计算的生产率进行了完善，认为只有将产出和所有投入要素综合使用，才能更全面的度量生产效率的变化，这一变化就是全要素生产率。20世纪80年代以后，全要素生产率概念经过不断补充和完善，其研究的理论基础与研究方法日趋成熟，应用也越来越广泛，并逐渐延伸到能源效率的使用与测算之中。

目前，全要素生产率的含义是指扣除资本、劳动力投入要素贡献以外，其他所有要素贡献的总和。全要素生产率的变化可以分解为技术进步率、技术效率变化、规模效率变化和资源生产率变化（Kumbhakar and Lovell，2000）。全要素能源效率的概念就是在此基础上发展起来的。进一步证明，能源本身是不能创造任何产出的，只有当能源和其他投入要素相互配合使用，才能发挥其对产出增长的贡献，能源效率的提高依赖于全要素生产率的提高（Boyed and Pang，2000）。

由以上分析可以看出，全要素能源效率源于微观经济学中的全要素生产率概念，度量的是能源和其他投入要素（如资本、劳动力等）共同作用及相互替代下的生产综合效率。有两种衡量方法：一种是给定各种投入要素条件下实现的最大产出，另一种是给定产出水平下实现投入最小化的能力（Lovell，1993）。在测度同前沿面的距离上，主要有Shephard（1970）定义的基于投入角度的距离函数和基于产出角度的距离函数。其测度方法有参数法和非参数法两种，参数法需要事先设定具体的函数形式，主要有回归模型法和随机前沿分析（SFA）法；非参数法不需要事先设定具体的函数形式，可以避免函数形式设定错误而影响结论的准确性，主要有指数分析法和数据包络分析（DEA）法。其中较为典型的是DEA法，该方法由Charnes，Coopor和Rhodes于1978年提出的一个基于规模报酬不变的CCR模型开始，此后引起广泛的关注。其基本原理是通过保持决策单元（DMU）的输入或输出不变，借助于数学规划方法确定相对有效的前沿面，再将各个决策单元投影到DEA前沿面上，通过比较决策单元偏离DEA前沿面的程度来评价其有效性。这种方法充分考虑了对于决策单元本身最优的投入产出方案，因而更能理想地反映评价的决策单元自身的信息和特点；同时对于评价复杂系统的多投入—多产出分析具有独到之处，也更符合经济学中"效率"的内涵。继Charnes，Coopor和Rhodes之后，

Banker、Charnes 和 Cooper（1984）对 CCR 模型中的规模报酬不变假设予以扩展，提出了基于可变规模报酬的 DEA 模型，即 BCC 模型，这一模型更符合现实经济特征，也得到了更为广泛的应用。

我国国内对能源效率问题的研究起步较晚，对于全要素能源效率的研究基本沿袭西方学者的测算方法，自 Hu 和 Wang（2006）最早对中国各地区 1995~2002 年全要素能源效率进行测算以后，国内学者才开始关注全要素能源效率的测算及应用问题。

相对而言，全要素能源效率将"多投入—单产出"扩展为"多投入—多产出"结构，考虑了各种投入要素在生产过程中的综合作用和相互替代，弥补了传统的能耗强度或能源生产率指标中仅考虑"一种投入，一种产出"的缺陷。

通常，能源强度指标在产业、行业或技术研究领域应用较多，而能源生产效率指标和全要素能源效率指标在区域或省级单位研究中应用较多。国内外关于能源效率的测算与分析大多数沿用能源强度，部分文献采用能源生产效率、全要素能源效率。

2.2 实证研究综述

2.2.1 国外实证研究综述

2.2.1.1 能源约束与经济增长

自马歇尔（1981）时代开始，直到20世纪70年代的"石油危机"爆发前，新古典经济学一直忽视自然资源在经济增长中的作用，认为自然资源对于经济增长而言并不是一种重要的生产要素。在 Solow（1956）开创的新古典增长模型中，自然资源并未被纳入增长模型中。随后的经济增长因素分析中，资本、劳动力投入和全要素生产率的提高被认为是总产出增长的源泉，自然资源（土地和矿藏）或者被归入资本投入中，或者处于被忽视状态（Solow，1957；Jorgenson and Griliches，1967；Denison，1967）。70年代的能源危机激发了部分经济学家对资源约束问题的重新关注。80年代末至90年代初可持续发展思想的迅速发展再度引发环境经济学和主流经济学对资源环境约束问题的重新关注（Meadows et al.，1992；罗默，2003）。与此同时，内生增长模型的兴起，使得经济增长理论再度成为主流经济学的研究热点，一些经济学家开始将自然资源、环境污染等因素纳入内生经济增长模型（Scholz and Ziemes，1996；Schou，2000；Grimaud and Rouge，2003），结果显示，如果技术进步足够有效，人均产出具有正的最优增长率是可行的。

在实证研究方面，Kraft. J. 和 Kraft. A.（1978）最早开创性地研究了美国 1947~1974 年能源消费与经济增长之间的关系，发现美国经济中存在从国民生产总值到能源消费的单向因果关系。随后的研究中，Akarca 和 Long（1980）、Abosedra 和 Baghestani（1989）、Yu 和 Choi（1985）、Cheng（1995）、Hwang 和 Gum（1991）、Erol 和 Yu（1987）、Thoma（2004）等利用不同的方法，基于不同的研究时段，或证实了 Kraft. J. 和 Kraft. A. 的结论，或得到了与之相矛盾的结论。Masih 等（1996）研究了相关国家 1990~1995 年的数据，结果发现印度存在从能源消费到经济增长的单向因果关系，巴基斯坦则表现为双向因果关系，而马来西亚、新加坡、菲律宾的能源消费与经济增长之间缺乏协整关系。Glasure 和 Lee（1997）检验了新加坡、韩国经济增长与能源消费的关系，发现利用不同的检验方法，两国经济增长与能源消费之间的因果关系不同。Soytas 和 Sari（2003）检验了 10 个新兴市场经济国家和 G7 国家[①] 1950~1992 年间能源消费与 GDP 之间的关系；Chang Youngho 和 Jiang Chan（2003）则通过格兰杰关系考察了国内、国际油价波动对中国经济增长的影响。Soytas 和 Sari（2006）进一步检验了 G7 国家在 1960~2004 年间能源消费与收入的关系；Wolde-Rufeal（2006）检验了 17 个非洲国家 1971~2001 年电力消费与 GDP 的长期关系和因果关系，但并没有得出统一的结论。

以上能源约束与经济增长关系的研究对于制定能源经济政策具有重要的意义。如果存在从能源消费到经济增长的因果关系，则表明能源消费是经济增长的推动力，减少能源消费有可能损害经济增长，这是能源依赖型经济的信号。在这种情况下，实行能源储备政策将有害于经济增长（Masih A. and Masih R.，1998）。如果存在从收入到能源消费的单向因果关系，这是一种较少能源依赖型的经济特征，实行能源储备政策将不会对收入产生什么反作用（Jumbe，2004）。如果能源消费与经济增长在任何方向上都不存在因果关系，则表示能源消费不会影响收入，实行能源储备政策也不会对收入产生反向作用（Yu and Choi，1985）。

[①] 七国集团（Group of Seven，GT），是主要工业国家会晤和讨论政策的论坛，成员国包括：加拿大、法国、德国、意大利、日本、英国和美国。

2.2.1.2 单要素能源效率

随着能源经济问题研究的深入，学者们普遍认识到能源消耗系统是一个由多因素组成的复杂系统。于是，如何提高能源利用效率，降低能源消耗，保持能源经济的可持续发展日益引起广泛关注。

国外对能源效率的界定，分为经济能源效率和物理能源效率两类；对能源效率的计算分为单要素能源效率和全要素能源效率。早期关于能源效率问题的研究主要集中于单要素能源效率，即能源强度（或能源生产率）的变动趋势及国别之间的比较。Galli（1998）研究了 1973~1990 年亚洲新兴国家和地区的样本数据，结果发现能源强度随收入水平的上升呈现倒"U"型关系。Judson Schmalensee 和 Storker（1999）、Medlock 和 Soligo（2001）的研究也得到了类似的结论，也有一些学者的研究得到了不同的结论。Grossman 和 Krueger（1994）基于国别样本数据的研究表明，低收入国家的能源强度随着收入增加而增加，高收入国家则随着收入增加而减少。Phillip（1998）在对撒哈拉以南非洲地区和全球 38 个国家截面数据的研究中，发现了两种截然相反的现象，在非洲地区能源强度与人均 GDP 呈"U"型关系，而基于全球 38 个国家（包括发达国家和发展中国家）样本数据的研究则显示，能源强度与人均收入水平之间存在倒"U"型曲线关系。Tzvetanov（1997）通过对保加利亚能源强度潜力的研究表明，虽然其潜力较大，但由于所有权不明晰、资本缺乏以及电力价格低廉等，尤其是对居民能源使用缺乏控制力，仍然会阻碍能源强度的降低。Robert（2004）则研究了反映能源使用效率的能源强度与经济发展之间的协整关系。

近期的研究主要针对能源效率（或能源强度）及其影响因素展开研究。Birol 和 Keppler（2000）基于经济学相关理论的研究发现，能源价格的变化通过要素替代能够促进能源效率的提高，降低能源消耗强度。Bernstein 等（2003）、Kaufmann（2004）、Ian Sue Wing 等（2004）分别研究了美国能源强度下降与产业结构、技术进步、能源价格等因素的关系，但并没有得出统一的结论。Sun（2002）和 Wang（2007）分别用平均差和产出距离函数研究了经济合作与发展组织（OECD）国家能源效率变动及因素分解，发现技术进步、社会经济革新等因素与能源效率呈很强的正相关；Adeyemi（2007）则研究了价格对 OECD 国家能源效率改进的非对称性。Jan Cornillie 等（2004）运用因素分解法对苏联和东欧的研究认为，能源强度的下降一方面是能源价格在起作用，另一方面是企业的结构变化在起作用。Alcantara 等（2004）对欧盟国家的研究发现，欧盟国家整体能源强度的差异很大程度上受直接能源消费强度效应和需求效应的影响。Yamaguchi（2005）的研究发现，日本在20世纪80年代制造业部门能源强度的下降主要得益于相关技术的投入。Rebecca 和 David（2005）考察了发展中国家能源转轨的情形，认为在经济发展的初级阶段，创造同样价值的产出要求较高的能源投入，而随着经济发展水平和现代化程度的提高，单位产出的能源投入开始下降。

Miketa（2001）研究了39个国家10个制造业行业能源强度及影响因素，发现能源价格受资本形成额的影响，这种影响会随部门产出的增加而增加。Subarhmanya（2006）分析了印度制砖行业能源效率情况，认为提高劳动生产率有助于发展中国家能源效率的提高。Denison（1967）和 Maddison（1987）等学者的研究认为，由于各行业（部门）生产率水平和增长速度存在差别，当能源要素从低生产率或者生产率较低的部门向高生产率或者生产率较高的部门转移时，就会促进各部门组成的经济体的总能源效率的提高，而生产率增长超过各部门生产率增长加权和的余额，就是结构变化对生产率增加的贡献。Clarke（2006）研究了能源领域中技术进步的来源，认为一个行业内部和外部的研发和干中学的溢出效应在技术进步中发挥了重要作用。

部分文献研究了能源效率的收敛问题。Mulder 和 De Groot 等（2003）利用行业数据研究了经合发展组织成员国能源生产率的差别性和收敛性；Miketa 和 Mulder（2005）搜集了比较详尽的面板数据对56个国家的能源效率差别性和收敛性进行了研究，在计量分析的基础上，认为在多数产业部门能源生产率体现了收敛性，并且不同国家和地区收敛于不同的水平。Markangya 等（2006）研究了12个东欧转型国家和15个欧盟国家能源强度的关系，运用滞后调整的计量模型研究其收敛性，结果表明转型国家的能源强度明显收敛于欧盟国家。Persson 等（2007）的研究发现在工业化国家和发展中国家中，与能源相关的二氧化碳强度表现出明显的收敛性，并认为这主要是由技术扩散效应造成的。

2.2.1.3 全要素能源效率

随着研究的深入，近年来有关能源效率问题研究已经超出了传统的研究框架，考虑能源和其他各种要素相互作用和相互替代情况下的能源生产效率，其研究基础为 DEA 方法。Freeman（1997）、Boyd 和 Pang（2000）较早讨论过用

DEA 方法来测算能源效率的问题；Hu 和 Wang（2006）首次提出了全要素能源效率的概念并将其定义为目标能源投入与实际能源投入之比。Mukherjee（2008）在假定能源与其他投入要素分别呈互补与替代关系的前提下，运用四种 DEA 方法研究了 1970~2001 年美国制造业中六个高耗能部门的能源效率，认为能源利用最具效率的是造纸业，能源效率水平最低的是冶金部门。此外，Mukherjee（2007）运用 DEA 方法对印度制造业的能源效率进行了研究。Azadeh（2007）将 DEA 模型与主成分分析、数值分类学相结合，研究了伊朗和 OECD 国家制造业中高能源强度产业的能源效率，认为在行业层面单纯依靠 DEA 模型无法辨别能源消费与产出增长以及结构变迁的关系。就区域层面而言，应用 DEA 模型能较好地对各区域能源效率进行评价和排序，并能够设定较为准确的有针对性的节能目标。Boyd 和 Pang（2002）运用 DEA 方法测度了平板玻璃与瓶罐玻璃产业工厂层次上的生产率，并利用回归分析法得出工厂之间能源强度差异是由于工厂生产率水平以及其他经济变量间的差异引起的。以上文献的研究结论一致认为，使用 DEA 方法测度全要素生产率其优越性远远胜过基于能源强度的传统方法。

在研究中，国外学者已尝试将环境因素纳入研究框架。Pittman（1983）在测度美国威斯康星州造纸厂的效率时，首次尝试在生产率测算中引入"坏"产出；Chung（1997）等在测度瑞典纸浆厂全要素生产率时，基于方向性距离函数，创新性地提出 Malmquist-Luenberger（ML）生产率指数，该指数可以测度综合考虑"好"产出增长和"坏"产出减少情形下的全要素生产率，此后的研究主要沿着这一方向展开。Hailu 和 Veeman（2001）在研究加拿大造纸行业生产率时将污染治理费用作为投入；Jeon 和 Sickles（2004）对 1980~1990 年间 OECD 国家和亚洲地区的研究发现，环境因素对 OECD 国家生产率增长影响不大，但对亚洲地区生产率增长的影响为负；Yoruk 和 Zaim（2005）研究了 1983~1998 年经济合作与发展组织（OECD）国家的全要素生产率，发现考虑环境的 ML 生产率指数要高于 Malmquist 生产率指数；Kumar（2006）对 41 个发达国家和发展中国家的研究结果表明，考虑环境因素的 ML 指数和 Malmquist 指数存在显著差异；Yang 和 Pollitt（2009）比较了如何在 DEA 模型中考察环境变量。Toshiyuki Sueyoshi 等（2010）在评估美国火力发电企业效率时，将产出要素分为合意产出和非合意产出两种；Treffers（2005）等研究了德国在 1990 年基础上，到 2050 年实现减少温室效应气体（GHG）排放 80% 的可能性；Kawase（2006）等指出，为实现 60%~80% 的减排目标，总的能源强度改进速度和二氧化碳强度减少速度必须比以前四十年的历史变化速度快2～3倍；Hu和Kao（2007）在全要素能源效率基础上提出了能源可节约率的计算方法，并用此方法测算了亚太经济合作组织（APEC）1991～2000年的能源可节约率。此外，Sari和Soytas（2009）、Lean和Smyth（2009）、Kortelainen（2008）、Lu等（2006）、Ramanathan（2005）等众多的学者都对同时考虑"好"产出增长和"坏"产出减少情形下的全要素生产率进行了测算。

2.2.1.4 国外关于中国能源效率的研究

对于中国20世纪八九十年代经济持续增长情况下能源效率提高的原因，Lin（1995）、Huang（1993）、Sinton和Levine（1994）将其原因归结为行业能源使用效率的提高；Kambara（1992）则认为结构性要素可以解释1980～1990年能源密度变化的90%；Smil（1990）则指出中国这种结构性变化的原因在于中国工业结构的变化，即由轻工业向重工业的转变；Thomas（2001）和Jonathan（2001）则从能源统计数据的真实性出发，对中国经济保持高速增长下能源利用效率的提高提出质疑，但Jonathan（2001）同时也认为如果能源数据准确的话，中国能源强度下降值得进一步研究。Sinton和Levine（1998）、Garbaccio等（1999）和Chunbo，David和Stern（2008）等学者的研究认为，中国能源强度下降的主要原因是技术进步的作用。Fisher-Vanden等（2004）从微观层面出发，采用中国2500多家大中型工业企业1997～1999年间面板数据的实证研究认为，能源相对价格变化和企业技术创新是降低能源消耗强度的主要因素。Schnabal（2003）分析了中国1987～1997年间13个生产部门能源强度对整体能源强度的影响，发现这10年间有两个部门的能源消耗强度是上升的，但整体能源消耗强度却是下降的。Hu和Wang（2006）首次采用规模报酬不变的DEA模型研究了中国各省份1995～2002年间的全要素能源效率，发现东部能源效率最高而中部能源效率最低。

从以上国外学者的研究可以看出，第一，其研究内容已经从国家总体层面扩展到行业企业等微观经济单元；第二，研究框架已经从传统的单要素能源效率扩展到同时考虑能源投入和污染排放在内的"多投入—多产出"的全要素能源效率，从国内经济体的比较研究扩展到跨国比较研究；第三，研究方法已突破了传统的能源强度（或能源生产效率）的局限，从最初的因素分解法发展到计量建模、随机前沿方法、数据包络分析、投入产出分析等各种交叉学科前沿研究方法的综合运用，研究方法较为成熟；第四，研究的数据区间已经从时间序列延伸到了截面数据、面板数据；研究也比较系统和深入，已经积累了丰富的研究成果，研究结论具有较强的政策指导作用。第五，国外对节能减排潜力的研究，主要采用两种模型：自上而下的能源经济模型（分为多目标规划模型和可计算一般均衡模型）和自下而上的能源技术模型（主要有动态能源优化模型和节能曲线供应模型），且研究结论已进入具体实施阶段。

2.2.2 国内实证研究综述

2.2.2.1 能源约束与经济增长

和国外研究相比较，国内有关能源经济问题的研究起步较晚。20世纪80年代以后，基于国际形势和国内经济发展对能源的需求，能源问题日益引起政府和学术界的广泛关注。

早期的研究中，李俊（1994）、陈书通（1996）运用能源弹性系数法研究了我国未来能源消费与经济增长的一般关系；吴宗鑫等（1998）运用部门分析法对我国能源消费需求进行分析，并对未来能源需求进行了预测。赵丽霞和魏巍贤（1998）将能源引入 Cobb-Douglas 生产函数，通过建立向量自回归模型，研究了我国经济增长与能源消费之间的关联关系；史丹（1999）研究了经济增长与能源弹性系数之间的关系。

随着能源问题研究的深入及一系列计量经济前沿方法的兴起，能源经济问题研究也逐步向纵深发展。林伯强（2003）运用协整分析和误差修正模型研究了我国 1952~2001 年间经济增长与电力消费的关系；韩智勇和魏一鸣（2004）运用协整分析和因果关系研究了 1978~2000 年间中国能源消费与经济增长的关系；施发启（2005）分析了我国改革开放以来能源消费弹性系数的变化及成因。吴巧生和成金华（2005）采用时间序列分析的结果认为，中国 GDP 增长和能源消费存在单方向的因果关系；王海鹏和田鹏（2006）基于变参数模型的研究认为，中国能源消费与经济增长存在随时间变化的长期均衡关系；杨朝峰和陈伟忠（2005）、范雪红和张意翔（2005）、邵忍丽和贾明德（2006）、汪旭辉和刘勇（2007）、李凤朝和刘源远（2007）等学者都分别对经济增长与能源消费的关系进行了检验。屈小娥等（2008）运用灰色关联分析研究了中国经济增长与能源消费之间的关系；张志柏（2008）对 1953 年以来中国能源收入弹性系数、价格弹性系数和结构弹性系数进行了估计与分析。

以上研究主要针对国家总体层面经济增长与能源消费的关系予以检验，学者们都是从各自不同的研究目的出发，基于不同的研究方法、采用不同的数据进行研究，并没有得出一致的结论。

对于省际层面能源约束与经济增长的研究，杨冠琼（2007）检验了山东省能源消费与 GDP 之间的关系，认为山东省存在从经济增长到能源消费的单向因果关系；钟晓青和吴浩梅（2007）、张传国和陈蔚娟（2008）分别检验了广东省能源消费与 GDP 的关系，但得到的结果截然相反。钟晓青和吴浩梅（2007）的检验结果认为，广东省存在从经济增长到能源消费的单向因果关系；而张传国和陈蔚娟（2008）的检验结果认为，广东省存在从能源消费到经济增长的单向因果关系。吴巧生等（2008）基于 1980~2005 年的省际面板数据检验了能源消费与经济增长之间的关系，认为从长期来看，中国总体存在能源消费与 GDP 的双向因果关系，东部地区只存在从能源消费到 GDP 的单向因果关系，而中西部地区则存在从 GDP 到能源消费的单向因果关系；就短期而言，中国总体及东西部地区的能源消费与 GDP 并不存在因果关系，而中部地区则存在能源消费和 GDP 之间的双向因果关系。

有关工业行业产出与能源投入关系的研究起步较晚。彭志龙等（2007）的分析认为，工业是我国能源消费的主要部门，工业行业能源消费在我国全部能源消费中所占比重高、影响大。史凤丹（2008）运用对数平均迪氏分解法，将 1997 年和 2002 年中国工业能源消费及煤炭、石油消费分解为产量效应、结构效应和强度效应，认为 1997~2002 年间中国能耗增长主要是高耗能重化工业投入产出规模过大引起的，工业结构的调整也起到了一定的作用。马宏伟和王效华等（2006）运用灰色关联分析法研究了我国能源消费与第一产业、第二产业和第三产业的相关关系以及 GDP 增长与第一产业、第二产业和第三产业的相关关系，同时又用能源消费弹性系数定量分析了我国国民经济增长对能源消费的依赖程度，提出了发展低能耗、高附加值的高新技术产业，大力发展新兴产业、第三产业，降低第二产业单位产值能耗的对策建议。路正南（1999）通过建立能源消费与第一产业、第二产业、第三产业产值的回归模型，认为能源消费总量与产业结构变化有密切的关系，产业结构调整对能源发展起重要作用。屈小娥等（2008）运用面板协整理论研究了 10 个高耗能行业能源消费与行业增长之间的关系，发现我国高耗能行业能源消费与行业增长之间具有长期均衡关系。梁怀学和陈权宝（2005）建立了 6 个主要行业产出与能源消费的面板模型，分析了行业能源消费倾向和行业能源消费的平均特征。王少平和杨继生（2006）通过建立 1985~2002 年 12 个主要工业行业能源消费的纵列协整模型的研究结果认为，我国工业各主要行业能源消费与行业增长和能源效率之间存在长期均衡关系，且长期均衡具有显著的短期效应，并讨论了我国工业能源的长期战略和短期政策。屈小娥等（2009）运用统计学中的聚类分析方法，把我国30个省份1985～2007年能源消费状况划分为能源高、中、低消费区三个类型。并通过建立面板数据计量模型分析了三类地区能源需求的影响因素，结果认为，各因素对三类地区能源需求影响差异明显，为了实现节能降耗目标，三类地区应采取有差别的节能措施。

2.2.2.2 能源效率的国际比较

能源效率的国际比较方面典型的研究主要有，王庆一（2003）介绍了能源效率的定义及衡量能源效率的指标，对我国能源经济效率（单位产值能耗、能源成本效率）、物理能源效率（热效率）、单位产品或服务能耗分别进行了国际比较，认为我国目前的能源效率约为33%，比世界先进水平低10个百分点左右；能源开采、加工、转换储存和终端利用过程损失浪费较大。施发启（2005）从国际比较的角度计算了我国的能源效率，认为无论用购买力平价法还是汇率法，我国的能源强度与发达国家相比都存在较大的差距，甚至低于世界平均水平，并且这种差距并没有得到明显改善。宣能啸（2004）对我国能源效率及国际比较的研究认为，无论从能源经济效率和技术效率比较，还是从所处阶段及能源结构特征分析，我国的能源效率都比较低，节能潜力巨大。耿诺和王高尚（2008）分析了我国单位GDP能耗和重要产品单位能耗两个指标的历史变化趋势及横向国际比较，认为我国能源强度的峰值尚未到来，能源强度与国际比较处于中等水平。中国科学院地理科学与资源研究所能源战略研究小组（2007）的研究也表明，中国能源效率与国际比较还处于较低水平，各区域能源效率存在非均衡的演化趋势，华南、中南、华北和东北四大区域。是国家未来能源节约的重点。孙立成（2008）从实证分析的角度出发，运用Malmquist指数法测算了包括中国在内的12个国家1997～2006年的能源利用效率及变动指数，认为与其他国家相比，中国的能源利用效率在整体上没有明显提高，能源利用技术效率处于中等水平，能源利用纯技术效率则处于较低水平，增长率也较低。能源利用效率长期存在趋同的收敛性，但短期趋势不明显。王庆一（2011）通过对我国能源效率和节能评析的分析认为，2010年我国物理能源效率为36.1%，比国际先进水平低8个百分点左右；2011年我国按购买力平价计算的单位GDP能耗为日本和欧盟的2.1倍，美国和世界平均值的1.5倍；9个行业19项产品能耗指标加权平均比国际先进水平高21%，并提出了有针对性的政策建议。

2.2.2.3 单要素能源效率

（1）有关国家总体能源效率的研究。史丹（2003）、王玉潜（2003）、韩智勇等（2004）、吴宗鑫等（2005）、吴巧生等（2006）、刘凤朝（2007）等学者基于因素分解法研究了中国总体能源消耗强度的变化趋势，认为中国能源利用效率总体呈上升趋势，其中效率提高是能源强度降低的主要因素，结构变动的影响不大，甚至为负。

尹宗成等（2008）则研究了外商直接投资（FDI）、人力资本、研发对提高中国能源效率的影响，发现 FDI、人力资本和科技研发投资对提高中国能源效率有显著的正向影响。高振宇和王益（2006）采用聚类分析法将全国 30 个省份划分为能源高效区、能源中效区和能源低效区，利用各省份 1995~2003 年的面板数据从总体上研究了中国能源生产效率的影响因素。此外，齐志新和陈文颖（2007）、余甫功（2007）等人的研究认为，产业内能源效率提高是我国能源强度下降的主要原因。刘畅等（2009）运用结构向量误差修正模型（SVECM）研究了我国 1978~2007 年能源强度变化的长期影响因素和短期波动效应，认为产业结构、能源消费结构、能源价格及科技投入对能源强度变动有显著的长期影响；短期内减少煤炭消费比重和重工业产值比重，提高科技费用支出比重都能有效降低能源消耗强度。杨继生（2009）基于非线性平滑转化模型研究了国内外能源相对价格与中国的能源效率，认为能源价格对能源效率的影响机制存在非线性的平滑转换，机制转换的主要因素是国内外能源价格指数的相对变化。目前我国能源价格对能源效率的影响比较接近高效机制运行，增强能源价格的灵活性，可以提高我国能源利用效率。胡宗义（2008）、杨柳和李力（2006）、胡宗义和蔡文斌（2007）等学者也在此方面进行了探讨。

（2）中国地区能源效率变动。有关中国地区能源效率的研究中，邹艳芬和陆宇海（2005）利用空间计量模型探讨了我国区域能源效率的特征，发现中国省际能源效率与地区经济发展之间具有明显的空间依赖性，并且空间差异比较明显。史丹（2006）研究了中国能源效率的区域差异并计算了能源效率趋同条件下各省区的节能潜力，指出能源效率的地区差异是由各地区产业结构、能源消费结构和市场化进程等因素引起的。查冬兰和周德群（2007）研究了中国地区能源效率与二氧化碳排放的差异性，认为高收入地区能源利用效率高，但同时人均二氧化碳排放也多，为节能减排提供了参考。史丹（2008）基于随机前沿生产函数的方差分解，测算了1980~2005年中国能源效率地区差异中各因素的作用，认为只有改善中西部地区资源配置效率并促进区域间技术扩散，才能有效提高落后地区的能源效率。刘畅和崔艳红（2008）按1995~2006年各省份平均能耗强度高低把全国30个省份划分为低能耗区、中能耗区和高能耗区，并通过建立面板数据模型研究了各区域能耗强度的长期、短期影响因素。屈小娥等（2009）基于1998~2006年全国30个省份面板数据的实证研究认为，中国东、中、西三大地区能源强度差异较大并呈进一步扩大的态势；经济发展水平、第三产业增加值比重、制度因素、政府干预、工业化水平、第二产业增加值比重对三大地区能源强度影响方向、影响程度各不相同；应针对不同地区制定不同的能源、经济与产业政策。蔡芳芳和王艳华（2012）以GDP产值/能源消耗总量表示能源效率，运用灰色关联分析法对陕西省能源效率影响因素进行分析的结果表明，能源结构、产业结构、对外贸易、技术进步等对能源效率都有不同程度的影响，并提出了提高能源效率的建议。

地区能源效率的差异与收敛。杨正林和方齐云（2008）基于1986~2006年的面板数据研究了我国地区间能源生产率的差异与收敛，认为中国地区间能源生产率的总体差异并没有呈现出显著的δ收敛，而是表现为不同的收敛特征。师博和张良悦（2008）的分析结果认为，我国整体视角的能源效率是趋异的，但就区域层面而言，东部呈现出趋同特征，中部呈现出逐渐向东部收敛的趋势，西部则表现为发散迹象。齐绍洲等（2009）研究了中国与八个发达国家之间人均GDP差异的收敛性及能源强度随人均GDP变化的收敛性，认为随着人均GDP的收敛，中国与八个发达国家之间能源强度差异也是收敛的，其收敛的速度快于GDP的收敛速度。王玉燕和林汉川（2013）以单位产值能耗表示能源效率，分析了我国西部地区能源效率趋同、节能潜力及其影响因素，并提出了提高能源效率的对策建议。

（3）省际能源效率问题研究。周健（2008）研究了1989~2005年间全国31个省域经济增长与能源效率的关系，认为我国省域能源效率之间存在显著的空间相关性，各省域经济增长与能源效率、产业结构、人口数量、技术进步等之间存在长期稳定的均衡关系，且长期均衡具有显著的短期修正和波动效应。屈小娥（2009）分析了我国30个省市区能源效率的差异特征，并通过建立面板数据模型研究了各省份能源效率的影响因素，结果认为技术进步、第三产业增加值比重、能源价格、制度因素等对东部地区能源效率改进有积极作用，而中西部地区同样因素的影响较弱，西部地区最小。杨红亮等（2009）在考虑了四种自然环境因素的基础上，对各地区的能效即节能潜力做了比较测定，结果表明一个地区的能效很大程度上受其所处的自然环境因素的影响，国家在制定能源政策时应重视各地区不同自然环境对能效的影响。韩亚芬和孙根年（2008）利用 1990~2005 年全国 30 个省份的时间序列数据，建立了万元产值能耗随人均 GDP 增加而逐步下降的能源学习曲线，据此测算了"十一五"期间各省份的节能潜力。朱鹏和卢爱珍（2013）基于能源资源丰裕度差异的视角，分析了外商直接投资（FDI）对我国能源利用效率的影响，认为在能源丰裕度较低的地区，FDI 对能源效率提高有显著的正向影响，而在能源资源丰富的地区，FDI 引入没有起到预期的效应。詹国华和陈治理（2013）运用空间面板模型分析了技术进步对单位产值能耗的影响，认为研发投入、人力资本和专利授权数对提高能源利用效率有积极影响，而 FDI 几乎无影响，省域之间的个体差异是影响能源效率空间分布格局的主要因素。

（4）行业能源效率评价。国外关于能源效率的研究文献中，以国民经济体作为研究对象的较少，多数文献是从行业或企业等微观经济单元入手进行研究。李未无（2008）研究了我国 35 个工业行业能源利用效率与对外开放的关系，发现对外开放对提高能源效率具有积极作用。李力和王凤（2008）采用五种常用的因素分解法研究了中国制造业的能源强度，指出我国制造业能源强度总体保持下降趋势，能源利用效率提高是主要原因。杭雷鸣和屠梅曾（2006）运用 1985~2003 年的时间序列数据研究了我国制造业能源强度和能源价格之间的关系，认为能源价格上升对降低总能源强度、石油强度、电力强度和煤炭强度具有积极作用。刘红玫和陶全（2002）应用 Divisia 分解法研究了我国大中型工业企业能源密度下降的原因，认为行业内生产率变化对整体能源密度下降的作用比产业结构变化的作用大，能源价格上涨、研发活动增加、行业结构变化等都对行业内部能源效率提高起到了积极作用。此外，张丽峰（2008）、彭志龙和吴优等（2007）、吴巧生和成金华（2006）、韩智勇和魏一鸣等（2004）、蒋金荷（2004）、马宏伟和王效华等（2006）、路正南（1999）等学者分别研究了我国三次产业结构变动与能源效率、六大产业即农业、第二产业、工业、第三产业、交通运输、商业服务业的能源经济指标，但并没有得出一致的结论。查冬兰和周德群（2010）通过构建 CGE 模型，模拟不同能源种类能源效率提高 4% 对能源消费的影响。结果认为，煤炭、石油和电力在七部门的加权平均能源效率回弹效应分别为32.17%、33.06%和32.28%，说明能源效率回弹效应在我国显著存在。杨琴和袁永科（2012）分析了北京市工业能源强度影响因素，认为北京市工业能源利用效率不断提高，从2000～2010年，工业单位GDP能耗下降了66.83%，并认为北京市完成"十二五"规划所必须采取的措施就是进行结构调整。张珍花和戴丽亚（2012）运用投入产出模型分析了中国三次产业的能耗效率，结果表明，2007年与2002年相比，三次产业的直接能源效率不断提高，并从能源消费结构、优化产业结构的角度提出了提高三次产业部门能耗效率的对策建议。刘俊杰和贾兴梅（2012）从轻、重工业及分行业变动角度，运用AWD因素分解法分析了广西工业结构变化与能源强度之间的关系，认为重化工业比例变化是导致广西工业能源强度变动的主要因素，而轻工业结构变化对其影响相对较小；分行业看，制约广西工业能源强度变化的主要行业是非金属矿物制品业、冶金工业、电力工业；能源强度效应是近几年广西工业能源强度变化的主导因素，而结构效应对广西工业能源强度的变化影响较小。

2.2.2.4 全要素能源效率

全要素能源效率研究中，Hu和Wang（2006）最早基于非参数的DEA方法评价了中国各地区1995～2002年的全要素能源效率；魏楚和沈满洪（2007a，2007b，2008）基本延续了Hu和Wang（2006）的方法测算了分省区的全要素能源效率，并对能源效率的影响因素做了计量分析；随后，杨红亮和史丹（2008）、屈小娥（2009）基于DEA-Malmquist生产率指数，测算了1990～2006年全国30个省份全要素能源效率及技术进步、技术效率指数；运用β收敛模型检验了全要素能源效率的收敛性；运用Tobit模型研究了全要素能源效率的影响因素。结论认为，东部地区全要素能源效率一直处于效率前沿面上，中西部地区均远离前沿面，技术进步是造成地区之间能源效率差异的主要原因；2000年前中国省际能源效率存在显著的收敛趋势，2000年后收敛趋势减弱；经济结构调整、技术进步、能源价格提高对全国及三大地区能源效率改进有积极作用，政府干预对全国及三大地区能源效率改进产生反向作用，工业化水平提高对全国及东、西部地区源效率改进有促进作用，对中部有拟制作用。孙广生和黄祎等（2012）研究了1986～2010年我国各地区能源效率及其影响因素，发现按贡献大小的排列，能源效率变化的主要影响因素分别是技术进步、投入替代变化与效率改善。原毅军和郭丽丽（2012）基于省级面板数据，应用随机前沿分析方法分析了 2000~2010 年我国的长、短期能源利用效率,发现"十五"与"十一五"期间我国的短期能源利用效率大致相同,但前者长期能源利用效率明显高于后者;除东北地区外,国内各区域长期能源利用效率的差异较大,但短期能源利用效率的差异较小;结构调整对长期能源利用效率影响不显著,但对短期能源利用效率影响显著;技术进步通过对前沿面的改变,可以提升能源利用效率;短期内,加强管理能够实现能源利用效率的提升,但强化管理对提升能源利用效率的长期效应并不显著。李兰冰(2012)应用 DEA 四阶段模型,将全要素能源效率解构为全要素能源管理效率和全要素能源环境效率,分析了 2005~2009 年中国省级区域的能源效率现状、成因与提升路径,发现我国全要素能源效率总体上仍处于较低水平,能源节约潜力大约为能耗现值的 30% 至 40%,能源低效的共同成因是管理无效率和环境无效率;全要素能源效率、全要素能源管理效率和全要素能源环境效率均表现出东部领先、西部落后的区域不平衡特征,并提出了相应的对策建议。王雄和岳意定(2013)运用随机前沿分析(SFA)法测算了 1990~2010 年中部 6 省份的能源效率,发现各省份的能源效率均呈现波动趋势,山西、安徽、河南、湖北和湖南 5 省份的能源效率上升趋势明显,江西下降趋势明显;科技人力资源与能源效率显著负相关,地方财政科技投入和高科技产业规模与能源效率显著正相关,并提出了相应的政策建议。

张红霞和刘起运(2008)运用 DEA 方法对我国四个高耗能行业(黑色金属冶炼及压延、有色金属冶炼及压延、化学工业、非金属矿物制造业)能源使用的地区间相对有效性进行了评价,分析了其对我国能耗的总体影响,认为大部分地区高耗能行业的生产存在能源浪费,效率缺乏程度高。李廉水和周勇(2006)运用非参数的 DEA 方法评价了 35 个工业行业的能源效率,测算了技术进步、纯技术效率和规模效率对能源效率的影响,发现技术进步对工业能源效率具有显著的正向促进作用。李世祥和成金华(2009)运用 DEA 方法研究了我国主要工业省区 1990~2006 年的全要素能源效率,认为 13 个工业省区能源效率差异较大,技术进步和工业内部结构是影响能源效率的重要因素。吕荣胜和周子元等(2012)运用 SBM - DEA 方法实证分析了 1998~2009 年我国重化工业行业的能源效率,结果表明我国重化工业行业能效整体水平偏低,节能形势严峻;采掘、化工、冶金、机械、电子和能源间能效差异显著,尚具备很大改进空间。孙广生和杨先明(2012)运用 DEA 方法研究了我国工业 14 个部门能源效率变化趋势与能源效率损失,认为从总体上看,各行业的能源效率值都有提高的趋势,但行业间能源效率差异的趋同趋势不明显;行业节能潜力巨大;劳动力素质、企业规模对能源效率有正向影响,国有企业产值比重上升对能源效率影响为负。

随着全社会对环境问题的关注,部分学者开始在能源效率研究中引入环境因素,吴琦和武春友(2009)、汪克亮和杨宝臣等(2010)、王兵和张技辉等(2011)以环境污染作为坏产出,运用DEA方法测算了各省份的全要素能源效率;徐盈之和管建伟(2011)将环境污染作为投入,基于超效率的DEA模型测算了我国各地区1991~2008年的能源效率。魏楚等(2010)测算了我国各地区2005~2007年的能源效率、节能潜力与二氧化硫减排潜力;汪克亮和杨宝臣等(2010)测算了2000~2007年各省能源利用的经济效率和环境绩效,并测算了全国和三大地区的节能潜力和可减少的二氧化硫、二氧化碳排放量。余永泽(2011)计算了我国节能减排效率和二氧化硫、化学需氧量减排潜力。曾贤刚(2010)计算了我国各省区能源效率及二氧化碳减排潜力。考虑环境因素的能源效率问题研究将中国能源效率研究推进到了一个新的阶段,但相关的研究尚处于起步阶段,研究文献极为有限。此外,有限的研究多以单一污染物作为环境污染的代理变量,而环境污染主要由废水、废气和固体废弃物构成,单一指标很难表达环境压力(Grossman and Krueger, 1991),如果采用单一污染指标衡量环境污染,则暗示着不同经济体的污染物排放构成比例是一致的,这会使经济体的效率评价产生偏差(叶祥松等,2011)。在节能减排、经济可持续发展的要求下忽略环境污染去考察能源效率不仅意义不大,而且会使能源效率的估计有偏(Watanabe and Tanaka, 2007)。

从以上研究可以看出,第一,目前国内关于能源效率的研究主要集中于国家总体层面,对于地区、省际能源效率的研究正处于起步阶段,有关的研究文献并不多见且没有得出一致的结论;第二,有关工业行业、产业等微观经济体能源效率的研究都是从国家总体角度出发,对各省区工业、企业能源效率的比较研究尚处于空白;第三,研究方法以单要素能源效率居多,部分文献探索了数据包络分析法在能源效率研究中的应用,但产出端仅考虑了"好"产品产出(如GDP),而忽视了污染物排放的作用,这成为目前研究的一大缺陷;第四,从实质看,国内目前研究基本上以能源经济效率为主,主要关注能源经济产出的最大化,而忽视了能源利用的环境效应,重节能而轻减排,有悖于中国宏观经济发展的现状(汪克亮等,2010),难以真正刻画"效率"的内涵,这成为进一步探索的方向和重点;第五,因缺乏相关数据的支持,国内节能减排潜力的研究文献非常有限，在全要素框架下研究节能减排潜力的文献尚未发现。其不足主要体现在：一是节能减排潜力概念界定不清；二是节能减排潜力测算方法相对单一，以参数对比法为主，即对比低能效地区与高能效地区的能效差距，该差距值即是低能效地区的节能减排潜力，这种方法不能再现评价单元真实的节能减排潜力。

2.3 本章小结

本章通过对相关领域研究文献的回顾与总结评述，为本书的研究提供了良好的理论及实证奠基。

20世纪70年代以来，国外有关能源约束与经济增长的研究就引起了经济学家的兴趣，主流经济学家开始关注能源投入与经济长期增长的关系，出现了各种分析性的理论模型和实证研究。80年代以来，我国学者开始关注能源约束与经济的长期增长问题，出现了不同的理论及实证研究，但多数研究都是沿袭西方学者的分析方法。随着可持续发展思想在全球范围内的普及与深入，人们更加关注经济持续增长与资源的可持续利用问题。如何在有限的资源条件下保持经济的可持续发展，能源经济问题的研究视角开始转向如何提高能源效率，降低能源消耗等方面的研究。能源效率的研究逐渐引起学者们的普遍关注，有关能源效率的测算及比较分析的研究文献也不断涌现。相对而言，国内有关能源效率问题的研究起步较晚，到目前为止还存在一定的欠缺与不足。

（1）从能源效率的定义看，目前对于能源效率仍缺乏统一的定义和明确的概念，基于不同效率指标测算出来的结果存在很大差异，难以进行地区或国别之间的比较。全要素能源效率虽然能够比较好地体现效率的含义，但由于测算时对输出和输入变量有一定的限制，而且由于测算复杂，这方面的研究还有待于加强和推动，以便于形成一套完整的理论体系。

（2）从研究内容看，国外有关能源效率测算与分析的研究已经从国家总体层面延伸到了行业企业等微观经济层面。而国内研究主要以国家总体能源效率为主，少数文献研究了地区能源效率及影响因素，有关省际层面能源效率的研究正处于起步阶段；对于省际工业、企业能源效率等微观经济体的研究还处于空白，为后续研究留下了较大的探索空间。有关能源效率的收敛性研究和空间效应研究非常少，迫切需要大量的理论和实证研究予以探索。

（3）从研究方法看，国外研究已从最初的因素分解法、建立计量经济模型，发展到了以数据包络分析法、随机前沿分析法以及投入产出等各种交叉学科前沿研究方法的综合运用。相对而言，国内研究以因素分析法为主，少数文献探索了数据包络分析法在能源效率研究中的应用。但基于不同研究目的以及数据的可得性，相关的研究还存在一定的欠缺，需要进一步完善发展。

（4）国内有关全要素能源效率的研究中，产出端仅考虑了"好"产品产出（如 GDP），而忽视了污染物排放的作用，难以真正刻画"效率"的内涵，即综合考虑最小能源投入、最大产出增长、最低污染物排放的研究甚少，这成为目前研究的一大缺陷，也成为进一步探索的方向。

第3章 中国省际全要素能源效率及决定机制研究

改革开放30多年来,中国经济增长速度令世界瞩目。但同时,粗放的经济增长方式所造成的资源环境压力使可持续发展面临严峻挑战。如何提高能源效率,降低能源消耗,改善环境质量已成为政府机构和学术界共同关注的焦点。本章针对目前研究现状,首先,基于单要素能源效率视角,测算比较地区能源生产效率的差异特征,以便于从总体上把握地区能源利用效率的基本现状;其次,构建基于最小能源投入、最大产出增长、最低污染物排放的"多投入—多产出"的效率前沿模型,测算并研究地区能源效率差异;通过建立计量模型分析能源效率变动的影响因素。最后,总结本章研究结果,提出提高能源效率的根本途径。

3.1 能源生产效率的时空演变

单要素能源效率可以用能源强度和能源生产效率两种方法表示。能源强度以单位生产总值的能源消费量(吨标准煤/万元)表示,比较适合于描述行业、产业或技术对能源的依赖或消耗程度;能源生产效率表示单位能源投入的经济产出(万元/吨标准煤),比较适合于分析地区经济活动中能源总体的利用效率。两者互为倒数,能源消耗强度越大,则表示能源利用效率越低;反之,则越高。

本节测算地区能源利用情况,采用能源生产效率指标比较合适。定义能源生产效率为消耗单位能源所实现的国内生产总值,单位为万元/吨标准煤。以 i 表示省份,t 表示时期,则 i 省份 t 时期的能源生产效率可表示为 $EF_{it} = GDP_{it}/EN_{it}$,$GDP_{it}$ 表示 i 省份 t 时期的生产总值(1995=100),EN_{it} 表示 i 省份 t 时期的最终能源消费实物量。

3.1.1 地区能源生产效率的时空演变

能源生产效率反映地区能源利用效率的总体情况。能源生产效率高的地区，其单位能源投入的经济产出大，对全国经济增长的贡献大于其对能源消费增长的贡献，表示能源利用的高效。我国东、中、西三大地区（本书的三大地区按传统的区域划分方法）能源生产效率平均值（1995=100），见图 3-1。

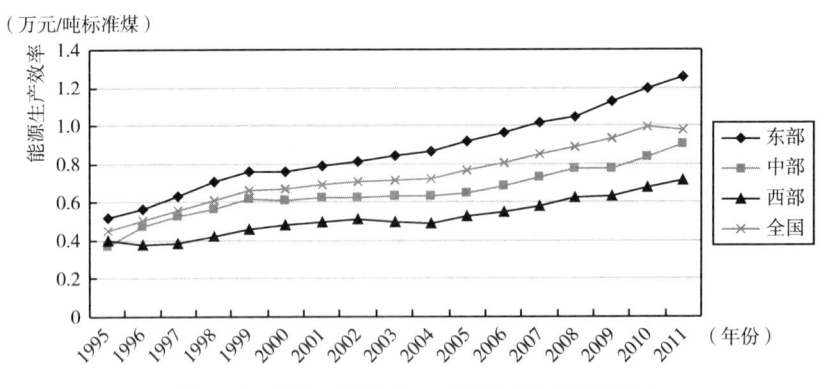

图 3-1 1995~2011 年三大地区平均能源效率

（1）从东、中、西三大地区能源效率的平均变动趋势看（见图 3-1），1995~2011 年三大地区能源效率提高的趋势比较明显。1995 年东、中、西三大地区平均能源效率分别为 0.52 万元/吨标准煤、0.37 万元/吨标准煤和 0.40 万元/吨标准煤，全国平均能源效率为 0.45 万元/吨标准煤。到 2011 年东、中、西三大地区平均能源效率分别提高到 1.26 万元/吨标准煤、0.91 万元/吨标准煤和 0.71 万元/吨标准煤，全国平均全要素能源效率为 0.98 万元/吨标准煤。

（2）地区之间的差异随时间推移呈逐步扩大趋势。和全国相比较，在整个分析期间，东部地区能源效率一直高于全国平均水平，中部和西部一直低于全国平均水平，西部最低。经济比较发达的东部沿海地区能源效率不但高于中部和西部地区，而且也高于全国平均水平。1995 年三大地区能源效率之比（以西部地区为 100）为 1.32∶0.93∶1，到 2011 年这一比例扩大为 1.76∶1.27∶1。如果以全国平均水平为 1，则 1995 年三大地区能源效率之比为 1.15∶0.81∶0.87，东部能源效率显著高于中部和西部地区，中部和西部比较接近；到 2011 年这一比例变为 1.28∶0.93∶0.73，东部平均能源生产效率仍高于中部和西部地区，但中部与西部之间的距离开始拉大。三大地区能源效率呈现明显的"东高西低"现象。地区经济的非均衡发展是引起这一差异扩大的主要原因。

（3）从地区能源效率的变动特征看，三大地区平均能源效率（单位能源投入的经济产出）随时间推移呈明显的波浪"~"形变化趋势（见图3-2）。从时间段上划分，1995~1999年为第一阶段，这一时期三大地区能源利用效率随时间推移呈现明显的提高趋势；2000~2004年为第二阶段，这一时期各地区能源利用效率变化平稳，并无明显的提高趋势；2005~2011年为能源效率快速提高阶段，这一时期各地区能源利用效率提高趋势明显，这和"十一五"时期国家推行的节能减排政策措施密切相关。

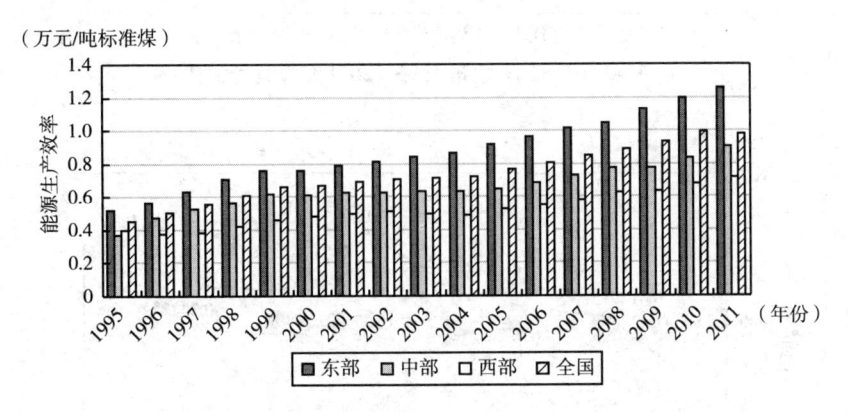

图3-2 1995~2011年三大地区平均能源效率

3.1.2 省际能源生产效率的时空演变

从各地区所含省份看（见图3-3、图3-4、图3-5），样本考察期内，能源生产效率最高的五个省市都分布在东部地区，分别是广东（1.31446万元/吨标准煤）、福建（1.280831万元/吨标准煤）、海南（1.215978万元/吨标准煤）、江苏（1.199566万元/吨标准煤）、上海（1.195791万元/吨标准煤），这五个省市单位能源投入的经济产出几乎都在1.2万元以上。而能源效率最低的五个省区几乎全部集中在西部地区，分别是内蒙古（0.201416万元/吨标准煤）、宁夏（0.282224万元/吨标准煤）、贵州（0.300407万元/吨标准煤）、青海（0.303803万元/吨标准煤）、重庆（0.307725万元/吨标准煤），单位能源投入的经济产出几乎都在0.3万元以下。经济增长表现为高投入、高消耗、低效率的粗放型增长模式。

（万元/吨标准煤）

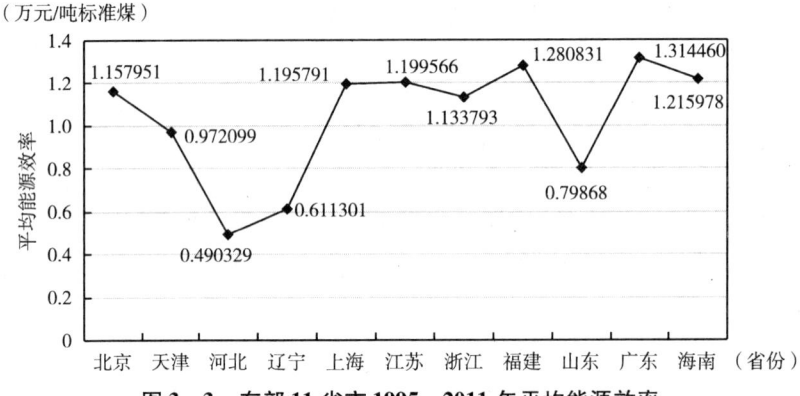

图 3-3　东部 11 省市 1995~2011 年平均能源效率

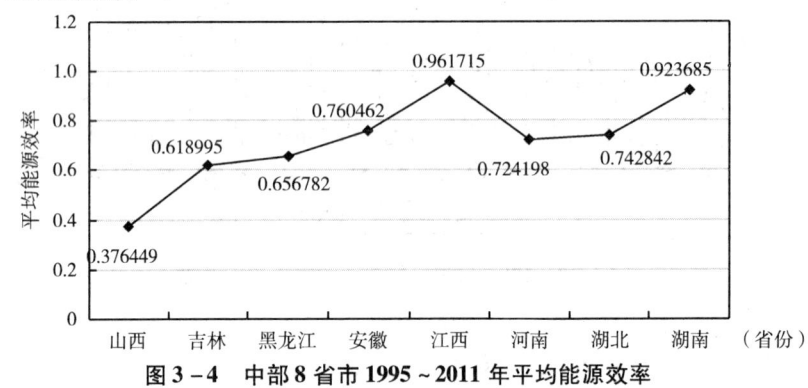

（万元/吨标准煤）

图 3-4　中部 8 省市 1995~2011 年平均能源效率

（万元/吨标准煤）

图 3-5　西部 11 省市 1995~2011 年平均能源效率

1995～2011年，东部各省份除河北、辽宁、山东外，其余省份平均能源效率均在0.8万元/吨标准煤以上，中部8个省份除江西、湖南外，其余省份都在0.8万元/吨标准煤以下，山西最低，在0.38万元/吨标准煤以下，西部11个省份中，有6个省份在0.4万元/吨标准煤以下。三大地区能源效率由东向西呈现明显的"梯度递减"现象。

总体来看，改革开放以来中国各地区能源生产效率差异较大，并且这种差异随时间推移呈不断扩大的态势；地区能源效率增幅平稳，说明节能降耗工作确实存在不少难度；经济相对发达的东部沿海地区表现出能源利用的高效，而经济相对落后的中西部地区则表现出能源利用的低效和浪费。提高中西部经济落后地区能源效率对于缓解全国能源消费快速增长的压力更为重要。

3.2 省际全要素能源效率测算

3.2.1 指标界定

能源生产效率主要考察能源投入与产出之间的比例关系。事实上，能源作为生产过程中不可缺少的投入要素，必须和其他投入要素（如资本、劳动力等）相互结合才能发挥作用。而单要素能源效率的最大缺陷就在于忽略了生产过程中其他投入要素的相互替代和相互作用，无法度量潜在的能源技术效率（Wilson et al.，1994），难以真实刻画"能源效率"指标的内涵。

针对单要素能源效率存在的缺陷，更多的研究开始转向寻求一种能够综合反映多种投入要素共同作用的能源效率——即全要素能源效率。全要素能源效率的概念源于技术效率的概念。全要素能源效率的方法则源于微观经济学中的全要素生产率。1954年，Davis首次界定了全要素生产率的内涵，认为全要素生产率包括资本、劳动力和能源等所有要素投入。生产过程中的各种要素投入在一定程度上可以相互代替，决定最终产出的则是各种投入要素的相互配合。1957年，Farrel首次在资源最优利用的基础上，从要素投入的角度定义了技术效率的概念，即生产技术不变，市场价格不变条件下，按照既定投入比例，生产一定量产品所需投入的最小成本与实际生产成本之比。在测量与效率前沿面的距离上，主要采用Shephard（1970）的定义，有基于投入角度的距离函数和基于产出角度的距离函数，前者研究如何在给定产出水平下使投入最小；而后者则研究给定投入要素下，如何使产出最大。而对于前沿面的确定，有参数方法和非参数方法两种，参数方法主要包括随机前沿分析法和回归模型法；非参数方法主要包括数据包络分析法和指数法，二者各有不同的适用范围。参数方法假定前沿面已经确定，然后通过设定具体的函数形式并估计参数，而非参数方法不需要事先设定具体的函数形式，也不需要事先假定研究对象为技术有效，可以避免函数形式设定不妥而影响结论的准确性，以及参数估计的有效性和合理性检验等问题，因而得以普遍应用。其中使用最广泛的方法为非参数的数据包络分析方法。

Hu 和 Wang（2006）首次基于全要素生产率框架，运用 DEA 方法定义了资本、劳动和能源投入共同作用下的全要素能源效率概念。将一个地区的能源效率定义为该地区能源使用的目标值与实际值之比，并运用此方法测算了 1995~2002 年中国省级经济单元的能源效率，成为目前研究文献中使用该方法研究能源效率的探索之作。此后的研究基本延续了 Hu 和 Wang 的研究方法，但并没有得出比较一致的结论。

在产出端的确定上，已有的研究仅仅考虑了"好"产品产出（如 GDP），而忽略了"坏"产品产出（如污染排放）的存在，这成为目前该领域研究的一大缺陷。事实上，环境污染并不是毫无代价的，它作为生产过程的"副"产品，和"好"产品同时并存于生产过程，在现有技术条件下，完全消除污染来实现经济增长是不可能的。如何构建最小能源投入、最大产出增长、最低污染排放的"多投入—多产出"效率前沿模型，是资源、环境双重约束下经济效率评价和经济增长方式转变迫切需要解决的问题。因此，本书中，产出端为既包含"好"产品产出，也包含"坏"产品产出的多产出结构。如果考虑能源投入的同时，考虑生产过程的"坏"产品产出，则标准的 DEA 方法均不能有效反映"效率"的真正内涵，因为标准的 DEA 方法要求投入与产出之间满足等幅扩张。

基于此，本书定义全要素能源效率指标为决策单元（如地区或省份）在既定技术条件下，相对于最优前沿面所可能实现的最小能源投入、最大产出增长和最低污染物排放的能力，以下的全要素能源效率模型根据这一定义建立。

3.2.2 模型构建

环境约束下效率评价的根本问题是如何在给定投入要素前提下，实现最大产出的同时尽可能减少污染物的排放，也就是说，"好"产品产出和"坏"产品产出必须区别对待。而标准的 DEA 模型中，无论是"好"产品产出还是"坏"产品产出，DEA 方法都将其处理为尽可能大，这显然与本书的分析目的不符。

在进行实际分析时,Shephard(1970)提出的方向性距离函数可以解决这一问题。方向性距离函数是 Shephard 投入和产出距离函数的一般表达形式,该函数测度在给定方向、投入和环境技术结构下,"好"产品产出增加和"坏"产品产出缩减的可能性,这是它和传统产出距离函数的明显区别。因此,可以在方向矢量所规定的路径上增加(减少)好的(坏的)产出。这样一来,方向性距离函数可以在一个统一的框架内分析包含"好"产品产出和"坏"产品产出的全要素能源效率。

根据以上对全要素能源效率的含义及指标界定,可以将目前"多投入—单产出"的单要素能源效率模型扩展到"多投入—多产出"的全要素能源效率模型。通过该模型可以测算一个国家或地区在实现最大产出扩张,最小能源投入和最低污染排放下所可能达到的效率前沿,其结果可能更符合"能源—经济—环境系统"的内在作用机理。

3.2.2.1 环境技术

根据 Fare 等(2006),环境技术是指"坏"产品、"好"产品与投入要素三者之间的技术结构关系。其特点是给定投入情况下,减少污染排放需要付出一定的代价(如投入环保净化设施、增加环保投入等),这样生产"好"产品的投入就会相应地减少,使"好"产品产出减少。污染物与"好"产品之间的这种联系被称为联合弱可处置性。

定义 $x = (x^1, x^2, \cdots, x^N) \in R_+^N$ 为一组投入向量,$y = (y^1, y^2, \cdots, y^M) \in R_+^M$ 为生产"好"产品向量,$b = (b^1, b^2, \cdots, b^J) \in R_+^J$ 为"坏"产品向量(如废气、废水、固体废弃物等)。用产出集合模拟环境技术可表示为:

$$p(x) = \{(y,b): x \text{ 可以生产}(y,b)\}, x \in R_+^N \qquad (3.1)$$

式(3.1)即是用产出集合模拟的环境技术,p(x)是 N 种投入要素所能生产的"好"产品产量与"坏"产品产量的所有组合。它具有四个特点:

(1)零结合性。即在给定投入要素 x 下,p(x)能够用给定的投入集生产出"好产品"和"坏产品"的全部组合,即"好"产品和"坏"产品是联合生产的,除非生产过程停止,可表示为:$(y, b) \in p(x)$,且 $b = 0$,则 $y = 0$,该假设条件保证了生产可能性边界经过原点。

(2)联合弱可处置性。即在一定技术条件下,"好"产品和"坏"产具有同比例增减的特性。暗含减少污染排放需要付出代价，可表示为：(y, b) ∈ p(x)，且 0≤θ≤1，则 (θy, θb) ∈ p(x)，这一条件保证了生产可能性边界的凸性。

(3) 强可处置性。即"好"产品具有完全可处置性，如果 (y, b) ∈ p(x) 且 y≥y′或 x≤x′，则 (y′, b) ∈ p(x)，p(x)⊆p(x′)，其含义可理解为，在要素投入和污染规模相同的条件下，正常产出可多可少，正常产出之间的差距反映了环境管制约束下的技术效率高低。

(4) 自由可处置性。即要素投入 x 具有可处置性，可表示为：如果 x≤x′，则 p(x)⊆p(x′)。

3.2.2.2 环境技术效率

环境技术 p(x) 是给定投入要素条件下的最大产出 (y) 扩张、最小污染物排放的集合，实质上环境技术给出了环境产出的可能前沿，是测度环境效率的基础。这与方向性环境距离函数的思想基本一致，即在给定方向、投入和环境技术结构下，"好"产品扩张和"坏"产品缩减的可能性大小。但环境产出集 p(x) 无法借助传统的距离函数来计算。不同于传统的距离函数，Shephard (1970) 提出的产出距离函数衡量"好"产品和"坏"产品同时可能扩张的倍数，假定"好"产品与"坏"产品具有强可处置性，污染物没有环境管制约束。

Chung 等 (1997) 在 Luenberger (1995) 短缺函数基础上发展起来的方向性环境产出距离函数可以解决这一问题。表示为：

$$\vec{D}_0^t(x^t, y^t, b^t; g_y, -g_b) = \sup\{\beta : (y^t + \beta g_y, b^t - \beta g_b) \in p^t(x^t)\} \quad (3.2)$$

其中，$g = (g_y, -g_b)$ 为方向向量。β 为给定投入 x，当产出 (y) 和污染物 (b) 按照相同比例扩张和收缩时，"好"产出 (y) 增长、"坏"产出 (b) 减少的最大可能数量。

类似于 Fare (1957) 定义的传统技术效率，环境技术效率可定义为"好"产出的实际产量 $y_{k'}^t$ 与环境技术结构下的前沿产出量 $(1+\beta)y_{k'}^t$ 的比率，即：

$$\text{ETE} = \frac{1}{1 + \vec{D}_0^t(y_{k'}^t, x_{k'}^t, b_{k'}^t; y_{k'}^t, -b_{k'}^t)} \quad (3.3)$$

环境技术效率与传统意义的技术效率的区别就在于产出前沿不同。环境技术效率即反映"好"产品与最大"好"产品的差距,也反映"坏"产品与最少"坏"产品的差距。

图 3-6 显示了传统的 Shephard(1970)产出距离函数和方向性环境距离函数的差异。对于样本观测点 (y^t, b^t),由 Shephard 距离函数得到的产出极限为 c,表示"好"产品(y)与"坏"产品(b)同比例扩张到达产出前沿 c 点。而方向性产出距离函数则沿方向向量 $g=(g_y, -g_b)$ 扩张产出(y),减少污染排放(b)到达产出前沿点 F。在产出集 $p(x^t)$ 内,方向性距离函数 $\vec{D}_0^t(y^t, x^t, b^t; g_y, -g_b) \geq 0$,当且仅当向量 (y^t, b^t) 在生产前沿上,方向性环境产出距离函数的值等于 0,表示环境技术最有效率。根据方向性产出距离函数,从产出向量 E 点到 F 点,产出向量集合 $p(x^t)$ 前沿点 F 对应的坐标(产出向量)为 $(y^t + \beta^* g_y, b^t - \beta^* g_b)$,$\beta^* = D_0^t(y^t, x^t, b^t; g_y, -g_b)$。$\beta^* g_y$ 被加到好产品 y^t,从坏产品 b^t 中则减去 $\beta^* g_b$,此时,好产出增加的同时,坏产出是减少的。当方向向量 $g=(1, 0)$ 时,方向性产出距函数则变为传统的 Shephard 产出距离函数,即后者只是前者的特例。

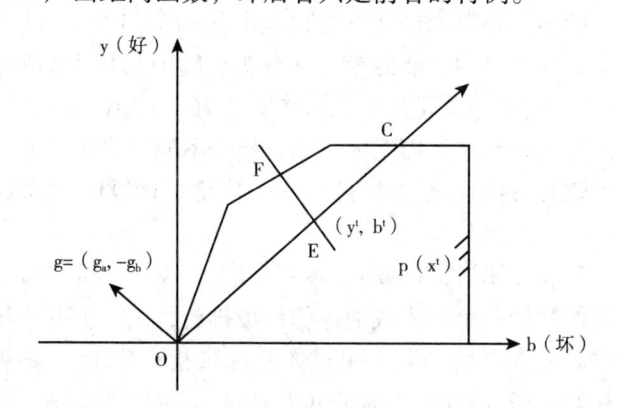

图 3-6 方向性环境产出距离函数

本书的研究目的是"好"产品增加的同时,"坏"产品在现有基础上同比例增减,故根据 Chung 等(1997)对 Malmquist-Luenberger 生产率指数的定义,本书确定方向向量为 $g^t = (y^t, -b^t)$。此时,可以通过求解以下线性规划问题(Fare et al.,1994)计算某一生产单元在参考技术 $p(x^t)$ 下的方向性环境产出距离函数,即:

$$\vec{D}_0^t(y_{k'}^t, x_{k'}^t, b_{k'}^t; y_{k'}^t, -b_{k'}^t) = \max \beta$$

s.t. $\sum_{k=1}^{K} z_k^t y_{k,m}^t \geq (1+\beta) y_{k',m}^t, m = 1, 2, \cdots, M$

$\sum_{n=1}^{K} z_k^t b_{k,j}^t = (1-\beta) b_{k',j}^t, j = 1, 2, \cdots, J$

$\sum_{k=1}^{K} z_k^t x_{k,n}^t \leq x_{k',n}^t, n = 1, 2, \cdots, N$

$z_k^t \geq 0, k = 1, 2, \cdots, K$ (3.4)

3.2.3 指标选取与数据说明

本书以 1995~2011 年我国各省份为基本经济单元。所选产出指标为各省份生产总值和污染排放，所选投入指标为物质资本、人力资本和能源投入。各投入产出指标的界定和测算如下：

（1）"好"产出（如 GDP）。目前研究文献中，对于产出指标（GDP）的衡量有总产值、增加值和净产值。本书以能源作为中间投入，按照外部购入、当期投入、一次消耗的原则，能源投入具有明显的中间投入品属性（陈诗一，2009）。因此，本书选取各省份生产总值作为"好"产出。由于原始数据均按当年价格计算，为了消除价格因素的影响，便于不同年份之间的纵向比较，本书以 1995 年为基期，将原始数据换算为按可比价格计算的实际 GDP，单位为亿元。

（2）"坏"产出（如污染排放）。本书中的"坏"产品产出主要指污染物的排放。对于如何衡量一个国家或地区的污染排放，国际上并无统一定论。目前，国内外相关研究大多使用某一个具体的污染指标作为污染排放的代理变量，如岳书敬和刘富华（2009）、涂正革（2008）、周健和顾柳柳（2009）、陈诗一（2009）等，其中又以取二氧化硫、二氧化碳居多。

本书认为，用某一单一指标作为环境污染的代理变量有失偏颇，很难代表一个地区整体环境状况。在综合考虑各类污染物排放的基础上，兼顾污染数据的可得性，本书选取各省份工业二氧化硫排放量、工业烟尘排放量、工业粉尘排放量、工业废水排放量、工业固体废弃物产生量五类工业污染指标，作为衡量污染排放的代理变量。由于这五类污染排放是由主要污染物估算得到的，具有良好的代表性。

在对五类污染排放指标的处理上，采用环境污染综合评价法（郭亚军，2007），[①] 将上述五类污染物指标合成为一个环境污染综合指数。

（3）资本投入。资本投入采用各省份物质资本存量表示，由于目前我国还没有现成的物质资本存量数据，关于物质资本存量的测算方法也没有一致的结论。现有文献中，一部分文献采用固定资产投资代替，另一部分文献则采用永续盘存法进行估算。方法为将 t 时刻的物质资本存量定义为 t-1 时刻的物质资本存量加投资减折旧，即：$k_{it} = k_{it-1}(1-\sigma_{it}) + I_{it}$。其中，$k_{it}$ 为 i 地区 t 时期的固定资本形成额，σ_{it} 为 i 地区 t 时期的固定资产折旧率。本书主要参考了张军等（2004）的研究成果，2000 年以前采用张军的估算结果，2000 年以后按此方法将资本存量序列扩展到 2011 年，并将基期换算为 1995 年为 100，单位为亿元。

（4）劳动力投入。劳动力投入以人力资本存量表示。人力资本是对人力资源由投资而转化的资本形态，其质的含义主要有人力资源的体力、智力、技能、功德等。国内外一些著名经济学家以人力资本与经济增长之间的关系为例，通过对众多国家与地区实证分析得出的结论认为，人力资本投资有利于经济增长，受教育年限的提高将使人均 GDP 增长率得以提高。受教育年限（人力资本）越多，工作技能就越熟练，越能掌握先进技术，劳动生产率的提高也越快，对促进经济增长的贡献也越大，人力资本已经成为衡量一个地区综合实力的重要指标。

目前，国内文献大多采用从业人员数衡量劳动力投入，这种方法忽略了劳动力质量的差异。而我国地域辽阔，由省际之间经济发展水平差异导致的人口素质、人力资源投资及劳动力质量差异较大。从此角度出发，类似傅晓霞和吴利学（2006）的测算方法，本书以各地区居民受教育程度衡量地区人力资源水平。具体方法为采用 15 岁以上人口平均受教育年限，总人力资本存量为劳动年龄人口（15~64 岁）与 15 岁以上人口平均受教育年限的乘积。具体计算公式为：

15 岁以上人口平均受教育年限 = 大专以上文化程度人口比重 ×16
+ 高中文化程度人口比重 ×12
+ 初中文化程度人口比重 ×9
+ 小学文化程度人口比重 ×6
+ 文盲半文盲人口比重 ×2

总人力资本(万人·年) = 15~64 岁人口 ×15 岁以上人口平均受教育年限

[①] 本书的重点不在于此，所以对此方法不作详细讨论。

1999年、2000年数据来自第四、第五次人口普查资料，1996~1999年和2002~2004年数据来自《中国统计年鉴》和《中国人口统计年鉴》，2001年数据以1998~2004年算术平均数推算，1995年数据采用插值估算法得到，2005年及以后年份数据来自《中国统计年鉴》和《中国人口统计年鉴》。

（5）能源投入。能源投入使用各年能源消费总量表示，单位为万吨标准煤。原始数据来自《中国能源统计年鉴》、《中国统计年鉴》和《新中国五十五年统计资料汇编》。

上述各投入产出变量的统计性描述结果见表3-1。

表3-1　　　　　　　　变量的统计性描述

变量	能源消费（万吨标准煤）	GDP（1995=100）（亿元）	物质资本（亿元）	人力资本（万人·年）	污染排放
样本	476	476	476	476	476
均值	8303.24	6485.95	11895.62	18788.01	0.3855
中位数	6613.30	4238.04	6971.79	15349.31	0.3919
众数	5813.00	165.30	344.87	1299.41	0.3900
标准差	6337.20	7090.86	13881.66	12636.00	0.1543
极差	36444.30	45497.00	103586.63	54400.28	0.8900
极小值	687.70	165.30	344.87	1299.41	0.0100
极大值	37132.00	45662.30	103931.50	55699.69	0.9000

3.2.4 测算结果及含义

根据相关研究，2000年前后是中国能源效率发生变化的转折点，结合目前中国工业化及市场化进程的现实，本书实证估计在时间段上分为两个时期：1995~2002年，2003~2011年。以体现能源效率随时间推移的动态演变特征，在空间上，按照东、中、西三大地区划分，以便于研究能源效率的区域差异。

根据设定模型以及投入、产出数据，采用线性规划求解技术，对中国28个省份（重庆合并四川，海南、西藏能源数据不全，不包括在研究范围之内）全要素能源效率进行测算。测算结果见表3-2。

表 3-2　1995~2011 年各省全要素能源效率

年份 省份	1995	1996	1997	1998	1999	2000	2001	2002	2003	2004	2005	2006	2007	2008	2009	2010	2011	平均
北京	0.7415	0.7351	0.7303	0.7306	0.7043	0.7522	0.7746	0.6929	0.7214	0.8584	0.8771	0.8314	0.8230	0.8799	0.9177	1.0000	1.0000	0.8100
天津	0.7283	0.7512	0.7567	0.7664	0.7737	0.7957	0.7259	0.6576	0.6349	0.6900	0.8482	1.0000	0.8877	1.0000	0.9762	1.0000	1.0000	0.8231
河北	1.0000	1.0000	1.0000	0.7980	0.7640	0.7565	0.7608	0.7631	0.8013	1.0000	0.9702	0.9803	1.0000	0.5856	0.9534	1.0000	1.0000	0.8902
山西	0.5398	1.0000	0.9210	0.5141	0.5208	0.5429	0.5244	0.5357	0.5899	0.6613	0.6435	0.6542	0.6228	0.6631	0.6763	0.6803	0.6847	0.6456
内蒙古	0.5558	0.7599	0.5897	0.6266	0.6594	0.7339	0.7435	0.7127	0.6734	0.6621	0.8326	0.8536	0.8871	0.8053	0.7825	0.8214	0.8943	0.7408
辽宁	0.5164	0.5326	0.5828	0.6272	0.6801	0.7472	0.7785	0.7998	1.0000	0.9216	1.0000	1.0000	1.0000	1.0000	0.9425	1.0000	1.0000	0.8311
吉林	0.5307	0.5757	0.5971	0.6552	0.7056	0.7790	0.8101	0.8258	0.8392	0.8908	1.0000	0.9886	1.0000	1.0000	1.0000	1.0000	1.0000	0.8352
黑龙江	0.6186	0.6661	0.6921	0.6933	0.7197	0.7009	0.7288	0.7066	0.7315	0.8829	0.9207	0.9578	0.9582	0.9123	0.9009	0.9329	0.9401	0.8037
上海	0.8843	0.8715	0.8845	0.8012	0.8082	0.8483	0.8591	0.8742	0.8186	0.8927	0.8953	0.9378	0.9515	1.0000	1.0000	1.0000	1.0000	0.9016
江苏	0.6542	0.6612	0.6782	0.6734	0.6853	0.7120	0.7444	0.7763	0.7110	0.7820	0.8096	0.8473	0.9123	1.0000	0.9375	1.0000	1.0000	0.7991
浙江	1.0000	1.0000	1.0000	0.8219	0.8575	0.8708	0.7820	0.7975	0.7554	0.8003	0.8541	0.9027	0.9805	1.0000	0.9270	0.8519	0.8824	0.8941
安徽	0.7168	0.7793	0.7634	0.7566	0.7119	0.7554	0.7614	0.7598	0.7682	0.8724	0.8359	0.8537	0.8567	0.8766	0.8401	1.0000	1.0000	0.8025
福建	1.0000	1.0000	1.0000	1.0000	1.0000	1.0000	1.0000	1.0000	0.9613	1.0000	0.9408	0.9320	1.0000	0.9852	0.9528	1.0000	1.0000	0.9866
江西	0.5355	0.6321	0.7123	0.7646	0.7183	0.6794	0.6905	0.7027	0.7544	1.0000	0.8321	0.8673	0.8985	1.0000	0.9075	0.9081	0.9324	0.7962
山东	0.5396	0.5785	0.6135	0.6686	0.7075	0.6686	0.6788	0.6864	0.7427	1.0000	0.8376	1.0000	0.9278	1.0000	0.9846	1.0000	1.0000	0.7919
河南	0.6522	0.7082	0.7464	0.7272	0.7357	0.7945	0.8098	0.8117	0.8430	0.8457	0.8309	0.8721	0.8836	0.8745	0.8378	0.8685	0.8587	0.8059
湖北	0.6161	0.6601	0.6305	0.6605	0.6342	0.6475	0.6889	0.6563	0.6677	0.8719	0.8839	0.8449	0.8997	0.8668	0.9019	0.8933	0.9145	0.7611

续表

年份 省份	1995	1996	1997	1998	1999	2000	2001	2002	2003	2004	2005	2006	2007	2008	2009	2010	2011	平均
湖南	0.5760	0.6314	0.6734	0.6744	0.6624	0.6728	0.6921	0.6306	0.6775	0.8676	0.8385	0.8278	0.8219	0.8346	0.8554	0.8672	0.8736	0.7457
广东	1.0000	1.0000	1.0000	1.0000	1.0000	1.0000	1.0000	1.0000	0.8589	0.8307	0.8596	0.9043	1.0000	1.0000	0.9752	1.0000	1.0000	0.9664
广西	0.6247	0.6337	0.6334	0.6018	0.7395	0.7860	0.8469	0.7430	0.7358	0.8779	0.8463	1.0000	1.0000	1.0000	0.9596	0.9588	0.9607	0.8205
四川	1.0000	0.6650	0.6773	0.6966	0.7221	0.7556	0.7703	0.7724	0.7513	0.7961	0.8389	0.8739	0.9246	0.9139	0.9403	0.9489	0.9503	0.8234
贵州	1.0000	0.9459	0.8506	0.5501	0.5667	0.5789	0.5758	0.5783	0.5768	0.6068	0.7071	0.7457	0.8109	0.8232	1.0000	1.0000	1.0000	0.7598
云南	0.6184	0.6724	0.6497	0.6818	0.6860	0.6880	0.6985	0.7102	0.7798	0.8090	0.8109	0.8899	0.9365	0.9002	0.9331	0.8903	0.9126	0.7804
陕西	0.4215	0.4463	0.4679	0.4876	0.5396	0.5866	0.5973	0.6255	0.6252	0.6467	0.8058	0.8656	0.9138	0.9538	0.9459	0.9309	0.9122	0.6925
甘肃	0.4773	0.5605	0.5923	0.6281	0.6441	0.6545	0.684	0.6989	0.7195	0.7763	0.8808	0.9031	0.9417	0.9503	0.9524	0.9524	0.9524	0.7628
青海	1.0000	0.8918	0.8055	0.7042	0.6499	0.6985	0.7285	0.7439	0.7488	0.7620	0.7752	0.8297	0.8944	1.0000	0.9257	1.0000	1.0000	0.8328
宁夏	0.5719	0.5909	0.5985	0.6049	0.6193	0.6554	0.6737	0.6655	0.6237	0.5842	0.7090	0.7586	0.8635	1.0000	0.9335	1.0000	1.0000	0.7325
新疆	0.6170	0.5712	0.6026	0.5960	0.6089	0.6957	0.6912	0.7035	0.7566	0.7861	0.8646	0.9231	0.9297	0.8953	1.0000	1.0000	1.0000	0.7789
东部	0.8064	0.8130	0.8096	0.7887	0.7981	0.8151	0.8104	0.8048	0.8005	0.8603	0.8892	0.9336	0.9483	0.9451	0.9567	1.0000	1.0000	0.8694
中部	0.5982	0.7066	0.7170	0.6807	0.6761	0.6966	0.7133	0.7037	0.7339	0.8616	0.8482	0.8583	0.8677	0.8785	0.8650	0.8753	0.8858	0.7745
西部	0.6887	0.6738	0.6468	0.6178	0.6436	0.6833	0.7010	0.6954	0.6991	0.7307	0.8071	0.8643	0.9102	0.9347	0.9268	0.9503	0.9583	0.7725
全国	0.7049	0.7329	0.7250	0.6968	0.7080	0.7342	0.7436	0.73688	0.7453	0.8144	0.8549	0.8908	0.9137	0.9387	0.9220	0.9505	0.9556	0.8099

注：重庆合并四川，海南、西藏能源数据不全，不包括在分析范围之内。

3.2.4.1 1995~2011年全要素能源效率

根据表3-2，1995~2011年考虑环境效应的全国平均全要素能源效率为0.8099，未达到效率前沿面。东部全要素能源效率最高，为0.8694，既高于全国平均水平，也显著高于中部（0.7745）和西部（0.7725），中部和西部全要素能源效率比较接近。分省份看，全要素能源效率最高的五个省份主要集中于东部沿海经济发达地区，分别为福建（0.9866）、广东（0.9664）、上海（0.9016）、浙江（0.8941）、河北（0.8902）。全要素能源效率最低的五个省份全部集中在中西部地区，分别为山西（0.6456）、陕西（0.6925）、宁夏（0.7325）、内蒙古（0.7408）、湖南（0.7457）。

综合来看，自20世纪90年代中期以来，全国平均全要素能源效率由东部沿海省份向中部、西部地区依次呈递减趋势。能源资源禀赋较高的山西、陕西、内蒙古、湖南等省份，其较低的能源利用效率和东部沿海地区资源贫乏但能源利用的高效形成强烈的反差。一方面，由于市场分割的分权体制扭曲了能源资源的有效配置而使能源效率受损；另一方面，由于能源领域的市场化改革滞后于经济改革，在整个20世纪90年代市场化程度较低的中部、西部地区，能源领域技术进步和技术效率的释放效应还没有完全发挥出来，表现为能源利用的低效。

观察各地区要素投入与产出效应可知，东部地区表现为"低投入—低排放—高效率"或"高投入—低排放—高效率"模式；中西部地区则表现为"高投入—高排放—低效率"或"低投入—高排放—低效率"模式。"高投入—高排放—低效率"的要素配置模式造成能源资源的巨大浪费和严重的环境污染，这些地区同时也是进一步节能减排的重点，其节能减排潜力较大。

3.2.4.2 1995~2002年全要素能源效率

由表3-3可知，1995~2002年全国平均全要素能源效率为0.7223，未达到效率前沿面。分地区看，东部地区全要素能源效率最高，为0.8058，显著高于全国平均水平；中、西部地区全要素能源效率分别为0.6865和0.6746，中部高于西部，但中部和西部全要素能源效率既低于全国平均水平，也显著低于东部。东、中、西三大地区全要素能源效率由东向西呈现明显的"梯度递减"。这一时期，处于效率前沿面的省份有两个，分别为福建、广东。全要素能源效率最高的五个省份均分布在东部地区，分别是福建（1.0000）、广东

（1.0000）、浙江（0.8724）、河北（0.8553）、上海（0.8539）。全要素能源效率最低的五个省份除山西（0.6373）外，其余均集中在西部地区，分别是陕西（0.5215）、甘肃（0.6175）、宁夏（0.6225）、新疆（0.6358）。结合表3-2可以看出，东部地区的各省份全要素能源效率离前沿面较近，而中西部地区的大部分省份全要素能源效率均远离前沿面。

表3-3　　　　　　　　各地区平均全要素能源效率

地　　区		1995~2002年	2003~2011年
东部地区	北京	0.7327	0.8788
	天津	0.7444	0.8930
	河北	0.8553	0.9212
	辽宁	0.6581	0.9849
	上海	0.8539	0.9440
	江苏	0.6981	0.8889
	浙江	0.8724	0.9133
	福建	1.0000	0.9747
	山东	0.6427	0.9245
	广东	1.0000	0.9365
东部合计		0.8058	0.9260
中部地区	山西	0.6373	0.6925
	安徽	0.7506	0.8486
	江西	0.6794	0.9000
	河南	0.7482	0.8572
	湖北	0.6493	0.8605
	湖南	0.6516	0.8293
	吉林	0.6849	0.9687
	黑龙江	0.6907	0.9041
中部合计		0.6865	0.8576

续表

地　　区		1995~2002年	2003~2011年
西部地区	内蒙古	0.7310	0.8014
	广西	0.7011	0.9266
	四川	0.7574	0.8820
	贵州	0.7058	0.8078
	云南	0.6756	0.8736
	陕西	0.5215	0.8444
	甘肃	0.6175	0.8921
	青海	0.7778	0.8818
	宁夏	0.6225	0.8303
	新疆	0.6358	0.9062
西部合计		0.6746	0.8646
全国平均		0.7223	0.8827

20世纪90年代后，特别是1999年邓小平南巡讲话后，中国的改革进入了实质性阶段，东部地区由于处在改革开放的前沿，通过国际贸易和国际投资，吸引了大量先进的管理技术和经验，大大促进了自身的技术进步。中西部地区由于比较封闭的地理位置，落后的经济发展水平以及长期以来形成的区域经济非均衡发展格局，难以从国际贸易和国际投资中获取更多的技术与管理等方面的经验，其能源领域难以取得突破性的技术进展。另外，"六五"和"七五"时期，由于中国经济采取了优先发展东部地区的非均衡发展战略，中西部地区大量的生产要素开始向东部地区转移，使得中西部地区的企业在竞争中处于更加不利的地位。整个"八五"时期及"九五"前期，中西部地区的生产技术出现普遍的下降。为了缓解能源、交通运输紧张的状况，国家要求有计划地将原材料、能源消耗量大的高耗能产业向中西部资源富裕的地区转移，国家产业布局的改变及东、中、西部地区本身能源效率的差异，使得地区之间能源效率的差异不降反升（屈小娥，2009）。

3.2.4.3 2003~2011年全要素能源效率

表3-3显示，2003年后全国平均全要素能源效率为0.8827，未达到效率前沿面，但已显著高于1995~2002年。分地区看，东、中、西三大地区平均

全要素能源效率分别为0.9260、0.8576、0.8646，均未达到效率前沿面。东部显著高于全国平均水平，中、西部低于全国平均水平，但中部能源效率显著低于西部被西部反超，地区之间能源效率演变为"东—西—中"的发展格局。从各省份看，2003~2011年全要素能源效率最高的五个省份除吉林（0.9687）外，其余四个省份全部集中在东部地区，分别是辽宁（0.9849）、福建（0.9747）、上海（0.9440）、广东（0.9365）。中西部地区的山西（0.6925）、内蒙古（0.8014）、贵州（0.8078）、湖南（0.8293）、宁夏（0.8303）为全要素能源效率最低的省份。自1999年8月中央提出西部大开发以来，西部地区的投资环境得到了很大改善，在吸引、利用外资的过程中，西部地区引进、利用外资的机会也逐渐增多，在吸引外资带来的先进技术的同时，也大大提高了自身的人力资本水平，其技术进步的速度快于中部，对全要素能源效率的贡献也在不断增大。中部地区在此发展过程中，其经济发展水平落后于东部地区，经济发展速度落后于西部地区，出现了"中部塌陷"，反映在能源领域则为能源使用技术的落后。

结合表3-2可以看出，自"十一五"以来，各地区能源效率均有不同程度的改善，特别是东部地区的各省份，2010年和2011年全要素能源效率均达到了效率前沿面，对全国平均全要素能源效率提高的贡献也比较大；中西部地区的吉林、贵州、青海、宁夏、新疆等地区，虽然2005年以前全要素能源效率平均值较低，但在2010年、2011年也达到了效率前沿面，对该地区全要素能源效率提高的贡献也较大。

3.3 全要素能源效率的差异性

根据全要素能源效率的测算结果，1995~2011年全国平均全要素能源效率为0.8099，并未达到效率前沿面，东、中、西三大地区全要素能源效率分别为0.8694、0.7745、0.7725，东部高于全国平均水平，中西部低于全国平均水平，中部和西部比较接近。分时期看，1995~2000年，全国平均全要素能源效率为0.7223，东部（0.8058）不但高于全国平均水平，也显著高于中西部地区，但中部显著高于西部，地区之间能源效率呈现明显的"东—中—西"演变格局（见图3-7）。2001~2011年，全国平均全要素能源效率为0.8827，东、中、西三大地区全要素能源效率分别为0.9260、0.8576、0.8646，东部显著高于全国平均水平，也高于中西部地区；中部地区在这一时期能源效率已显著低于西部被西部反超。地区之间能源效率演变为"东—西—中"的发展格局（见图3-8）。这一结论与魏楚和沈满洪（2007a，2007b）、屈小娥（2009）等人的研究结论基本一致，其原因可归结为西部大开发战略的实施导致西部能源效率提高得更快。

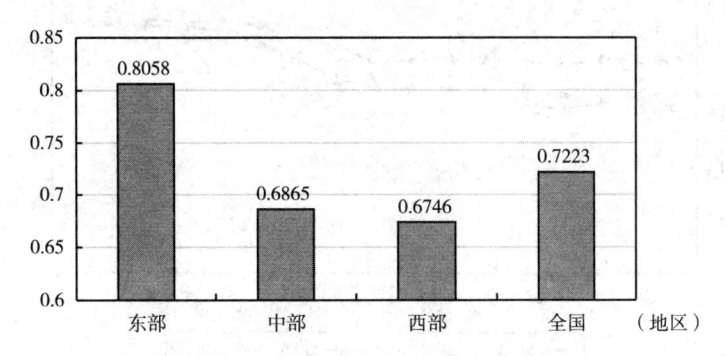

图3-7 1995~2000年全要素能源效率

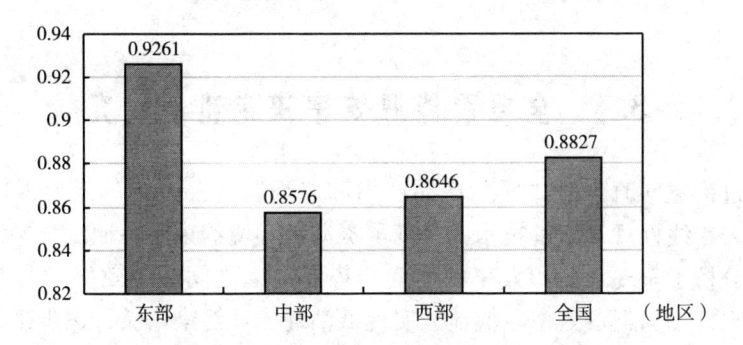

图3-8 2001~2011年全要素能源效率

从全要素能源效率的演变趋势看（见图3-9），随着时间的推移，三大地区全要素能源效率均呈逐步上升趋势，大多数省份呈现微弱的"先上升，后下降"的倒"U"型变化特点。转折点一般出现在2000~2002年间。从2003年开始，各地区能源效率均呈现不断上升趋势。从"十一五"规划开始的第一年，即2006年，东部各省市全要素能源效率提高的趋势比较明显，表现出了"高产出—低投入—低排放"的良性发展状态；中西部地区的吉林、黑龙江、河南、湖北、湖南、陕西、宁夏、新疆等地区，从2006年开始，能源效率提高较快。可见，"十一五"规划制定的节能减排战略目标,对各地区提高能源效率、改善环境质量起到了积极的推动作用。

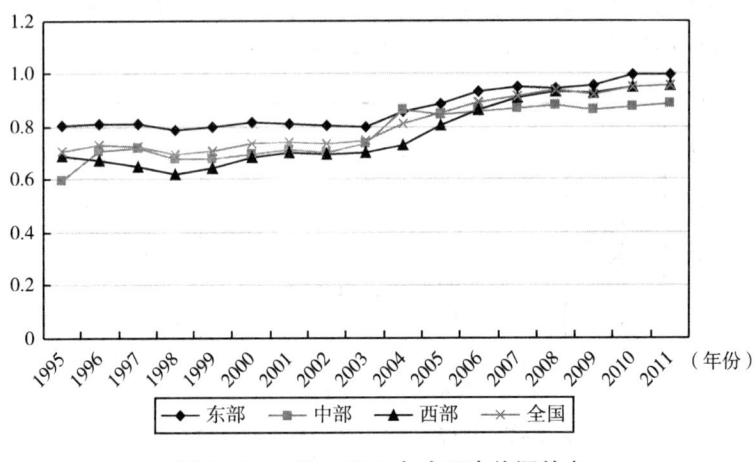

图 3-9 1995~2011 年全要素能源效率

3.4 全要素能源效率决定机制研究

通过构建同时包括"好"产品产出和"坏"产品产出的全要素能源效率模型,采用线性规划求解技术,得到了资源、环境约束下各地区全要素能源效率,并分析了全要素能源效率的演变趋势及地区之间能源效率的时空差异特征。那么,如何促进效率较低地区实现低消耗、低污染增长,逐步接近或达到效率前沿,则需要分析各地区能源效率变动的影响因素,以便为提高能源效率提供科学依据。

3.4.1 Tobit 模型的先进性

Tobit 回归是诺贝尔经济学奖获得者 James Tobit 为解决因变量含有截断资料的回归模型分析法。标准的 Tobit 模型早期多用于耐用商品的消费分析,近年来则广泛用于其他研究领域。在研究微观经济数据时,即在研究微观个体行为时,因变量可能是定量的,可能是定性的,也可能是受约束的(欧阳志云等,1999),这类模型称为限值因变量回归模型。其中一类主要的限值因变量是:当因变量取正值时是连续的,虽然没有负值出现,但很多时候有"0"值出现，此时的观测值已不能满足正态分布的要求。若使用一般回归模型（如 OLS 模型）进行分析，必然会引起估计结果的有偏和不一致。

本书以全国各省份全要素能源效率为被解释变量，以影响能源效率的诸因素为解释变量建立回归模型。由于全要素能源效率的取值介于 0~1 之间，被解释变量为受限值，若采用最小二乘法估计会带来参数的有偏和不一致。Tobit 模型属于因变量受到限制的一种回归分析法，当因变量为受限值或截断值时，采用 Tobit 模型回归比较合适。建立 Tobit 模型如下：

$$Y_i^* = X_i'\beta + \varepsilon_i, i = 1, 2, \cdots, n \tag{3.5}$$

当给出被解释变量一个数量指标界限值 C 时，就会有截断数据存在，则式（3.5）可写为：

$$Y_i = \begin{cases} Y_i^*, \text{当 } Y_i^* > C \\ C, \text{当 } Y_i^* \leq C \end{cases} \tag{3.6}$$

假设模型误差项服从 $N(0, \sigma^2)$ 分布，Tobit 模型可表示为：

$$\begin{cases} Y_i = X_i'\beta + \varepsilon_i, \text{当 } X_i'\beta + \varepsilon_i > 0 \\ \quad = 0, \text{其他} \\ \varepsilon_i \sim N(0, \sigma^2) \end{cases} \tag{3.7}$$

设 f_i 和 F_i 分别为标准正态分布的密度函数 $f(\cdot)$ 与分布函数 $F(\cdot)$ 在 $X_i'\beta/\delta$ 处的函数值，即 $f_i = f(X_i'\beta/\delta)$ 和 $F_i = F(X_i'\beta/\delta)$。对于 $Y_i = 0$ 时的自变量有：$X_i'\beta + \varepsilon_i < 0$ 或 $\varepsilon_i < -X_i'\beta$。则模型（3-7）中，当 $\{Y_i = 0\}$ 时，其样本分布的概率密度函数可表示为：

$$\text{Prob}(Y_i = 0) = \text{Prob}(\varepsilon_i < -X_i'\beta) = \text{Prob}\left(\frac{\varepsilon_i}{\delta} < -\frac{X_i'\beta}{\delta}\right) = 1 - F_i \tag{3.8}$$

当 $\{Y_i > 0\}$ 时，样本发生的概率是正态分布，因为：$E(Y_i) = X_i'\beta$，$\text{Var}(Y_i) = \text{Var}(\varepsilon_i) = \sigma^2$。故概率密度函数可表示为：

$$\text{Prob}(Y_i > 0) = \frac{1}{\sqrt{2\pi}\delta} e^{-(Y_i - X_i'\beta)^2/(2\sigma^2)} \tag{3.9}$$

全体样本的似然函数可表示为：

$$l = \prod^{n_0}(1-F_i)\prod^{n_1}(2\pi\sigma^2)^{\frac{1}{2}}\exp(-(Y_i-X_i'\beta)^2/(2\sigma^2))$$

其对数函数为：

$$L = \ln l = \sum^{n_0}\ln(1-F_i) - \frac{n_1}{2}\ln(2\pi\sigma^2) - \sum^{n_1}(Y_i-X_i'\beta)^2/(2\sigma^2)$$

舍去常数项可得：

$$L' = \ln l = \sum^{n_0}\ln(1-F_i) - \frac{n_1}{2}\ln\sigma^2 - \sum^{n_1}(Y_i-X_i'\beta)^2/(2\sigma^2)$$

对模型（3-7）采用极大似然法估计参数 $\hat{\beta}$, $\hat{\sigma}^2$，使 $L(\hat{\beta},\hat{\sigma}^2) = \max_{\beta,\sigma^2} L(\beta,\sigma^2)$。

3.4.2 决定因素的选择

影响能源效率的因素很多，根据已有研究成果和可能影响能源效率的因素，结合目前中国正处于体制转轨，由工业化带动城市化进程加快这一现实，兼顾数据的可得性，选取相应变量如下：

(1) 技术进步（β_1）。技术进步影响能源效率表现在通过科技创新、研制和开发先进的技术和设备以及科学的生产方法来提高能源效率，降低能源消耗和开支。对技术进步指标的刻画可以从投入和产出两个角度考虑。从技术投入角度看，可供选择的指标有"财政科技支出"和"研发支出"等；从产出的角度衡量，有"专利申请量"、"专利授权量"等。相比较而言，最为直接的指标则是"研发支出"和"研发人员数"。本书选取各地区研究与发展经费支出（即研发支出）衡量技术进步。

(2) 产业结构（β_2）。产业（部门）结构的优化和调整，是降低能源消耗强度的主要因素。世界银行（1997）的一份研究报告认为，20 世纪 90 年代中国能耗强度的降低有 30%～45% 归因于产业结构的调整，特别是服务业比重的上升。由于以服务业为主的第三产业具有附加值高、能源消耗强度小的特点，增加第三产业在国民经济中的比重将会降低能源消耗强度，有助于提高能源效率。本书用第三产业增加值占地区生产总值的比重表示产业结构变动。预期第三产业比重上升与能源效率同向变动。

(3) 工业化水平（β_3）。随着中国国民经济的持续发展，中国各地区工业化进程的步伐明显加快。目前，大部分省份已进入工业化发展的中后期阶段，特别是东部沿海经济发达的上海、广东、福建等地已进入工业化发展的高级阶段。而在工业化发展的不同阶段，能源消费和能源效率不同。本书用各地区工业增加值占地区生产总值的比重表示工业化水平。预期工业化水平与能源效率反向变动，但工业化进程的不同阶段对能源消费需求有可能不同。

（4）对外开放（β_4）。对外开放与国际贸易对东道国不仅具有资本积累的直接效应，还具有技术扩散、技术外溢等间接效应。相关研究表明（王志刚等，2006），地区对外开放程度越高，越有机会从外部引进先进技术与管理经验，从而提高本地区的劳动生产率。改革开放以来，我国各地区通过国际贸易和引进外资，利用跨国公司在华投资设厂、引进先进技术与设备等，对各地区的技术进步都起到了一定的促进作用。本书以进出口贸易和外商直接投资之和占地区生产总值的比重表示对外开放。可以认为，地区对外开放程度越高，对能源效率提高的作用也越强。

（5）能源价格（β_5）。对于我国这样一个地域辽阔，资源分布极不平衡的发展中大国来讲，能源价格的影响不可忽视。在我国，原材料、燃料、动力购进价格指数综合考虑了生产投入品的相对价格变动情况。是各地区能源消费需要支出的成本。本书用原材料、燃料、动力购进价格指数衡量能源价格变动，预期能源价格变动与能源消耗反向变化。但由于中国的能源定价机制还没有完全实现市场化，能源资源价格较低，价格扭曲导致供需双方不能得到准确信号，进而导致消费扭曲，价格机制无法有效调节资源的生产和消费行为，导致了生产和生活中能源资源的低效利用和"过度"利用，能源价格与能源需求之间并不一定服从需求定理，对能源效率的影响有待于进一步检验。

原始数据来源于《中国统计年鉴》、《中国科技统计年鉴》、《中国能源统计年鉴》和《中国工业经济年鉴》。

3.4.3 回归结果及解释

由于数据所限，本书回归区间为1998～2011年，回归结果见表3－4。

表 3-4　　　　　　　　　　Tobit 模型回归结果

参数	全国 方程系数	Waldχ^2	东部 方程系数	Waldχ^2	中部 方程系数	Waldχ^2	西部 方程系数	Waldχ^2
β_0	0.2865 (0.0214)	4.3029	0.3015 (0.5225)	0.9024	0.3127 (0.0305)	5.0708	0.4706 (0.0515)	3.3001
β_1	0.6547 (0.0025)	8.0627	0.8541 (0.0216)	3.6128	0.5478 (0.0229)	4.7427	0.4239 (0.0267)	3.6153
β_2	0.7859 (0.0044)	7.9745	0.6918 (0.0030)	8.2134	0.5728 (0.0198)	3.7913	0.3645 (0.04974)	3.6857
β_3	0.8038 (0.0689)	3.9726	0.8875 (0.0616)	4.1933	-0.5773 (-0.0613)	4.3879	-0.6291 (-0.0285)	3.3282
β_4	0.0577 (0.0081)	9.5547	0.0689 (0.0092)	8.3729	0.0240 (0.7748)	1.2037	0.0137 (0.6613)	0.8873
β_5	0.0338 (0.0803)	3.6951	0.0474 (0.0288)	3.0981	0.0363 (0.0517)	3.6753	0.0154 (0.0229)	2.7614
L		54.228		33.106		20.972		22.488
L'		80.224		36.428		33.406		41.485
σ		0.0817		0.0255		0.0515		0.0603

注：L 为对数似然函数值，L' 为似然方程去掉常数项后的似然函数值，σ 为正态分布参数。

（1）从表 3-4 可以看出，技术进步对全国及三大地区能源效率提高均有积极作用，并且系数检验显著，但影响力度不一。研发支出每提高 1 个百分点，将使东、中、西三大地区能源效率分别提高 0.8541 个、0.5478 个、0.4239 个百分点，东部显著高于全国平均水平（0.6547），中西部则低于全国平均水平。研发投资通过两个方面来促进技术进步，一是可以产生新的技术和信息，二是可以增强企业吸收现有技术和信息的能力，促进知识和技术的外溢，即研发投资具有提高创新能力和吸收能力两面性。技术进步作为技术创新的具体体现，不但可以产生新的发明创造，而且渗透于生产过程和产品创新过程，通过采用新的生产方式和新产品的研制，对改善能源效率起一定的积极作用。近年来，我国各地区的科技开发投入快速增长，各地区自主创新和吸收外来技术的能力也不断增强，对提升能源效率起到了一定的促进作用。但东部地区以其雄厚的经济实力和较高的对外开放度，不但自主研发的能力较强，而且以其优良的物质资本、人力资本质量，吸收、消化外来技术的能力也较强，技术进步对能源效率的改进作用也大大高于中西部地区，这也是东部地区能源利用高效的主要原因。但由于我国各地区经济发展水平不同，研发投入力度及吸收、创新能力的差异，地区之间技术进步的差距依然存在，表现为技术进步对提高能源效率的影响由东向西逐渐减弱。

（2）产业结构的优化与调整对提高能源效率有显著的促进作用，和预期结果一致，但影响力度由东向西依次减弱。第三产业增加值比重每提高1个百分点，将使东、中、西三大地区能源效率分别提高0.6918个、0.5728个、0.3645个百分点，对东部的影响力度明显高于中西部。根据能源效率的分解方法，总能源效率变化取决于两种效应：效率效应和结构效应。由于行业（地区）内本身能源使用效率变化对能源消耗的影响可归之于效率效应，由于行业（地区）能源消耗所占比重变化导致总能耗变化的效应可归之于结构效应。如果能源由效率低的行业（地区）向效率高的行业（地区）流动，则会优化能源配置结构，提高能源利用效率，结构效应也会表现为正向。第三产业主要以附加值高、低能耗的服务业为主，从效率效应和结构效应的角度分析，第三产业的结构效应总为正，总是能促进能源效率的提高。但相对于东部地区而言，首先，中、西部地区由于产业结构调整较为缓慢，第三产业增加值比重较低，因而其能源效率提高的幅度总是小于东部地区（屈小娥，2009）。其次，中、西部地区目前正处于工业化快速发展时期，工业尤其是以重化工业为主的高耗能行业发展迅速且能耗强度难以降低，虽然第三产业在经济中所占比重逐年上升，但由于产业结构调整缓慢、滞后，其对能源效率提高的贡献总是小于东部。

（3）工业化水平对全国及东部地区能源效率提升有积极作用，但对中、西部地区则相反。从全国平均水平看，工业增加值比重每提高1个百分点，将使能源效率提高0.8038个百分点；东部（0.8875）显著高于全国平均水平，与预期结果并不一致。中部和西部则为显著的负向效应，影响系数分别为-0.5773、-0.6291，与预期的结果基本一致。根据相关研究，在经济发展水平较低的时期，工业能源使用量几乎可以忽略不计，因而工业能源消耗强度接近于零；当工业化生产进入最高峰时期，工业能源消耗强度会明显提高；而进入后工业化时期，随着经济结构由工业主导型产业转向服务主导型产业，工业能源消耗强度会逐渐下降。目前，我国各地区工业化进程差别明显，东部沿海经济发达地区已进入工业化的中后期阶段，如上海2004年已进入后工业化阶段，浙江和江苏已进入工业化后期的前半段。这些地区随着经济结构的转化和优化，能耗强度会相应降低；同时，经济发展水平的提高和工业化过程的深入，技术进步成为经济增长的主要推动力，这对提高能源效率起到了积极的作用。而中、西部地区的大部分省份目前仍处于工业化的初、中期阶段，工业化进程持续进行且发展较快；基于中、西部地区独有的资源优势，近年来，一些高耗能行业（如电解铝、化工、水泥等）逐步向中、西部地区转移，这对中、西部地区提高能源效率，降低能源消耗形成巨大的压力（屈小娥，2009）。中、西部地区可以通过产业结构调整及工业行业结构调整取得更大的节能效果。

（4）对外开放作为技术引进的渠道之一，无疑会对提高能源效率产生正向作用。根据回归结果，对外开放度每提高1个百分点，将使全国及东部地区能源效率分别提高0.0577个、0.0689个百分点；对中、西部地区的影响力度较小，且系数检验不显著。东部地区作为全国对外开放及引进外资最早的地区，通过对外技术交流与引进，可以有效吸收与利用外来先进的技术与管理经验，加上自身优良的人力资本质量，使外来技术可以发挥应有的作用，对提高能源效率起到了一定的推进作用。而中西部地区由于比较封闭的地理位置、落后的生产力水平及制度缺陷，市场机制不能有效发挥作用，经济活动的透明度较低，使得自身不但对外开放度较低，而且由于低素质的人力资本质量，使其吸纳外来技术与管理经验的能力比较有限，对提高能源效率所起的作用也比较弱。

（5）能源价格作为制约能源消费的直接因素，对全国及三大地区提高能源效率均有明显的促进作用，其影响系数分别为0.0338、0.0474、0.0363、0.0154。东部高于全国平均水平，也高于中、西部地区，对西部地区能源效率改进的作用最小。能源价格对能源效率的影响可以从两个方面来解释，一方面，能源价格提高对能源消费产生抑制作用；另一方面，能源价格提高可以促进能源使用技术水平的提升，促使企业和居民个人使用更加节能的技术和设备，进一步降低能源消费。能源资源禀赋较高的中西部地区，能源资源丰富，能源价格上涨对这些地区能源消耗的拟制作用较小，而能源资源贫乏的东部地区，工业化、城市化进程较快，其生产、生活用能增长较快，能源需求量大，这些地区更加重视能源的投入与产出，对能源价格变化的反映也比较灵敏，当能源价格提高时，将会促使这些地区通过市场配置资源和改进技术等措施来减少能源消费，提高能源效率。

3.5 结论及建议

3.5.1 结论

本章首先基于单要素能源效率视角，分析了各地区能源生产效率的时空演变及差异特征。在此基础上，通过对"多投入—单产出"能源效率模型的扩展，构建了基于最小能源投入、最大产出扩张、最低污染排放的"多投入—多产出"全要素能源效率模型，在产出端考虑"好"产出（如GDP）的同时，也考虑"坏"产品产出（如污染排放）。通过线性规划求解技术，测算了全国及28个省区市的全要素能源效率。主要结论如下：

（1）传统的单要素能源效率只是衡量能源投入与产出之间的比例关系，没有考虑生产过程中其他投入要素（如资本、劳动力）的影响及相互替代与相互作用。事实上，在生产过程中，能源只有和其他投入要素相互配合，才能在生产过程中发挥价值创造的作用，最终的产出是生产过程中所有投入要素的相互结合。因此，利用单要素能源效率指标无法描述经济单元真实生产率的变化。全要素能源效率综合考虑了生产过程中的各种投入要素的相互配合作用，弥补了传统的单要素能源效率指标中仅考虑能源这一单一要素投入的缺陷，更能体现"效率"的含义。

（2）考虑能源投入、污染物排放在内，1995~2011年全国平均全要素能源效率并未达到效率前沿面，东部显著高于全国平均水平及中西部地区。全要素能源效率较高的省份大多集中在东部沿海经济发达地区，中西部地区特别是西部经济落后省份，能源效率较低。东部地区表现为"低投入—低排放—高效率"模式，中西部则表现为"高投入—高排放—低效率"模式。提高中西部地区能源效率，降低能源消耗，减少污染排放，对于全国能源效率的提高及完成"十一五"规划目标将有极其重要的意义。

（3）从能源效率变动趋势看，随着时间的推移，全国及三大地区全要素能源效率均有不断提高的趋势，但地区之间的差距不断扩大。从2003年开始，各地区能源效率均有不断提高的趋势；特别是受"十一五"规划节能减排目标的约束，各地区能源效率提高的趋势比较明显。2002年以前，地区之间全要素能源效率呈现明显的"东—中—西"演变格局，2003年后，地区之间全要素能源效率演变为"东—西—中"的发展格局。可见，中央提出的西部大开发战略及在"十一五"规划目标约束下，各地采取的降低能源消耗、减少污染排放等各种节能环保技术措施，对提高能源效率起到了积极的促进作用。

（4）Tobit模型回归结果表明，技术进步、产业结构调整与优化及能源价格调整对全国及各地区全要素能源效率提高有积极的促进作用，但影响力度由东向西依次减弱；对外开放对全国及东部地区提升全要素能源效率有积极作用，对中西部地区影响力度较小，且系数检验不显著；工业化水平对全国及东部地区提升全要素能源效率有促进作用，但对中西部地区提升全要素能源效率则起显著的负向效应。

3.5.2 提高全要素能源效率的建议

综合以上分析，可以看出，我国全要素能源效率还有很大的改进空间。

（1）提高全要素能源效率，必须把能源消耗量大、环境污染严重的中西部地区作为重点。中西部地区经济发展水平低，经济增长表现为"高投入—低产出—高污染"的粗放型发展模式，改变这一现状，根本在于加快能源领域的技术进步，重视能源领域技术创新及管理知识、技能的提高与运用。东部地区在继续坚持以科技创新提高能源效率的同时，还应注意技术进步的"回弹效应"。

（2）加快产业结构调整与优化，对提高能源效率、降低污染排放有积极的作用，这一点已被更多的研究所证实。针对目前国际及国内区际产业转移的趋势，中西部地区在承接转移产业的同时，应尽量避免高能耗、高污染的产业向本地区转移，以避免由此造成的本地区资源、环境压力过大，单位产值能耗难以降低的恶性循环。

（3）能源价格变化对能源效率提高起一定的积极作用，在一定程度上可以解释能源效率变动的原因。近年来，虽然我国在能源领域的改革已初见成效，政府对能源价格的管制已逐渐放开，部分能源领域已建立起了一定的市场机制，但由于地区之间市场化进程的不同步及能源资源禀赋的差异，市场机制难以发挥有效配置资源的作用。因此，加快能源领域价格机制改革，发挥市场对能源价格的有效调节作用，是目前及今后一段时期迫切需要解决的重点问题。

（4）针对地区之间全要素能源效率的时空演变差异，在制定能源经济政策及节能降耗战略目标时,应综合考虑东、中、西三大地区之间的差异以及地区内部各省份之间的差异,分析不同地区节能降耗目标完成的可行性与现实性。我国"十一五"规划节能降耗目标完成的现实及各省分解目标完成的差异,都有力地证明了只有立足于本地区现状,才有可能制定出切实可行的战略目标。

第4章 省际能源效率的空间相关性和收敛性研究

能源效率作为能源经济学领域研究的重要课题,也是国家(区域)综合竞争力、创新能力和人类进步等方面的重要评价指标之一。能源效率不仅与本地区经济发展水平、科技进步、人力资本、对外开放等因素具有强相关性,还与相邻地区之间经济发展、科技交流与协作、要素流动、产业转移等因素具有一定的相关性。因此,能源效率具有空间分布特征,并表现出一定的空间关联特征。由于能源效率研究在我国起步较晚,现有研究多假设各个地区为同质总体并相互独立,空间因素在现有研究文献中处于被忽视状态,目前可检索到的研究文献极为少见。而我国幅员辽阔,地区之间空间差异非常显著,传统上利用能源效率的时间序列数据进行分析,往往会掩盖这种十分显著的空间差异及空间关联性,难以得出真正反映能源效率时空结合特征的真实结论。

本章是第3章的延续,主要从地理统计学科的角度出发,依据空间统计学和空间计量经济学的原理和方法,以空间相互作用为出发点来重新审视能源效率的时空差异及其关联性和收敛性问题。一是通过计算空间统计指标,即MoranI指数,检验全国各省域能源效率是否存在地理空间上的相关性。二是如果MoranI指数计算结果显示,省域间能源效率具有显著的空间相关性,在此基础上就可以建立空间计量模型定量研究其空间效应。三是从时空维度出发研究能源效率的收敛性。在经济全球化和区域经济一体化的今天,区域之间的经济联系和科技交流活动日益频繁和紧密,因此研究能源效率的空间相关与收敛具有重要的理论及现实意义。

4.1 能源效率的空间相关性检验

4.1.1 空间相关性的含义

4.1.1.1 空间相关

空间相关是指在一组样本观测值中，位于位置 i 的观测值与其他位置 j(i≠j)的观测值有关联关系，即 $y_i = f(y_j)$。空间相关不仅意味着观测值缺乏空间上的独立性，并且意味着潜于在这种空间相关中的空间结构，也就是说空间相关的强度及模式由绝对位置和相对位置（布局、距离）所反映。存在空间相关的原因有两个：一是由于相邻地区间经济、社会、文化的相互影响，存在区域间的空间交互作用；二是相邻空间单元由于测量误差的存在而产生的，如观测值是按省份统计的，但设定的空间单位与研究问题不一致，存在测量误差。与时间序列分析中时间越近相关性越强的假定相类似，空间相关通常也假定距离较近的观测值之间比距离较远的观测值之间具有更强的相关性。

4.1.1.2 空间差异

空间差异指区域之间缺乏空间上的均一性，如发达地区与落后地区、城市与乡村、沿海与内地等，利用空间差异可以研究区域之间结构不平衡或不稳定问题。当存在空间差异时，计量模型可设立为：

$$y_i = X\beta_i + \varepsilon_i \tag{4.1}$$

式（4.1）说明，空间结构不均衡（或不稳定）反映在 β_i 估计值在所有空间单元上不等。若 β_i 估计值对所有空间单元都相等，则式（4.1）就会变成：

$$y = X\beta + \varepsilon, \varepsilon \sim (0, \sigma^2) \tag{4.2}$$

式（4.2）即为经典计量经济模型。对于存在空间差异的模式见式（4.1），只要引入虚拟变量用以反映空间单元的特性，一般情况下经典计量方法可以解决。

由于人类活动是在一定的时空范围内进行的，几乎所有的空间数据都具有空间相关或空间自相关的特征，空间依赖的存在打破了大多数古典统计分析中数据之间相互独立的基本假定。当空间差异（如东、中、西部地区之间的差异）与空间相关共同存在时，要区分空间差异和空间相关可能会非常困难，经典计量方法就会显得力不从心，需要发展新的方法来对此进行分析和研究。

空间统计学和空间计量经济学的发展为该领域研究提供了可能，空间自相关分析是空间数据分析中最有用、最一般的统计分析方法。对于空间自相关的定义，Sokal 等（1978）认为空间自相关分析是检验某一位置上一个变量的观测值是否与邻近位置上同一变量的观测值存在相关性。Upton 等（1985）定义空间自相关为地图显示的数据所具有的特性，只要地图上的数值存在系统的空间变化，或者与给定位置相关的位置上的数值中存在某种模式，就会存在空间自相关；并且认为需要求一些比较指数（如 MoranI 指数，Geary'C 指数）来确定一个地图模式上的数值是否显著的偏离随机赋值模式。Goodchild（1986）认为，空间自相关与地球表面某一位置上的目标或活动与邻近位置上的目标或活动的相似程度有关。

综合而言，空间相关是反映某一区域单元某种地理现象或某一属性值与相邻区域单元上同类现象或属性值相关的程度大小。空间相关与时间序列相关相比，其独特之处在于：时间序列相关与分析只考虑时间一个方向，而空间相关的方向是多维的。本书以下分析中按照地理位置的邻接与否来定义空间相关，即两个地区拥有共同边界视为相邻。空间相关的强弱与距离成反比，距离越近相关性越强，距离越远相关性越弱，即符合距离衰减原理。

4.1.2 空间相关指数

空间自相关分析（Spatial Autocorrelation Analysis）是检验某一空间变量的观测值是否显著的与其相邻空间点上的观测值相关联（Cliff and Ord，1981）。如果相邻两点上的值均高或均低，则称其为空间正相关；反之，则称为空间负相关。检验空间相关的存在与否，空间统计学常使用两种最主要的指数，即 MoranI 指数和 Geary'C 指数。Moran（1950）最早提出了检验空间自相关的 MoranI 指数，到目前为止，该指数仍然是使用较广泛的检验方法。国内外学者普遍采用 MoranI 指数检验变量的相关性，该指数分为全局指标和局部指标。前者用于检验所研究整个区域的空间模式，后者用于分析大区域内小区域单元上某种现象（或属性值）与相邻局部小区域单元上同一现象（或属性值）的相关程度。Geary'C 指数（Geary，1954）是另一个可以用来度量面状目标和 Interval 数据的空间自相关的全局指标。在人文地理研究中，最适合的应用是统计报告区数据分析（陈斐，2008）。实际应用中，由于两种指数的作用基本相同，而相对来讲，MoranI 指数更为常用。因此，本书采用全局 MoranI 指数考察我国区域能源效率的空间相关性。

Global MoranI 指数可定义为：

$$MoranI = \frac{N \sum_{i=1}^{N} \sum_{j=1}^{N} W_{ij}(x_i - \bar{x})(x_j - \bar{x})}{(\sum_{i=1}^{N} \sum_{j=1}^{N} W_{ij}) \sum_{i=1}^{N} (x_i - \bar{x})^2}, (i \neq j) \quad (4.3)$$

式（4.3）中，MoranI 指数的取值范围介于[-1, +1]之间，当 MoranI 为正值时，表明地区 i 的能源效率和相邻地区的能源效率存在正相关关系，有相似的属性；当 MoranI 为负值时，表明地区 i 的能源效率和相邻地区的能源效率存在负相关关系；当 MoranI 为 0 时，表明地区 i 的能源效率与相邻地区的能源效率无任何关系，地区 i 的能源效率变化不受相邻地区的影响。

以 x_i 和 x_j 分别代表空间要素（本书为全要素能源效率）在空间单元 i 和空间单元 j（地区 i 和地区 j）中的观测值，N 为空间单元数。$\bar{x} = \frac{1}{N} \sum_{i=1}^{n} x_i$ 为地区 i 的观测均值，即本书中的能源效率均值，W_{ij} 为二进制的邻接空间权值矩阵。

对根据式（4.3）得到的 MoranI 值进行显著性检验。在正态分布假设下，MoranI 的方差 Var（I）可表示为：

$$Var(I) = \left[\frac{1}{S_0^2(n^2-1)}(n^2 S_1 - n S_2 + 3 S_0^2)\right] - E(I)^2 \quad (4.4)$$

式（4.4）中，n 为样本容量，$S_0 = \sum_{i=1}^{n} \sum_{j=1}^{n} W_{ij}$ 为空间权重矩阵之和。$S_1 = \frac{1}{2} \sum_{i=1}^{n} \sum_{j=1}^{n} (W_{ij} + W_{ji})^2$，$S_2 = \sum_{i=1}^{n} (W_{i.} + W_{.i})^2$，即权重矩阵的第 i 列和第 i 行相加后的平方和。期望值 $E(I) = \frac{-1}{n-1}$。MoranI 的标准偏差为 $S_N = \sqrt{Var(I)}$。

检验 N 个空间单元是否存在空间自相关关系，可用 Z-Score 模型。MoranI

$$Z = \frac{\text{MoranI} - E(I)}{\sqrt{\text{Var}(I)}} \quad (4.5)$$

4.1.3 能源效率的空间相关性检验

4.1.3.1 空间权重的确定

空间数据和时间序列数据的根本区别在于观测对象在空间的排列特性，因此，研究空间相关首先需要对空间单元的位置进行量化。其量化的方法有两种：一种是通过经纬度坐标表示，即计算从空间中任意一点出发到其他点的距离，以点到点的距离作为相邻的度量；另一种是通过空间中的相对位置表示，即根据地图上区域的相对位置，决定哪些区域相邻。相邻结构用"1"表示，不相邻结构用"0"表示。对于区域空间单元是否相邻，其判定规则有多种：线性相邻、车（Rook）相邻、象（Bishop）相邻、后（Queen）相邻、双 Rook 相邻、双线性相邻等。习惯上，空间单元不与自己相邻。本书遵循 Rook 相邻判定规则，即两个地区拥有共同的边界视为相邻，类似于国际象棋中的"车（也称城堡）"的行走规则。具体设定方式为：主对角线上的元素为 0，如果地区 i 与地区 j 相邻，则 W_{ij}（权重）为 1；若不相邻，则为 0 即：

$$W_{ij} = \begin{cases} 1, & \text{当地区 i 与地区 j 相邻} \\ 0, & \text{当地区 i 与地区 j 不相邻} \end{cases} \quad (4.6)$$

检验全国各省区市全要素能源效率在地理空间上的相关性及空间依赖性，首先，遵循上述规则，构建空间权重矩阵，即界定相邻省份是否拥有共同边界。由于海南省是一个岛屿，在生成邻接矩阵时出现"孤岛"现象，对此现象的解决，一种是将海南省排除在所研究范围之外，另一种是定义海南与广东、广西相邻。本书采用第二种方法，邻接矩阵表示见表4-1。

4.1.3.2 MoranI 值计算和分析

全国各省区市 1995~2011 年全要素能源效率（见表 4-2）的 MoranI 值计算结果见表 4-2。

第4章 省际能源效率的空间相关性和收敛性研究

表 4-1　各省邻接关系矩阵

	北京	天津	河北	山西	内蒙古	辽宁	吉林	黑龙江	上海	江苏	浙江	安徽	福建	江西	山东	河南	湖北	湖南	广东	广西	海南	四川	贵州	云南	陕西	甘肃	青海	宁夏	新疆
北京	0	1	1	0	0	0	0	0	0	0	0	0	0	0	0	0	0	0	0	0	0	0	0	0	0	0	0	0	0
天津	1	0	1	0	0	0	0	0	0	0	0	0	0	0	0	0	0	0	0	0	0	0	0	0	0	0	0	0	0
河北	1	1	0	1	1	0	0	0	0	0	0	0	0	0	1	1	0	0	0	0	0	0	0	0	0	0	0	0	0
山西	0	0	1	0	1	0	0	0	0	0	0	0	0	0	0	1	0	0	0	0	0	0	0	0	1	0	0	0	0
内蒙古	0	0	1	1	0	1	1	1	0	0	0	0	0	0	0	0	0	0	0	0	0	0	0	0	1	1	0	1	0
辽宁	0	0	0	0	1	0	1	0	0	0	0	0	0	0	0	0	0	0	0	0	0	0	0	0	0	0	0	0	0
吉林	0	0	0	0	1	1	0	1	0	0	0	0	0	0	0	0	0	0	0	0	0	0	0	0	0	0	0	0	0
黑龙江	0	0	0	0	1	0	1	0	0	0	0	0	0	0	0	0	0	0	0	0	0	0	0	0	0	0	0	0	0
上海	0	0	0	0	0	0	0	0	0	1	1	0	0	0	0	0	0	0	0	0	0	0	0	0	0	0	0	0	0
江苏	0	0	0	0	0	0	0	0	1	0	1	1	0	0	1	0	0	0	0	0	0	0	0	0	0	0	0	0	0
浙江	0	0	0	0	0	0	0	0	1	1	0	1	1	1	0	0	0	0	0	0	0	0	0	0	0	0	0	0	0
安徽	0	0	0	0	0	0	0	0	0	1	0	0	0	1	1	1	1	0	0	0	0	0	0	0	0	0	0	0	0
福建	0	0	0	0	0	0	0	0	0	0	1	0	0	1	0	0	0	0	1	0	0	0	0	0	0	0	0	0	0
江西	0	0	0	0	0	0	0	0	0	0	1	1	1	0	0	0	1	1	1	0	0	0	0	0	0	0	0	0	0
山东	0	0	1	0	0	1	0	0	0	1	0	1	0	0	0	1	0	0	0	0	0	0	0	0	0	0	0	0	0

续表

	北京	天津	河北	山西	内蒙古	辽宁	吉林	黑龙江	上海	江苏	浙江	安徽	福建	江西	山东	河南	湖北	湖南	广东	广西	海南	四川	贵州	云南	陕西	甘肃	青海	宁夏	新疆
河南	0	0	1	1	0	0	0	0	0	0	0	1	0	0	1	0	1	0	0	0	0	0	0	0	1	0	0	0	0
湖北	0	0	0	0	0	0	0	0	0	0	0	1	0	1	0	1	0	1	0	0	0	1	0	0	1	0	0	0	0
湖南	0	0	0	0	0	0	0	0	0	0	0	0	0	1	0	0	1	0	1	1	0	0	1	0	0	0	0	0	0
广东	0	0	0	0	0	0	0	0	0	0	0	0	1	1	0	0	0	1	0	1	1	0	0	0	0	0	0	0	0
广西	0	0	0	0	0	0	0	0	0	0	0	0	0	0	0	0	0	1	1	0	1	0	1	1	0	0	0	0	0
海南	0	0	0	0	0	0	0	0	0	0	0	0	0	0	0	0	0	0	1	1	0	0	0	0	0	0	0	0	0
四川	0	0	0	0	0	0	0	0	0	0	0	0	0	0	0	0	1	0	0	0	0	0	1	1	1	1	1	0	0
贵州	0	0	0	0	0	0	0	0	0	0	0	0	0	0	0	0	0	1	0	1	0	1	0	1	0	0	0	0	0
云南	0	0	0	0	0	0	0	0	0	0	0	0	0	0	0	0	0	0	0	1	0	1	1	0	0	0	0	0	0
陕西	0	0	0	1	1	0	0	0	0	0	0	0	0	0	0	1	1	0	0	0	0	1	0	0	0	1	0	1	0
甘肃	0	0	0	0	1	0	0	0	0	0	0	0	0	0	0	0	0	0	0	0	0	1	0	0	1	0	1	1	1
青海	0	0	0	0	0	0	0	0	0	0	0	0	0	0	0	0	0	0	0	0	0	1	0	0	0	1	0	0	1
宁夏	0	0	0	0	1	0	0	0	0	0	0	0	0	0	0	0	0	0	0	0	0	0	0	0	1	1	0	0	0
新疆	0	0	0	0	0	0	0	0	0	0	0	0	0	0	0	0	0	0	0	0	0	0	0	0	0	1	1	0	0

资料来源:《中华人民共和国地图》2010年。

表 4-2　　　　　　　　　　MoranI 系数计算结果

年份	MoranI 值	正态分布假定 方差	正态分布假定 Z-score 值	Prob
1995	0.1593	0.0372	2.2100	0.0000
1996	0.1429	0.0365	2.1301	0.0005
1997	0.2043	0.0127	2.8029	0.0000
1998	0.2435	0.0163	2.4613	0.0000
1999	0.2487	0.0266	2.1958	0.0000
2000	0.2534	0.0210	2.1507	0.0006
2001	0.2052	0.0232	2.8044	0.0000
2002	0.3517	0.0266	2.1437	0.0003
2003	0.3657	0.0216	3.8732	0.0000
2004	0.4254	0.0311	3.9762	0.0000
2005	0.4357	0.0253	3.5122	0.0000
2006	0.5018	0.0260	4.0251	0.0000
2007	0.5219	0.0267	4.3421	0.0000
2008	0.5234	0.0217	4.6705	0.0000
2009	0.5537	0.0203	4.7142	0.0000
2010	0.5617	0.0260	4.6214	0.0000
2011	0.5690	0.0277	4.8241	0.0000

表 4-2 显示，在样本考察期间内，MoranI 值一直大于 0，其检验统计值 Z-Score 值均大于正态分布函数在 0.01 水平下的临界值（1.96）。表明各省域全要素能源效率在空间分布上并非完全独立，而是存在显著的正向空间依赖性，表现出相似值之间的空间集聚。正的空间相关性表明相邻地区具有特性类似的空间联系结构，即在地理空间上，全要素能源效率水平较高的地区都有一个较高全要素能源效率水平的"邻居"。这种趋势非常稳定，一直处于上升状态（见图 4-1）。表明随着时间推移，地区之间全要素能源效率的空间依赖性

呈不断增强趋势。

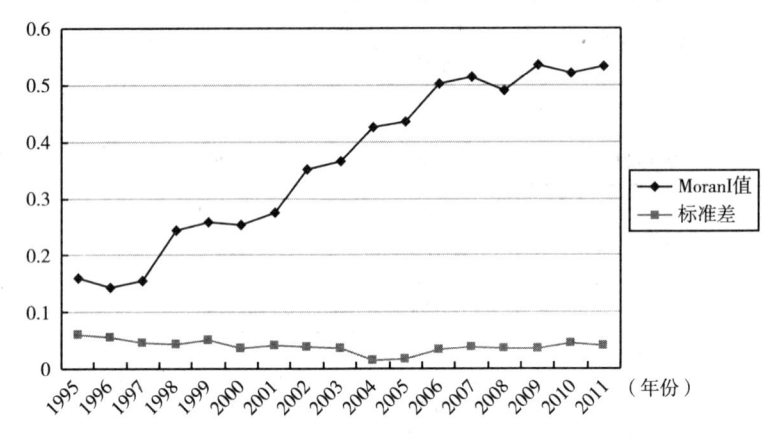

图 4-1 标准差和 MoranI 值趋势图

标准差是衡量变量离散程度的绝对指标，它是对横截面数据的收敛进行简单测量。更进一步，本书计算了全要素能源效率的标准差系数。对比标准差和 MoranI 值的演化趋势（见图 4-1），可以看出，从 1995～2011 年，标准差和 MoranI 值呈几乎完全相反的变化趋势，即标准差减小，而 MoranI 值增加。意味着全要素能源效率逐渐收敛的同时，空间依赖性不断增强。其原因可能在于，一是各聚集体内部全要素能源效率水平更加接近，二是形成新的相似水平的聚集体。从现实看，我国目前基本形成了能源效率高水平聚集地区和能源效率低水平聚集地区，前者主要分布在能源资源贫乏但利用高效的东部沿海发达地区，后者主要分布在能源资源丰富但利用低效的中西部落后地区。本书的分析结果基本符合这一现实格局。

综合以上分析，我国省域能源效率改进会受到相邻地区的显著影响，其结果表现为地区能源效率在空间分布上具有明显的空间依赖和空间相关性。能源效率的空间分布并非表现为完全随机状态，而是表现为一定的空间集聚特征。从时空维度上看，这种空间依赖和相关具有稳定增强的趋势，这一点和近年来区域经济的发展格局基本一致。其原因可能在于地区本身的空间邻接性、产业区域转移以及由此带来的频繁的技术交流与协作等，在对区域经济发展产生巨大影响的同时，也带来能源领域的技术进步。

4.2 空间相关性的计量分析

4.2.1 空间回归模型构建

以上 MoranI 值计算结果显示，我国省域能源效率具有显著的空间相关性，在此基础上就可以建立空间计量模型，定量研究能源效率发展变化的动态特征。

空间计量经济学研究的空间效应包括空间自相关或空间依赖性和空间差异性。前者指一个地区的样本观测值与其他地区的观测值相关，观测值缺乏空间上的独立性，而且空间相关的程度及模式由绝对位置和相对位置（布局、距离）决定。后者指由于空间单元的异质性而产生的空间效应在区域层面上的非均一性（Anselin and Bera，1998）。空间相关分析的基本思路是相邻区域比较相似，较远区域不太相似。换句话说，即相邻区域相关性较强，较远区域相关性较弱。因此，在构建空间计量模型时，需要引入空间加权矩阵予以度量。Cliff 和 Ord（1981）对一般空间自回归模型、参数估计和检验技术进行了开拓性研究，本书以此为基础，通过放松假设条件，派生出适合本书需要的研究模型。空间自回归模型的一般表达式为：

$$\begin{cases} y = \rho W_1 y + X\beta + \mu \\ \mu = \lambda W_2 \mu + \varepsilon \\ \varepsilon \sim N(0, \delta^2 I_n) \end{cases} \quad (4.7)$$

式（4.7）中，y 为研究区域的被解释变量，X 为解释变量，μ 为空间自回归模型的残差项，β 是与外生（解释）变量 $X(n \times k)$ 相关的参数向量（$k \times 1$），ρ 为空间滞后项 $W_1 y$ 的系数，λ 是残差空间自回归（空间 AR）结构 $W_2 \mu$ 的系数。

W_1 和 W_2 为 $(n \times n)$ 空间加权矩阵，分别对应于因变量以及扰动项中的空间自回归过程，W_1 和 W_2 可以是行标准化的矩阵，也可以是二元矩阵或其他非标准化矩阵，I_n 为 $n \times n$ 阶单位阵。

对模型（4.7）可以派生出以下几种模型：

（1）当 $\rho = \lambda = 0$ 时，模型（4.7）为传统的回归模型，即：

$$y = X\beta + \mu \quad (4.8)$$

式（4.8）意味着模型中不包含空间特性的影响。

（2）当$\rho \neq 0$，$\beta = \lambda = 0$时，模型（4.7）为一阶空间自回归模型，即：

$$y = \rho W_1 y + \mu \tag{4.9}$$

式（4.9）反映了变量在空间上的相关特性，即所研究区域的被解释变量（本书的全要素能源效率）如何受到相邻地区被解释变量的影响，类似于时间序列中的一阶空间自回归模型。

（3）当$\rho \neq 0$，$\beta \neq 0$，$\lambda \neq 0$时，模型（4.7）可变为：

$$y = \rho W_1 y + X\beta + \lambda W_2 \mu + \varepsilon \tag{4.10}$$

式（4.10）表示所研究区域的被解释变量不仅与本区域的解释变量有关，还与相邻区域的被解释变量有关。该模型为具有空间自回归干扰项的混合回归—空间自回归模型，主要探讨各变量在一地区是否有扩散现象（溢出效应）。

（4）当$\beta \neq 0$，$\lambda \neq 0$，$\rho = 0$时，模型（4.7）可变为：

$$\begin{cases} y = X\beta + \mu \\ \mu = \lambda W_2 \mu + \varepsilon \end{cases} \tag{4.11}$$

式（4.11）即为残差空间自回归模型（Spatial Error Model, SEM）。同时假设误差项ε满足$E(\varepsilon) = 0$，$Cov(\varepsilon) = \delta^2 I$，即方差固定且误差项不相关。由于误差项的均值为0，不管λ的数值如何，因变量y的均值不会受到空间误差相关的影响。

由于$\mu = (I - \lambda W)^{-1} \varepsilon$，因此$y = X\beta + (I - \lambda W)^{-1} \varepsilon$，$\mu$，$\varepsilon \sim N(0, \delta^2 I_n)$，所以式（4.11）可表示为：

$$(I - \lambda W)y = (I - \lambda W)X\beta + \varepsilon$$

即：

$$y = \lambda Wy + X\beta - \lambda WX\beta + \varepsilon \tag{4.12}$$

式（4.12）表示所研究区域的被解释变量不仅与本区域的解释变量有关，还与相邻地区的被解释变量（Wy）和解释变量（WX）有关。

4.2.2 参数估计

空间相关具有双向或多方向的性质，若将具有滞后因变量的模型或系列残差相关的 OLS 估计特性直接移植到空间情形的估计中，会产生有偏和不一致，因此，20 世纪 60 年代到 80 年代，经济计量学对空间经济计量学重点研究的是模型的估计，如 Besag（1974）、Ord（1975）和 Mardia（1984）等分别讨论了不同空间自回归模型的估计问题。20 世纪 80 年代以后，最大似然估计（ML）成为文献中的主流估计方法，如 Cliff 和 Ord（1981）、Anselin（1998）、Haining（1988）等都在此方面做出了重要的研究。本书采用极大似然法进行估计。

假设模型（4.7）中误差项 μ 和 ε 服从正态分布，根据 y 的多元正态分布可以得出联合似然函数。若设定：

$$\begin{cases} A = I - \rho W_1 \\ B = I - \lambda W_2 \end{cases} \quad (4.13)$$

可以将截面数据的空间模型（4.7）表示为：

$$\begin{cases} Ay = X\beta + \mu_1 \\ B\mu = \varepsilon \end{cases} \quad (4.14)$$

经整理，y 的对数似然函数可表示为：

$$L = -\frac{n}{2}\ln(\pi) - \frac{n}{2}\ln\delta^2 + \ln|B| + \ln|A| - \frac{1}{2\delta^2}v'v \quad (4.15)$$

其中，$v'v = (Ay - X\beta)'B'B(Ay - X\beta)$。式（4.15）中，实际进行估计时，必须保证雅可比行列式 $|I - \rho W_1| > 0$，$|I - \lambda W_2| > 0$。

为了求解参数 β、ρ、λ、δ^2 的 MLE，可以通过构建集中似然函数，将下式代入似然函数，即：

$$\begin{cases} \beta = (X'B'BX)^{-1}(X'B'BAy) \\ \delta^2 = \frac{1}{n}(Ay - X\beta)'B'B(Ay - X\beta) \end{cases} \quad (4.16)$$

将式（4.16）代入似然函数式，首先估计 ρ 和 λ，然后再估计 β 和 δ^2。具体过程如下：

（1）利用 OLS 方法分别估计出 $\hat{\beta}_0$、$\hat{\beta}_L$。为了使 L 取得最大值，对式（4.15）分别求 β、δ^2 的一阶微分。对于 β，根据 $\partial L/\partial \beta = 0$，可以得到 β 的 ML 估计量 $\hat{\beta}_{ML}$：

$$\hat{\beta}_{ML} = (X'X)^{-1}X'Ay = (X'X)^{-1}X'(y - \rho Wy) \qquad (4.17)$$

或
$$\hat{\beta}_{ML} = \hat{\beta}_0 - \rho \hat{\beta}_L$$

其中，$\hat{\beta}_0 = (X'X)^{-1}X'y$，$\hat{\beta}_L = (X'X)^{-1}X'Wy$，分别表示 y 和 Wy 对 X 的 OLS 回归函数。

（2）计算残差 e_0、e_L。根据 $\partial L / \partial \delta^2 = 0$，可以得到 δ^2 的 ML 估计量 $\hat{\delta}_{ML}^2$：

$$\hat{\delta}_{ML}^2 = (e_0 - \rho e_L)'(e_0 - \rho e_L)/n \qquad (4.18)$$

其中，$e_0 = y - \hat{X}\beta_0$，$e_L = Wy - \hat{X}\beta_L$，分别表示相对于 $\hat{\beta}_0$、$\hat{\beta}_L$ 的回归残差向量。一旦确定了 ρ 值，就可以直接获得 β、δ^2 的 ML 估计。

（3）给定 e_0、e_L，计算使对数似然最大化的 ρ。对于大样本而言，$\rho \cong (e_0'e_L) / (e_L'e_L)$。

（4）给定 ρ，利用式（4.17）、式（4.18）计算 β、δ^2（$\hat{\beta}_{ML}$、$\hat{\delta}_{ML}^2$）。

4.2.3 指标选取与数据说明

在众多影响空间集聚的因素中，根据近年来区域经济一体化的发展格局，省域间频繁的交流活动以及区际产业转移等方面的趋势，主要选取以下几个变量进行估计：

（1）经济发展水平（β_1）。以各省人均 GDP 表示，从我国区域经济发展的实际看，东部沿海发达省份和中西部落后省份，无论在时间、空间及发展水平等方面，都形成了强烈的反差，也表现出了明显的空间集聚。因此该指标具有良好的代表性。

（2）产业结构（β_2）。用工业增加值占地区生产总值的比重表示。改革开放以来，产业结构的不断调整与产业的区际转移，对各地区充分发挥资源优势，优化能源消费结构都起到了积极的作用。面对新一轮的产业转移，各地区在充分考虑转移产业带动本地区经济起飞的同时，也综合考虑资源、环境的承受力，以及转移产业对提高本地区能源综合利用效率等多方面的因素，产业结构指标可以衡量结构效应对区域能源效率空间相关与集聚的影响。

（3）技术进步（β_3）。对技术进步指标的刻画可以从投入和产出两方面考虑，从技术投入角度看，可供选择的指标有"财政科技支出"和"研发支出"

等；从产出的角度看，则有"专利申请量"、"专利授权量"等。而最为直接的指标则是"研发支出"和"研发人员数"。"研发支出"指标在静态分析中即在衡量一个省内技术进步方面具有良好的代表性；而"研发人员数"相对的在衡量省域间技术交流等方面具有良好的代表性。因此，选取"研发人员数"作为技术进步指标的代理变量。

(4) 人力资本（β_4）。人力资本指标以各省域人力资本存量表示，即用劳动者的平均受教育年限衡量，计算方法同第3章。人力资本指标的选取意味着区域之间高素质、高技能的劳动力横向流动产生的空间效应。

(5) 物质资本（β_5）。物质资本指标采用"永续盘存法"计算，计算方法同第3章。在一定程度上，物质资本指标的选取意味着省域间引进先进设备产生的空间效应。

以上指标所用原始数据来源于《中国统计年鉴》、《新中国五十五年统计资料汇编》、相关年份各省统计年鉴。

4.2.4 回归结果及分析

估计空间计量模型，首先需要构造空间加权矩阵。本书利用各省份所处的地理位置，遵循邻接原则构造出其相邻结构，用"1"表示空间单元相邻，"0"表示空间单元不相邻（见表4-1），得到空间邻接矩阵，然后对此矩阵进行标准换算，即用每个元素除以所在行元素之和，分别使每一行的和为1，得到标准的空间加权矩阵 $W_1 = W_2 = W$。实际进行估计时，以各省份全要素能源效率为被解释变量（见表4-2），采用极大似然法分别对2007~2011年各年份进行估计。估计结果见表4-3。

表4-3　　　　　　2007~2011年空间自回归模型估计结果

年份	模型	ρ	λ	β_1	β_2	β_3	β_4	β_5	R^2
2007	M1	0.9742 (3.2478)	—	—	—	—	—	—	0.6513
	M2	0.5538 (4.0129)	0.3048 (4.2210)	0.5674 (3.0348)	0.8033 (1.4724)	0.0559 (1.8758)	0.2003 (3.7724)	0.0617 (1.3729)	0.6534
	M3	—	0.6023 (4.0038)	0.7033 (2.1028)	0.6556 (1.3015)	0.1279 (2.0645)	0.1877 (3.3615)	0.2252 (1.4508)	0.5437

续表

年份	模型	ρ	λ	β₁	β₂	β₃	β₄	β₅	R²
2008	M1	0.9809 (4.1447)	—	—	—	—	—	—	0.5739
	M2	0.6634 (5.3127)	0.3721 (2.9873)	0.4434 (3.0745)	0.5572 (1.3943)	0.0067 (2.1039)	0.1035 (3.7724)	0.0936 (1.4236)	0.7038
	M3	—	0.5738 (3.2847)	0.8746 (2.9027)	0.6742 (1.4737)	0.0085 (3.0215)	0.0658 (2.9827)	0.0847 (1.5403)	0.6634
2009	M1	0.9738 (4.6638)	—	—	—	—	—	—	0.5939
	M2	0.7303 (5.0228)	0.2744 (4.0921)	0.6741 (3.6636)	0.5507 (1.5402)	0.0813 (2.8925)	0.2256 (2.3025)	0.1397 (1.4539)	0.6501
	M3	—	0.5941 (2.9918)	0.4773 (2.9047)	0.7724 (1.3247)	0.0778 (3.3216)	0.3024 (1.9847)	0.0968 (1.5436)	0.6213
2010	M1	0.9913 (5.1436)	—	—	—	—	—	—	0.5739
	M2	0.7265 (4.7831)	0.3429 (3.0967)	0.6648 (3.3233)	0.7124 (1.4832)	0.0855 (2.8036)	0.2342 (3.2209)	0.0643 (1.3378)	0.6073
	M3	—	0.7023 (3.9724)	0.7824 (2.5546)	0.8746 (1.3467)	0.0539 (4.1036)	0.5237 (1.8765)	0.1098 (1.4707)	0.5938
2011	M1	0.9826 (5.0833)	—	—	—	—	—	—	0.6233
	M2	0.7347 (6.4278)	0.4028 (4.0587)	0.7903 (3.0038)	0.6742 (1.4527)	0.2637 (3.0201)	0.1678 (2.7837)	0.3402 (1.4728)	0.6723
	M3	—	0.7231 (4.0554)	0.8853 (2.9406)	0.5749 (1.3721)	0.1229 (2.2343)	0.0978 (2.0838)	0.2374 (1.5432)	0.6003

注：括号内数值为系数的 t 检验值。M1 为一阶空间回归模型；M2 混合回归—空间回归模型；M3 残差空间回归模型。

（1）从一阶自回归估计模型（M1）结果可以看出，2007～2011 年空间自回归系数（ρ）分别为 0.9742、0.9809、0.9738、0.9913、0.9826，其 t 检验值在 1% 水平下显著，且所得参数值十分稳定，变化极小。说明从时间维度看，近年来我国省域间能源效率存在及其显著的空间相关性和相似性，有着明显的集聚效应。随着时间的推移，这种空间依赖和协同发展趋势基本保持持续、稳定状态。从地理位置看，省域间能源效率差异与集聚和地理位置、地形以及省域间的距离等空间因素紧密相关，空间相邻使得由于地理区位而产生的空间成本降低，弱化了原来空间差异产生的影响。相对而言，发达地区对周围地区产生的辐射力和影响力会更大一些，即有强烈的空间影响力，而落后地区对发达地区的影响力较小。另一方面，近年来随着我国区域经济一体化的发展，省域间频繁的交流与协作以及区际贸易往来等，在对区域经济发展产生巨大影响的同时，很大程度上也对区域能源效率的空间集聚产生显著影响，使各区域能源效率在受到本区域经济发展水平影响的同时，也受到相邻区域能源效率提高的共同影响，弱化了原来区域经济发展不平衡产生的影响。

（2）混合回归—空间自回归模型（M2）估计结果表明，各年份空间回归系数（ρ）分别为 0.5538、0.6634、0.7303、0.7265、0.7347，并且 t 检验值显著；同时，其残差系数（λ）估计值分别为 0.3048、0.3721、0.2744、0.3429、0.4028，其 t 检验值显著。表明本区域能源效率不仅会受到相邻区域能源效率的正向影响，也会受到除相邻区域能源效率和本区域解释变量以外其他观测不到的随机因素的影响，这种影响也十分显著。所选解释变量中，各年份经济发展水平、人力资本质量提高以及技术人员数量增加及区际流动都对提高能源效率起正向促进作用，并且系数检验显著；而工业增加值比重、物质资本变量虽然对能源效率提高起正向作用，但 t 检验值不显著。因此，提高工业部门特别是重化工业能源利用效率，将对各地区能源效率改进有极大的促进作用。

（3）残差回归模型（M3）考察相邻地区各种观测不到的、但对能源效率提高能够产生影响的各种误差项的空间相关影响。从回归结果可以看出，各年份误差项的空间影响系数（λ）分别为 0.6023、0.5738、0.5941、0.7023、0.7231，均表现为显著的正向影响，表明我国相邻区域间影响能源效率的各种观测不到的因素也存在正的空间相关和影响；各解释变量回归结果同混合回归—空间自回归模型（M2）估计结果方向相同。可见，空间相关分析中，误差项的影响不可忽视。

综合以上 3 种模型的估计结果，从可决系数（R^2）值看，混合回归中各年份的可决系数均大于其他两个模型中的 R^2 值，意味着影响我国区域能源效率空间相关的因素是多方位的、全面的，能源使用效率的空间相关性日益凸显。忽视空间维度的影响，会严重背离区域经济发展的现实。近年来，我国区域经济发展的事实也充分证明了这一点。

4.3 能源效率的收敛性研究

有关收敛性问题的最早研究可以追溯到 Solow（1956）和 Swan（1956）的新古典增长理论。该理论认为，由于资本报酬的边际递减规律，低收入水平的国家总体上经济增长速度会比较快，因此穷国和富国的收入水平会逐渐接近。关于收敛的研究可分为 δ 收敛和 β 收敛。该方面的研究文献大多聚焦于人均收入的跨国分析、劳动生产率或者全要素生产率的研究方面，而关于全要素能源效率的收敛性研究非常少。因此，探索能源效率的收敛性研究就成为目前该领域研究的一个新的方向。

本节从时空两个维度研究能源效率的收敛性，并通过建立时空面板计量模型定量研究能源效率随时间推移的动态演化趋势。

4.3.1 能源效率收敛的统计描述

有关收敛的描述性统计指标有多个，本节主要选取变异系数（V）来分析全要素能源效率的 δ 收敛趋势。变异系数是衡量变量离散程度的相对指标，它可以对截面数据的收敛进行简单测量。计算公式为：

$$V = \frac{\sqrt{\sum_{i=1}^{N}(\text{TFP}_{it} - \overline{\text{TFP}_{it}})^2 / N}}{\overline{\text{TFP}_{it}}} \qquad (4.19)$$

式（4.19）中，i 代表地区，t 代表时期，$\overline{\text{TFP}_{it}}$ 为 i 地区 t 时期全要素能源效率均值。具体采用面板数据个体效应计算方法，这种计算方法充分考虑每一个个体信息，可以最大限度地避免遗漏变量，能够得到比较真实的结果。图 4-2 描述了全要素能源效率的收敛趋势。

（1）从三大经济区域看，东部地区全要素能源效率变异系数在样本考察期内呈逐步缩小态势且较为稳定，显示出较为明显的 δ 收敛现象。中部地区全要素能源效率变异系数在 1995~2007 年间呈波动扩大状态，自 2008 年后趋于收敛；西部地区全要素能源效率变异系数波动最大，1995~1998 急剧缩小，

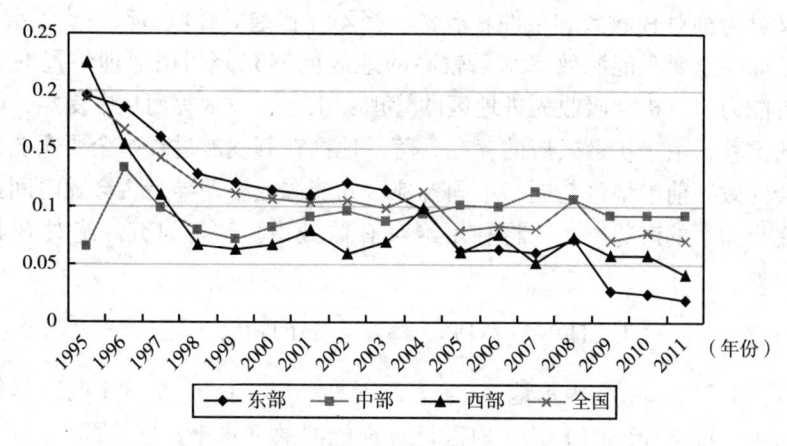

图 4-2 全要素能源效率变异系数趋势

1999~2004年呈波动扩大，2005年以后则平稳收敛。总体来看，三大地区内部各省份之间能源效率差异自2003年开始，呈现逐步缩小趋势。

（2）从地区之间的横向比较看，东部地区除1996~2003年能源效率变异系数大于中部和西部外，其他年份均小于中部和西部。中部地区2004年以前变异系数小于东部但大于西部，2005年以后大于东部和西部。西部地区虽然能源效率较低且提高的趋势不明显，但变异系数最小。总体来看，东部地区能源效率差异变动趋势和全国走势基本一致，西部变动趋势和全国同步但变异系数大于全国，而中部变异系数波动较为剧烈，2005年开始才和全国比较接近。

（3）从全国总体看，全要素能源效率变异系数在2003年以前低于东部，但大于中部和西部地区；2003年以后小于中部但大于东部和西部，全国全要素能源效率差异在波动中呈逐步缩小趋势。结合第3章全要素能源效率分析结果，可以认为，中国能源效率提高的同时能源效率也具有显著的收敛特征。

对比变异系数和MoranI值（见图4-1）的变化趋势可知，2003年后，变异系数和MoranI值呈现完全不同的变化趋势，变异系数值逐步减小而MoranI值的变化逐渐趋于增大。这意味着省域间能源效率逐渐收敛的同时，其空间相关的程度也不断增强。

4.3.2 能源效率收敛的计量分析

根据根据Barro和Sala-i-Martin（1992）的研究，人均收敛可分为β收敛和δ收敛。其中，β收敛指落后地区的发展速度快于发达地区的发展速度，β

收敛又分为绝对 β 收敛和条件 β 收敛。当不存在绝对 β 收敛时，也不会存在 δ 收敛。如果全要素能源效率水平较高的地区能够充分利用地理位置的邻接优势，有能力、有机会吸收先进地区的管理、工艺、技术等而从中受益，则随着时间的推移，由于扩散效应的存在，落后地区在其发展过程中全要素能源效率是否会向效率前沿地区趋同，中国各地区间能源效率差异是否会随时间推移呈现出逐步缩小的态势？本节将利用绝对 β 收敛模型进行研究。绝对 β 收敛模型设定如下：

$$\ln(TFP_{i,t+1}/TFP_{i,t}) = \alpha + \beta\ln(TFP_{i,t}) + \varepsilon_{it} \qquad (4.20)$$

式 (4.20) 中，i 表示地区，t 表示时期。$\ln(TFP_{i,t})$ 为 i 地区基年能源效率水平，$\ln(TFP_{i,t+1})$ 为 i 地区计算期能源效率水平，$\ln(TFP_{i,t+1}/TFP_{i,t})$ 为 i 地区从 t 期到 t+1 期能源效率平均增长率，ε_{it} 为随机扰动项，α 为截距项。根据绝对 β 收敛，若 β 为负值，则表明各地区能源效率初始水平与其增长率呈反方向变动，即这一时期地区间能源效率差异存在绝对 β 收敛；若 β 为正值，则表示不存在绝对 β 收敛。

实证研究时采用全国各省份 1995~2011 年全要素能源效率的时空面板数据。根据研究结果，2002 年前后为全要素能源效率发生变化的转折点，因此，计量检验分为两个时段：1995~2002 年（以 1995 年为基年）、2003~2011 年（以 2003 年为基年）。用 Husman 检验判断，固定效应模型优于随机效应模型（由于检验过程较长，本书予以省略），故应采用固定效应模型。

固定效应模型在分析 β 收敛时，既考虑了不同截面个体的静态效应（截面的稳态值），也充分兼顾了截面个体随时间变化的动态效应，能够从时间和空间两个维度得出比较全面、可靠的结论。估计结果如表 4-4 所示。

表 4-4　　　　　　　　　　β 收敛估计结果

时期	截距项	β 估计值	可决系数 R^2	D-W 统计值	F 统计值
1995~2002	-1.2247 (-2.9903)	-1.3402 (-4.2748)	0.5436	2.3211	6.0743
2003~2011	0.4337 (3.0278)	-0.5435 (-4.3327)	0.5508	2.1935	5.4824

从表 4-4 估计结果可知，1995~2002 年间中国各地区全要素能源效率呈

现出显著的收敛趋势，β 估计值为负（-1.3402），并且统计检验（t = -4.2748）显著，地区之间能源效率差异呈现出显著的收敛趋势。2003~2011年 β 估计值为负（-0.5435），且统计检验显著（t = -4.3327），但收敛的速度明显低于 1995~2002 年，即全国范围内全要素能源效率低的地区能源效率增长速度大大高于全要素能源效率高的地区，地区之间存在追赶与趋同效应。表明总体来看我国地区间存在着显著的能源使用技术扩散现象，大大促进了地区间全要素能源效率的提高与收敛。由于全国能源效率同时也存在 δ 收敛，可以认为全国范围内能源效率具有俱乐部收敛特征，这一回归结果和图 4-2 的描述性分析结果基本一致。其原因可能在于，一是国家推行的区域平衡发展战略及一系列有利于缓解地区差距扩大的措施，对缩小各地区能源效率差距起到了积极作用；二是由于西部大开发战略的实施，使能源效率较低的西部地区能源效率得到了极大改善；三是国家实行的优化能源结构、提高能源效率、保护生态环境等一系列可持续发展措施，对各地区能源效率改进及环境质量提高起到了正向促进作用。

4.4 本章小结

本章运用空间统计学、空间计量经济学的前沿方法，通过计算空间相关指标、建立空间回归模型，研究了能源效率的空间相关性。由于区域间存在差异也存在相关，因此一项政策的制定对每个区域可能产生不同的影响。通过对区域能源效率空间相关性与收敛性的研究分析，对于政府制定能源经济政策具有重要的参考价值。

（1）我国各省域全要素能源效率存在极其显著的空间相关特征，1995~2011 年，MoranI 值一直大于 0，并随时间的推移呈稳定增强的趋势。表明各省域能源效率改进在空间分布上并非完全独立，而是存在显著的正向空间相关性，表现出相似值之间的空间集聚。变异系数和 MoranI 值呈现完全不同的变化趋势，变异系数值缩小而 MoranI 值一直趋于增大，意味着各省域能源效率逐渐收敛的同时，其空间相关的程度也不断增强。

（2）一阶空间自回归模型、混合回归—空间自回归和残差回归模型估计结果均表明，中国省域之间能源效率不但和本省域能源效率、影响能源效率的解释变量有关，也和相邻省域能源效率存在显著的空间关联性；一个地区能源效率不仅会受到相邻区域能源效率的正向影响，也会受到相邻区域其他观测不到的随机因素的影响，空间关联与影响是全面的。意味着在区域经济一体化思想的指导下，一个地区能源效率的影响因素表现为时空多维特征，忽视这一特征，其结果有可能出现偏误。

（3）变异系数计算结果表明，地区能源效率差异在波动中呈现不断缩小趋势。绝对 β 收敛模型检验结果表明，1995~2002 年和 2003~2011 年，β 估计值均为负，并且统计检验显著，地区间能源效率呈现显著的收敛趋势，即能源效率较低的地区能源效率增长率大大高于能源效率较高地区的增长率。这一时期，国家实施的中部崛起、西部大开发等区域均衡发展政策，对缩小各地区经济发展水平差距及能源效率差距起到了一定的作用。

综合分析，我国各地区能源效率改进具有较强的空间相关及依赖性，空间收敛的趋势也比较明显。因此，传统上从全国总体、时间序列角度出发的研究思路，忽视了区域差异及空间维度的影响，在理论上存在严重不足，也与现实不符。因此，实现节能减排战略目标，只有从省际经济单元出发，在考虑各省存在异质性的同时，充分综合各省的时空关联特征，才有可能制定出有针对性、切实可行的战略目标。

第5章 省际工业全要素能源效率及影响因素研究

改革开放三十多年来,工业部门作为我国经济增长的主体,年均增长率达到了11.6%,但这种增长主要是以资源的大量投入为代价。统计资料显示,我国工业行业能源消费量由1998年的94409万吨标准煤增加到2011年的231101.82万吨标准煤,年均增长率达到7.3%,工业能源消费量占全国能源消费总量的比重一直稳定在70%左右。从地区之间的差异看,2009年规模以上工业增加值能耗较低的省份主要集中在东部地区,较高的省份主要集中在中西部地区。同年,单位工业增加值能耗最高的宁夏(6.51吨标准煤/万元)和最低的广东(0.81吨标准煤/万元)相差几乎8.04倍,如果宁夏单位工业增加值能耗能降低到和广东同样的水平,则可以节约能源2.3万吨标准煤。2011年,西部地区的宁夏、青海和新疆,规模以上万元工业增加值能耗分别同比上升14.72%、9.62%、9.28%,其余省份均有不同程度的下降,下降幅度大的省份主要以东部地区的北京、天津、上海、山东、海南等省份为主,而中部和西部地区的各省份下降幅度则较小。如何转变工业经济粗放的增长方式,使工业增长由"又快又好"发展向"又好又快"发展转变,已经成为工业经济转型和经济增长方式转变的研究焦点,但由于分省工业能耗数据难以获得,目前的研究主要以全国或分省的宏观面板数据为依据,缺乏对省际工业能源效率和节能减排潜力测算的实证研究。

本章是对第3~4章的延续和深入,主要从省际层面的分析逐步深入到省际工业全要素能源效率的测算与分析。首先,构建基于数据包络分析的DEA能源效率模型;其次,测算并分析考虑环境效应的中国省际工业全要素能源效率、节能减排潜力、节能减排总量和规模;再次,研究省际工业全要素能源效率变动的影响因素,探讨提高工业全要素能源效率的途径;最后,是对本章的总结。

5.1 DEA 方法简介

数据包络分析（Date Envelopment Analysis, DEA），是由著名运筹学家 Charnes（1978）提出的基于相对效率评价的"多投入—多产出"分析法，也是运筹学、管理学和数理经济学研究的一个新领域，它使用线性规划技术评价具有多个输入与输出决策单元（Decision Making Munits, DMU）的相对效率。所评价的 DMU 都有相同类型的已知的输入与输出指标，但由于生产过程中技术水平、要素配置等的差异，有可能出现输入和输出水平及生产率的不同。将同样水平下的产出点连接起来就得到了效率最高的决策单元的"有效生产前沿面"，以"有效生产前沿面"为参照，然后根据各 DMU 与前沿面的距离判断 DMU 是否位于生产前沿面上（即是否为 DEA 有效）。当 DMU 的样本点位于效率前沿面上时，说明该 DMU 以最小投入得到了最大产出，该 DMU 为有效率的决策单元，因此 DEA 方法又可看作是一种非参数的估计方法。

由于 DEA 方法不需要事先设定具体的函数形式，在避免函数形式设定有误和减少误差、简化运算等方面具有不可低估的优势。近年来已被广泛应用于技术进步、技术创新、成本收益、资源配置、金融投资等各个领域的有效性分析与评价决策。

假设有 N 个决策单元，每个决策单元使用 M 种投入得到 S 种产出，用向量 x_i 和 y_i 分别表示 DMU 的投入和产出。$M \times N$ 为投入矩阵 X，$S \times N$ 为产出矩阵 Y，用它们来表示 N 个决策单元的所有数据，则第 i 个决策单元的效率可以转化为求解以下线性规划问题：

$$\begin{aligned} &\min_{\theta, \lambda} \quad \theta \\ &\text{s. t.} \quad -y_i + Y\lambda \geq 0 \\ &\qquad\quad \theta x_i - X\lambda \geq 0 \\ &\qquad\quad \lambda \geq 0 \end{aligned} \quad (5.1)$$

模型（5.1）中，θ 为标量，λ 为 $N \times 1$ 的常向量，解出来的 θ 值即为第 i 个决策单元的效率值。根据 Farrel（1957）的定义，它满足 $\theta \leq 1$。当 $\theta \leq 1$ 时，意味着该决策单元在前沿面上，为技术有效。一个决策单元（地区或省份）的 θ 值就是该决策单元在现有资本、劳动和能源投入条件下，相对于国内先进地区所能达到的最佳生产状况，实际上是一个地区经济发展、要素配置、管理水平、科技实力等要素在能源使用中的综合体现。

5.2 模型、指标与数据

5.2.1 基于 DEA 的能源效率及节能潜力模型

首先，扩展生产函数，构建包括资本、劳动和能源投入在内的三要素生产函数，即：

$$Y = Af(X_i) \tag{5.2}$$

式（5.2）中，Y 表示产出变量，X_i 为所有投入要素，包括资本投入、劳动力投入和能源投入。社会生产过程中，各种投入要素在一定程度上可以互相替代，最终的产出决定于各种投入要素的配合使用。

全要素能源效率就是对各种投入要素按照一定的权重加总后，计算出来的投入与产出之间的关系。如果以 ω_i 表示投入要素的权重，则产出 Y 与投入要素 X 之间的关系可以简单地表示为：$Y/X = Y/\omega_i X_i$，全要素能源效率可以用不同的统计方法来确定效率前沿并估计参数。近年来有关全要素能源效率的估算大多使用 DEA 方法。

本书沿用 DEA 的建模原理与分析思路，定义能源相对效率为"前沿面上最优能源投入"与"实际能源投入"的比值。在 CRS 假设下，基于投入的 DEA 模型如图 5-1 所示。

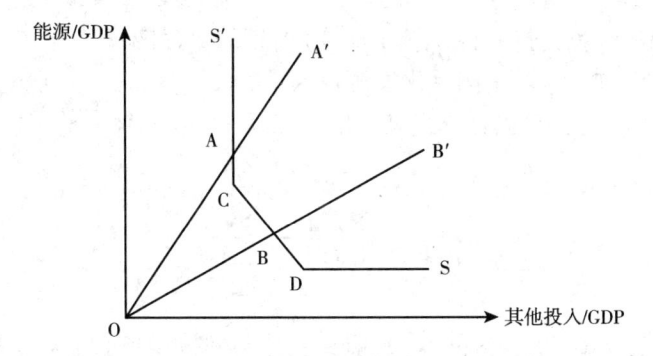

图 5-1 基于投入的 CRS 效率模型

图 5-1 中，A′、A、B、B′分别代表资源禀赋条件不同的四个地区（决策单元 DMU），地区 C 和地区 D 分别代表了各自不同资源禀赋条件下能源的最优利

用效率水平，C 和 D 共同决定了现实条件下的效率前沿面 SS′ 的位置。A′ 和 B′ 位于前沿面 SS′ 之外，相对于前沿点 C 和点 D，A′ 和 B′ 的能源利用效率水平还存在一定的差距，也就是存在能源使用的无效和损失。地区 B′ 在效率前沿面 SS′ 上的投影点为 B，B 代表了 B′ 在生产要素结构不改变条件下所能达到的最佳效率水平，B 也是 B′ 能源效率水平改进的目标值。B′B 为 B′ 相对于效率前沿的距离，也就是地区 B′ 提高能源效率水平后可以节约的能源量。A′ 在效率前沿面 SS′ 上的投影点为 A，相对于 C 点，A 生产同样的产出消耗了更多的能源，AC 代表相对于前沿面上的 C 点而言，A 的冗余能源投入，所以 A′ 的最终改进目标是 C 而不是 A。

根据 Farrell（1957）的定义，地区 A′ 和地区 B′ 的效率值分别为 OA/OA′ 和 OB/OB′。但由于 A′ 最终改进的目标值是 C 而非 A，故点 A′ 的无效损失包括两部分：一部分是地区 A′ 的技术无效所导致的能源过量投入 AA′，另一部分是由于配置不当所导致的冗余投入 AC，即 A′C = A′A + AC 为地区 A′ 达到最优目标点 C 时需要调整的能源投入量。A′C 越大，意味着生产过程中冗余能源投入越多，该点的能源效率也就越低，如果能源投入不需要调整（A′C = 0），则意味着地区 A′ 的能源投入已处于"最优能源投入"状态，此时能源效率值为 1。

根据上述分析，可定义全要素能源效率为：

$$EE_{i,t} = \frac{AEI_{i,t} - LEI_{i,t}}{AEI_{i,t}} = 1 - \frac{LEI_{i,t}}{AEI_{i,t}} = \frac{TEI_{i,t}}{AEI_{i,t}} \tag{5.3}$$

式（5.3）中，i 表示省份，t 表示时期，$EE_{i,t}$ 表示 i 省份 t 时期的全要素能源效率，$AEI_{i,t}$ 为 i 省份 t 时期可观察到的实际能源投入量，$LEI_{i,t}$ 为 i 省份 t 时期损失的能源投入量，$TEI_{i,t}$ 为 i 省份 t 时期的目标能源投入量，也就是当前生产条件下实现一定产出的最优能源投入量。

根据式（5.3）可以计算出某一地区在某一年份的能源效率，即：

$$REE_{j,t} = \frac{RTEI}{RAEI} = \frac{\sum_{j=1}^{K} TEI_{j,t}}{\sum_{j=1}^{K} AEI_{j,t}} \tag{5.4}$$

式（5.4）中，j 为地区，t 为时期，K 为地区内所含省份，$REE_{j,t}$ 为 j 地区第 t 年的能源效率，其值等于地区内部所有省份目标能源投入与实际能源投入之比。

由式（5.3），可定义基于投入角度的节能潜力模型，计算出某一地区或某一省份每年的节能潜力 $SPE_{i,t}$，即：

$$SPE_{i,t} = \frac{LEI_{i,t}}{AEI_{i,t}} \qquad (5.5)$$

式 (5.5) 的 SPE 值越大，说明当前能源投入的无效损失越大，该地区或省份的节能潜力和节能空间也越大。根据以上分析和定义，利用 DEA 方法计算出目标能源投入 TEI，结合实际能源投入 AEI，就可以计算出全要素能源效率 EE、可节能量 LEI 和节能潜力 SPE。

5.2.2 基于产出角度的减排模型

传统的效率评价不考虑环境污染，但实际生产中总是伴随着污染物排放（如废气、废水、固废等）等非期望产出，如果把污染物排放作为非期望产出，效率评价时生产前沿所代表的应该是期望产出的最大化，同时非期望产出的最小化。由于 DEA 模型要求评价指标为非负，因此必须对负产出（即污染排放）进行处理，目前的处理方法有四种：污染物作为投入处理法（INP 法）、加法逆转换法（ADD 法）、乘法逆转换法（MLT 法）和 TRβ 法。四种方法各有利弊，综合各种方法的优缺点，本书采用 MLT 法对污染物排放进行转换。根据 Banker 等（1984），定义生产技术集为：$T = \{(x, y) \mid \lambda^T X \leq x, \lambda^T Y \geq y, \lambda^T e = 1\}$，选取转换函数 $f_i^k(s) = 1/s_i^k$，对污染物排放进行乘法逆转换，则包含污染物排放的技术集可定义为：$T^{[MLT]}$：T with $Y = [f(s), v]$。将转换后的数据作为期望产出添加到模型中，这样就可以实现期望产出增加的同时，非期望产出的减少。

根据生产技术集，定义地区 i 在时期 t 的污染物减排潜力为 SPP_{it}，则：

$$SPP_{it} = (ASP_{it} - TSP_{it})/ASP_{it} \qquad (5.6)$$

式 (5.6) 中，ASP_{it} 表示 i 地区 t 时期实际污染物排放量，TSP_{it} 表示前沿面上目标点的污染物排放量。式 (5.6) 的 SPP 值越大，表明该地区相对于最优生产前沿，过度排放的污染物越多，该地区的减排潜力和减排规模就越大。利用 DEA 方法，首先计算出式 (5.6) 中的目标污染物排放量 TSP_{it}，结合实际污染物排放量 ASP_{it}，就可以计算出各地区的可减排量及减排潜力。

5.2.3 指标选取与数据说明

本书主要考察我国 30 个省区市（西藏数据不全，不包括在分析范围之内）工业全要素能源效率，所选指标为各省区市规模以上工业能源投入与产

出。各指标定义如下:

(1) 期望产出 (Y)。有关产出指标的度量,一般选用"工业总产值"或"工业增加值"指标。为了和能源投入统计口径保持一致,故产出指标选取各省区市规模工业总产值,用各省区市工业品出厂价格指数(1998 = 100)平减得到相应年份各省的实际值,单位为亿元。

(2) 非期望产出 (S)。非期望产出指污染物的排放,由于二氧化硫是工业生产过程中的主要排放物且排放量较大,是空气污染的主要来源,也是我国"十一五"和"十二五"节能减排的重点监控指标,故选取各省工业二氧化硫排放量作为非期望产出,单位为万吨。

(3) 资本投入 (K)。由于缺乏各省规模工业资本存量数据,借鉴刘小玄(2004)的研究,以各省规模以上工业"固定资产净值年平均余额"表示资本投入,并用各省区市固定资产投资价格指数(1998 = 100)平减得到相应年份的实际值,单位为亿元。

(4) 劳动力投入 (L)。由于缺乏既能体现劳动者素质又能体现劳动效率的统计指标,这里选用各省规模工业"年末从业人员数"作为劳动力投入指标,单位为万人。

(5) 能源投入 (E)。能源投入采用各省规模以上工业终端能源消费总量表示,单位为万吨标准煤。

以上指标所选数据来自《中国统计年鉴》、《中国环境统计年鉴》、《中国能源统计年鉴》及各省份相关年份的统计年鉴。各省工业部门投入与产出指标的统计性描述如表 5-1 所示。

表 5-1　　　　　　　　　变量的统计性描述

变量	工业总产值 (亿元)	资本投入 (亿元)	劳动力投入 (万人)	能源投入 (万吨标准煤)	二氧化硫排放 (万吨)
均值	14003.69	4585.68	306.84	3756.37	70.51
中间值	7668.41	3283.48	176.80	2898.12	62.49
标准差	17501.95	4433.84	341.60	2946.59	43.51
极差	88425.43	27676.98	1556.35	14219.13	181.20
最小值	370.59	325.11	11.65	103.13	2.10
最大值	88796.02	28002.09	1568.00	14322.26	183.30

注:工业总产值和资本投入均以 1998 年为基期。

由表 5-1 可知，2005~2011 年我国各省投入产出差异显著。其中，期望产出（工业总产值）的最大值和最小值之比超过 239，极值超过 88400 亿元；非期望产出二氧化硫的最大值和最小值之比超过 87，极值超过 180 万吨；所有变量中除二氧化硫排放的标准差小于中间值外，其余变量的标准差均明显大于其中间值。这意味着我国各省区经济总量和增长差异扩大的同时，其能源投入和污染排放差异也随之同步扩大。

5.3 省际工业全要素能源效率及节能、减排潜力测算

5.3.1 省际工业全要素能源效率测算

根据式（5.3）、式（5.4）定义的能源效率测算模型，以各省规模工业总产值作为期望产出指标，以各省工业二氧化硫排放量作为非期望产出，用乘法逆转换法对二氧化硫排放量进行逆转换，将转换后的数据作为期望产出添加到模型中；以资本、劳动力、能源作为投入指标，计算 2005~2011 年出全国 30 个省区市工业全要素能源效率如表 5-2 所示。

表 5-2　　　　　各省规模以上工业全要素能源效率及排名

年份 地区	2005	2006	2007	2008	2009	2010	2011	平均	排名
北京	0.9558	0.9934	1.0000	1.0000	1.0000	1.0000	1.0000	0.9927	4
天津	0.9869	1.0000	1.0000	1.0000	1.0000	1.0000	1.0000	0.9981	2
河北	0.7662	0.7662	0.8155	0.8717	0.8539	0.8608	0.9082	0.8346	8
辽宁	0.7133	0.6877	0.7515	0.7775	0.8674	0.8835	0.8910	0.7959	12
上海	1.0000	1.0000	1.0000	1.0000	1.0000	1.0000	1.0000	1.0000	1
江苏	1.0000	1.0000	1.0000	0.9860	1.0000	1.0000	1.0000	0.9980	3
浙江	0.9134	0.9196	0.922	0.9171	0.8818	0.9661	0.9997	0.9314	6
福建	0.8090	0.8325	0.8174	0.8660	0.8401	0.9766	1.0000	0.8774	7
山东	0.9975	0.9654	0.9745	1.0000	1.0000	1.0000	1.0000	0.9910	5
广东	1.0000	1.0000	1.0000	1.0000	1.0000	1.0000	1.0000	1.0000	1
海南	1.0000	1.0000	1.0000	1.0000	1.0000	1.0000	1.0000	1.0000	1
山西	0.4903	0.4328	0.4687	0.4966	0.4825	0.5376	0.5755	0.4977	26

续表

年份 地区	2005	2006	2007	2008	2009	2010	2011	平均	排名
安徽	0.6321	0.6700	0.6929	0.6799	0.7164	0.7851	0.9361	0.7303	16
江西	0.6111	0.7313	0.799	0.6741	0.8253	0.9556	1.0000	0.7994	11
河南	0.6996	0.7515	0.8893	0.8917	0.8069	0.8499	0.9294	0.8311	9
湖北	0.5572	0.5325	0.5745	0.6073	0.6151	0.7070	0.7372	0.6186	22
湖南	0.6402	0.6813	0.7431	0.7821	0.7734	0.8140	1.0000	0.7763	13
吉林	0.6546	0.6166	0.7115	0.7048	0.8327	0.8658	0.8593	0.7493	15
黑龙江	0.6202	0.5604	0.5397	0.5824	0.5465	0.5905	0.6117	0.5787	25
内蒙古	0.5885	0.6225	0.7470	0.8899	1.0000	0.9519	1.0000	0.8285	10
广西	0.5057	0.5719	0.5421	0.6079	0.6555	0.6700	0.8631	0.6308	20
重庆	0.6131	0.6733	0.6821	0.6828	0.7326	0.7426	0.8714	0.7139	17
四川	0.5851	0.5867	0.6499	0.7019	0.7335	0.7014	0.7723	0.6758	18
贵州	0.4636	0.4449	0.4538	0.4747	0.4898	0.4728	0.5677	0.4810	28
云南	0.6068	0.6468	0.6278	0.6495	0.6438	0.6206	0.6134	0.6298	21
陕西	0.4874	0.4946	0.6175	0.6042	0.6707	0.6986	0.6501	0.6033	23
甘肃	0.5387	0.5037	0.5810	0.5651	0.5707	0.6085	0.7275	0.5850	24
青海	0.6295	0.6422	0.6357	0.6821	0.6376	0.6574	0.7441	0.6612	19
宁夏	0.5188	0.4845	0.1071	0.5638	0.5601	0.5895	0.5873	0.4873	27
新疆	0.8054	0.7656	0.7348	0.7872	0.7094	0.7891	0.7639	0.7651	14
东部地区	0.9220	0.9241	0.93461	0.94711	0.9494	0.9715	0.9817	0.9472	—
中部地区	0.5766	0.5852	0.5799	0.6554	0.6731	0.682	0.7419	0.6420	—
西部地区	0.6132	0.6221	0.6774	0.6774	0.6998	0.7632	0.8312	0.6977	—
全国平均	0.7130	0.7193	0.7359	0.7682	0.7815	0.8098	0.8536	0.7688	—

注：本书的三大地区指传统的区域划分方法。其中，东部地区包括：北京、天津、河北、辽宁、上海、江苏、浙江、福建、山东、广东、海南，共11个省市；中部地区包括：山西、安徽、江西、河南、湖北、湖南、吉林、黑龙江，共8个省区；西部地区包括：内蒙古、广西、重庆、四川、贵州、云南、陕西、甘肃、青海、宁夏、新疆，共11个省区；西藏数据不全，不在分析范围之内。

从表5-2可知，样本考察期内，上海、广东、海南三个省市的工业全要素能源效率一直为1，处于效率前沿面上；江苏省除2008年外，其余年份全要素能源效率也为1，表现出能源利用的高效与节约。天津市在2006年以后达到了效率前沿面，北京市在 2007 年以后达到了效率前沿面，山东省在 2008 年以后达到了效率前沿面，福建省、江西省、湖南省、内蒙古自治区在 2011 年也达到了前沿面。上海（1.0）、广东（1.0）、海南（1.0）、天津（0.9981）、江苏（0.9980）成为工业全要素能源效率最高的五个省市。中部地区的山西（0.4977）、黑龙江（0.5787）和西部地区的贵州（0.4810）、宁夏（0.4873）、甘肃（0.5850）五个省区成为工业全要素能源效率最低的省区，全要素能源效率均值几乎都在 0.6 以下，工业部门节能减排需要调整和改进的空间较大。

从各省份所归属的地区看，工业全要素能源效率最高的五个省份都集中在经济发达的东部沿海地区，最低的五个省份除山西、黑龙江处于中部地区外，其余省份都集中在经济落后的西部地区，中西部地区的各个省份工业全要素能源效率总体水平较低。从地区之间的差异看，东部地区工业全要素能源效率（0.9472）不但高于全国（0.7688），也高于中部（0.6420）和西部（0.6977）地区，中部和西部低于全国平均水平，但西部略高于中部地区，地区之间工业全要素能源效率表现为"东—西—中"的发展格局（见图 5-2）。

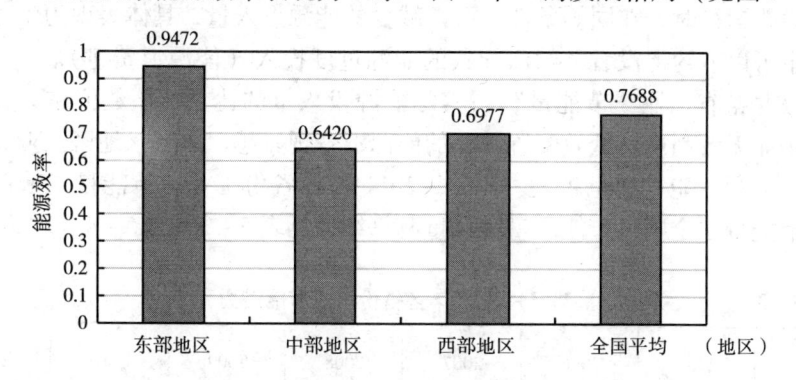

图 5-2　2005～2011 年三大地区及全国平均能源效率

从省际工业全要素能源效率的变化趋势看（见图 5-3），三大地区工业能源效率随时间推移有不断提高的趋势，但距离前沿面还有一定的差距。总体来看，我国工业能源利用效率水平较低，特别是中部和西部地区落后省份，不仅是目前也是今后一段时期节能降耗的重点监控对象。

5.3.2　省际工业节能潜力测算及分析

根据式（5.5），就可以计算出各省工业可节能量及节能潜力。首先，计算出各省工业能源投入的目标值（TEI），然后根据目标值和实际值（AEI）计

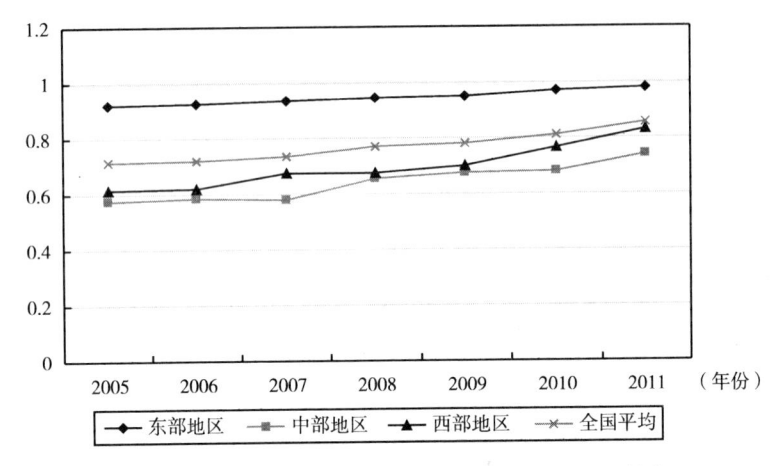

图 5-3　2005~2011年三大地区平均全要素能源效率

算出能源投入的损失值（LEI）。某省份的"节能量"实际上是指该省份按照前沿模式运行时，在同等条件下可以减少的能源投入量，具体表现为工业生产过程中可以节约但没有节约而导致的能源过度投入（能源浪费量）。"节能潜力"就是某省工业"节能量"占实际能源投入量的比重，该数值越大，说明工业企业无效利用、低效配置导致的能源浪费现象越严重，该地区工业企业的节能潜力和节能空间也越大。2005~2011年各省份工业可节能量、节能潜力以及节能量占全国可节能总量的比重测算结果见表5-3、表5-4、表5-5。

表5-3　　　　　　　2005~2011年各省份工业节能潜力　　　　　　单位:%

年份 地区	2005	2006	2007	2008	2009	2010	2011
北京	15.4308	0.6645	0	0	0	0	0
天津	27.9149	0	0	0	0	0	0
河北	78.8073	78.6626	76.9835	69.1410	69.2022	82.8318	65.9163
辽宁	62.8481	42.8156	47.1207	32.9808	27.1908	63.1707	41.7289
上海	0	0	0	0	0	0	0
江苏	0	0	0	1.3982	0	0	0
浙江	8.6639	8.0410	8.1240	8.2883	11.8211	3.3936	0.0334
福建	50.1958	53.7358	53.1622	42.7156	48.4042	37.5835	0

续表

年份 地区	2005	2006	2007	2008	2009	2010	2011
山东	38.7275	40.4354	40.5590	0	0	0	0
广东	0	0	0	0	0	0	0
海南	0	0	0	0	0	0	0
山西	81.8499	79.7181	76.9469	75.4913	74.9893	84.6945	70.9703
安徽	71.1549	71.2987	67.5469	47.3790	40.9611	30.2741	9.3536
江西	68.5725	62.1460	56.0473	32.5888	47.4161	45.4096	0
河南	71.9418	69.8387	63.9906	33.7268	40.8229	46.0995	7.0604
湖北	79.2969	69.7825	66.9235	62.6646	57.7777	75.5684	61.2753
湖南	82.7029	79.6534	76.9886	52.2631	61.8442	49.0236	0
吉林	78.1683	71.5026	66.9545	62.1463	52.2595	75.3766	38.1844
黑龙江	67.6484	61.2015	60.2208	51.5920	60.7981	75.2085	48.6567
内蒙古	86.5833	75.7399	68.8017	67.8766	0	75.2492	0
广西	80.1709	81.1586	80.5421	63.0359	59.1015	48.8634	32.5184
重庆	73.0619	66.2115	58.7548	54.4350	69.8821	56.8178	28.7079
四川	61.5987	56.114	53.2962	37.9120	39.9986	43.5059	22.7736
贵州	87.3539	86.0627	82.6816	77.9775	77.6128	87.3224	69.9596
云南	85.5491	76.5693	74.0218	75.7561	67.7265	87.0302	76.0999
陕西	72.2084	55.3040	57.0663	54.1538	52.3389	73.3963	44.1662
甘肃	76.3907	69.3869	64.9525	68.3354	59.6932	80.7269	30.1307
青海	67.1998	68.5686	66.5376	69.899	36.2385	74.0154	25.5891
宁夏	86.4584	81.4557	77.4819	82.0485	64.8822	88.7044	64.4769
新疆	81.3206	73.3557	71.5674	72.5558	35.0308	64.6383	39.7899

表5-4　　　　2005~2011年各省份工业可节能总量　　　单位：万吨标准煤

年份 地区	2005	2006	2007	2008	2009	2010	2011	累计可 节能量
北京	139.40	7.03	0	0	0	0	0	146.43
天津	328.41	0	0	0	0	0	0	328.42

续表

年份 地区	2005	2006	2007	2008	2009	2010	2011	累计可节能量
河北	6473.02	8231.65	8471.23	8162.96	8349.98	10413.53	9440.71	59543.09
辽宁	2161.01	1860.19	2522.47	1832.87	1701.96	4796.72	3426.23	18301.44
上海	0	0	0	0	0	0	0	0
江苏	0	0	0	0	0	0	0	112.10
浙江	295.04	350.55	375.75	395.99	551.49	151.89	1.55	2122.27
福建	959.75	1367.65	1449.88	1211.37	1559.17	1293.31	0	7841.13
山东	3038.77	4085.40	4666.52	0	0	0	0	11790.70
广东	0	0	0	0	0	0	0	0
海南	0	0	0	0	0	0	0	0
山西	3151.49	3933.99	4119.96	4229.59	4156.37	4760.65	4212.87	28564.93
安徽	1668.56	2353.50	2339.71	1723.83	1566.22	1260.28	425.09	11337.19
江西	733.08	1008.99	1008.74	655.08	996.35	1133.07	0	5535.30
河南	3343.95	4967.36	4911.13	2576.32	3296.22	4002.72	636.59	23734.29
湖北	2526.56	3085.82	3209.75	3093.65	3122.04	4687.29	4376.24	24101.34
湖南	2839.56	3703.95	3753.54	2372.63	2808.61	2420.53	0	17898.82
吉林	1647.46	2137.71	2171.17	1890.72	1699.34	2706.83	1616.78	13870.02
黑龙江	1236.58	1511.60	1501.64	1275.37	1667.25	1932.34	1263.28	10388.05
内蒙古	2101.75	2317.02	2118.07	2529.92	0	2653.10	0	11719.86
广西	1120.98	1702.93	1924.22	1553.15	1582.39	1073.17	1033.69	9990.53
重庆	870.56	961.44	830.58	1252.27	1770.69	1473.88	888.59	8048.00
四川	1429.73	1677.97	1817.48	1731.96	2069.38	2284.35	1212.02	12222.88
贵州	1536.88	2247.57	1988.12	1608.22	1733.83	1920.85	1791.81	12827.28
云南	1891.82	1987.74	2023.03	2202.19	2167.20	2832.37	2589.72	15694.07
陕西	1130.51	985.44	1175.92	1210.49	1380.55	2120.64	1428.86	9432.41
甘肃	876.11	1002.61	988.63	1084.26	933.85	1340.63	562.45	6788.54
青海	128.48	250.92	262.10	350.96	195.95	326.73	99.89	1615.03
宁夏	570.25	677.16	604.13	855.61	619.77	1044.98	869.23	5241.12
新疆	1006.71	1324.41	1370.11	1548.65	857.59	637.79	1202.34	7947.58

表 5-5　　　　　2005~2011年各省份工业节能量占全国比重　　　　单位:%

年份 地区	2005	2006	2007	2008	2009	2010	2011
北京	0.3226	0.0131	0	0	0	0	0
天津	0.7601	0	0	0	0	0	0
河北	14.9816	15.3174	15.2350	17.9563	18.6441	18.1840	25.4618
辽宁	5.0016	3.4614	4.5365	4.0318	3.8002	8.3760	9.2406
上海	0	0	0	0	0	0	0
江苏	0	0	0	0.2466	0	0	0
浙江	0.6829	0.6523	0.6758	0.8711	1.2314	0.2652	0.0042
福建	2.2213	2.5449	2.6075	2.6647	3.4814	2.2584	0
山东	7.0332	7.6021	8.3924	0	0	0	0
广东	0	0	0	0	0	0	0
海南	0	0	0	0	0	0	0
山西	7.2940	7.3203	7.4095	9.3040	9.2805	8.3130	11.3622
安徽	3.8618	4.3794	4.2078	3.7920	3.4971	2.2007	1.1465
江西	1.6967	1.8775	1.8142	1.4410	2.2247	1.9786	0
河南	7.7395	9.2432	8.8324	5.6672	7.3599	6.9895	1.7169
湖北	5.8476	5.7421	5.7725	6.8052	6.9710	8.1849	11.8028
湖南	6.5721	6.8923	6.7505	5.2191	6.2712	4.2267	0
吉林	3.8130	3.9778	3.9047	4.1591	3.7943	4.7266	4.3605
黑龙江	2.8620	2.8128	2.7006	2.8055	3.7227	3.3742	3.4071
内蒙古	4.8644	4.3115	3.8092	5.5651	0	4.6328	0
广西	2.5945	3.1688	3.4606	3.4165	3.5332	1.8740	2.7879
重庆	2.0149	1.7890	1.4937	2.7546	3.9537	2.5737	2.3965
四川	3.3091	3.1223	3.2686	3.8098	4.6206	3.9889	3.2688
贵州	3.5571	4.1823	3.5755	3.5376	3.8713	3.3542	4.8326
云南	4.3786	3.6988	3.6383	4.8442	4.8390	4.9458	6.9845
陕西	2.6165	1.8337	2.1148	2.6627	3.0825	3.7030	3.8537
甘肃	2.0277	1.8656	1.7780	2.3851	2.0851	2.3410	1.5169
青海	0.2974	0.4669	0.4714	0.7720	0.4375	0.5705	0.2694
宁夏	1.3198	1.2601	1.0865	1.8821	1.3838	1.8247	2.3443
新疆	2.3300	2.4644	2.4640	3.4066	1.9149	1.1137	3.2427

(1) 从表5-3可以看出，我国各省区节能潜力差异较大，处于前沿面的省份，如上海、江苏、广东、海南、北京、天津的节能潜力为0，但并不意味着这些地区不存在能源利用的损失，而是指这些省份同处于前沿面的省份相比，在当前技术和产出水平下，无法实现能源投入的进一步减少，即这些省份目前处于帕累托最优状态，无法在产出不变的条件下实现能源投入的进一步减少。河北、山西、湖北、贵州、云南、陕西、甘肃、青海、宁夏、新疆、广西、吉林、黑龙江等几乎一半的省份年节能潜力超过50%。意味着这些地区同处于前沿面的省份相比较，由于节能减排领域技术进步、管理水平、要素配置等因素的落后，导致工业生产中有超过一半的能源投入冗余，这些能源资源即为生产过程中浪费掉的能源资源，工业生产中能源投入的巨大浪费已经成为不争的事实。这些省区同时也是节能降耗的重点监控地区，急需要充分挖掘节能潜力，调整要素配置结构，提高工业能源综合利用水平。

(2) 从表5-4、表5-5中各省工业可节能量的大小和节能规模看，河北、山西、河南、湖北四省份每年可节约的能源量占全国的比重几乎均超过了5%，仅2011年，这四个省份可节约的能源量就占到全国可节能总量的50.34%，应该引起重点关注与监控。内蒙古除2009年、2011年外，湖南除2011年外，每年可节能量占全国的比重几乎都在4%以上；辽宁、吉林、黑龙江、四川、贵州、云南等六省份每年可节约的能源量占全国的比重也在3%以上。北京、天津、浙江等省份每年可节能量占全国的比重在1.0%以下，其余省份均在2.0以下。河北为工业节能规模最大的省份，样本考察期内累计可节能量为59543.089万吨标准煤，年均可节能量为8506.1556万吨标准煤；依次为山西、湖北、河南、辽宁、湖南、云南等省份，累计可节能量分别为28564.933万吨标准煤、24101.336万吨标准煤、23734.289万吨标准煤、18301.435万吨标准煤、17898.815万吨标准煤、15694.071万吨标准煤，年均可节能量几乎都在2万吨标准煤以上，对于全国节能力度有较强的拉动力。

(3) 从地区之间的差异看，东部地区除河北、辽宁外，其余9省份节能潜力、可节能量和节能规模都较小；而中部和西部地区的各省均表现为较大的节能潜力、可节能量和节能规模。从动态变化趋势看，样本考察期内，各地区节能潜力、可节能量和节能规模随时间推移变化趋势明显，说明"十一五"规划以来，我国政府推行的节能减排政策措施已经起到积极的作用。

总体来看，我国地区之间节能潜力、可节能量和节能规模差异显著，中部和西部地区的落后省份节能潜力与节能规模较大，对全国节能力度拉动力较强，是需要进一步关注与监控的重点。

5.3.3 省际工业减排潜力测算及分析

可减排量是指如果该地区按照最优前沿模式运行，在既定投入和产出条件下，可以减少的污染物排放量。减排潜力是指该地区的可减排量占实际污染物排放量的比重，该值越大，表明该地区的减排空间和减排潜力越大。根据减排潜力测算模型（见表5-6），首先计算出各省市区的目标污染物排放量 TSP_{it}，结合实际污染物排放量 ASP_{it}，就可以计算出 i 地区 t 时期的可减排量和减排潜力。

由于二氧化硫是工业生产过程中的主要排放物且排放量较大，也是我国"十一五"和"十二五"期间节能减排的重点监控指标，故本书主要测算并分析各省工业二氧化硫减排潜力。计算结果见表5-6、表5-7、表5-8。

表5-6　　　　　2005~2011年各省份工业减排潜力　　　　单位：%

年份 地区	2005	2006	2007	2008	2009	2010	2011
北京	0	0	0	0	0	0	0
天津	19.3863	0	0	0	0	0	0
河北	66.2212	70.3279	71.0097	62.1287	64.6607	73.4585	55.2187
辽宁	69.8752	62.0693	62.1511	54.9161	49.0872	65.8846	45.9636
上海	0	1.4487	0	0	0	0	0
江苏	0	0	0	0	0	0	0
浙江	6.9090	5.4710	5.0003	7.5528	14.5167	14.4113	2.6724
福建	31.7991	36.2009	36.2733	33.0140	38.0454	39.0406	0
山东	30.3319	31.5041	31.3962	0	0	0	0
广东	0	0	0	0	0	5.5105	0
海南	48.8546	28.1174	10.4200	11.8429	7.9095	35.9143	2.0613
山西	85.9132	85.6618	84.5312	84.1045	86.7027	90.4143	84.6048
安徽	65.2004	65.9462	66.4010	54.5235	50.9255	36.7464	6.3159
江西	80.3766	78.0632	68.4255	62.6397	72.1577	67.8994	0
河南	73.4012	71.7532	68.4332	53.3723	55.5703	56.5952	12.6582
湖北	76.9502	68.9920	64.4406	59.8399	58.8716	68.0012	49.4650

续表

年份 地区	2005	2006	2007	2008	2009	2010	2011
湖南	76.4411	76.1632	75.0651	61.0824	68.5357	56.4186	0
吉林	66.3503	61.5182	57.0187	54.9514	48.6659	54.1998	13.5743
黑龙江	68.4636	65.8134	68.9255	67.3306	75.5064	74.3681	56.3063
内蒙古	94.5027	91.8618	89.8817	88.3450	0	85.4016	0
广西	90.5796	89.8913	89.2317	87.3184	86.7057	86.0554	44.8371
重庆	86.0741	86.5777	86.0909	79.3756	83.8599	78.3203	49.3303
四川	88.1553	87.3670	85.8127	79.0161	78.3631	66.4533	27.1952
贵州	92.1788	94.5051	93.8886	92.5658	92.4132	92.0302	90.7707
云南	83.1469	79.7564	78.4290	79.4390	56.3035	80.8940	82.5300
陕西	87.3743	85.7130	85.1061	84.4338	83.7182	85.4328	62.7968
甘肃	87.7495	85.3451	83.4479	85.0734	78.0962	85.9812	44.2228
青海	89.9304	85.5942	85.3016	85.3166	37.0483	85.5410	26.7238
宁夏	93.6864	93.3174	92.9674	92.8147	73.2391	91.0839	69.7375
新疆	85.6310	82.9830	84.4353	85.9335	28.9231	86.6144	30.1609

表 5-7　　　　　　　2005～2011 年各省份工业可减排总量　　　　　　单位：万吨

年份 地区	2005	2006	2007	2008	2009	2010	2011	累计可 减排量
北京	0	0	0	0	0	0	0	0
天津	4.672	0	0	0	0	0	0	4.672
河北	84.829	93.255	91.887	71.989	67.420	73.031	77.976	560.387
辽宁	67.150	64.366	66.315	54.959	45.103	56.622	51.763	406.278
上海	0	0.542	0	0	0	0	0	0.542
江苏	0	0	0	0	0	0	0	0
浙江	5.741	4.536	3.875	5.407	9.828	9.423	1.769	40.580
福建	13.960	16.146	15.489	13.513	15.187	15.274	38.917	128.486
山东	52.019	53.147	49.700	0	0	0	0	154.867
广东	0	0	0	0	0	5.450	0	5.450

续表

年份 地区	2005	2006	2007	2008	2009	2010	2011	累计可减排量
海南	1.075	0.647	0.261	0.249	0.166	1.006	0.067	3.470
山西	103.096	100.824	94.506	89.013	87.534	103.716	118.366	697.054
安徽	33.578	34.226	34.329	27.405	24.794	17.782	3.344	175.459
江西	44.609	44.496	29.218	32.020	35.372	31.978	0	217.692
河南	107.973	105.047	96.491	68.350	65.349	65.813	17.348	526.371
湖北	48.171	45.121	38.858	33.647	31.051	35.092	32.926	264.865
湖南	57.713	58.341	55.473	41.219	44.509	35.396	0	292.651
吉林	20.436	20.670	19.215	17.211	14.610	16.294	5.609	114.045
黑龙江	29.508	28.958	30.327	29.712	31.630	31.015	29.386	210.536
内蒙古	122.476	127.137	115.318	111.189	0	101.883	0	578.003
广西	88.315	84.857	82.629	75.990	72.425	72.972	23.361	500.550
重庆	58.789	61.643	58.800	49.769	49.142	44.858	28.953	351.954
四川	160.795	160.144	146.397	126.122	120.095	62.309	24.530	800.391
贵州	60.746	98.285	86.471	68.620	57.642	58.695	100.237	530.697
云南	35.670	36.369	34.901	33.359	23.525	35.557	57.047	256.428
陕西	69.899	72.513	71.999	68.101	62.108	60.398	57.575	462.594
甘肃	45.367	39.515	36.383	35.082	31.312	38.903	27.591	254.151
青海	10.342	10.357	10.663	10.757	4.715	11.390	4.185	62.408
宁夏	28.293	32.661	31.609	29.625	20.386	25.538	28.619	196.731
新疆	29.800	35.600	39.938	43.843	14.907	44.904	23.014	232.005

表 5-8　　　　2005~2011 年各省份工业可减排量占全国比重　　　　单位:%

年份 地区	2005	2006	2007	2008	2009	2010	2011
北京	0	0	0	0	0	0	0
天津	0.3373	0	0	0	0	0	0
河北	6.1248	6.5241	6.8518	6.3307	7.2588	6.9205	10.3611
辽宁	4.8483	4.5030	4.9450	4.8330	4.8560	5.3655	6.8780

续表

年份 地区	2005	2006	2007	2008	2009	2010	2011
上海	0	0.0379	0	0	0	0	0
江苏	0	0	0	0	0	0	0
浙江	0.4145	0.3173	0.2890	0.4755	1.0581	0.8930	0.0024
福建	1.0079	1.1295	1.1550	1.1883	1.6352	1.4474	5.1712
山东	3.7558	3.7182	3.7061	0	0	0	0
广东	0	0	0	0	0	0.5165	0
海南	0.0776	0.0452	0.0194	0.0219	0.0179	0.0953	0.0089
山西	7.4436	7.0536	7.0472	7.8277	9.4243	9.8281	15.7280
安徽	2.4244	2.3944	2.5599	2.4100	2.6694	1.6850	0.4444
江西	3.2208	3.1129	2.1787	2.8158	3.8083	3.0302	0
河南	7.7958	7.3490	7.1952	6.0106	7.0358	6.2364	2.3051
湖北	3.4780	3.1566	2.8976	2.9589	3.3431	3.3253	4.3751
湖南	4.1669	4.0815	4.1365	3.6247	4.7920	3.3541	0
吉林	1.4755	1.4461	1.4329	1.5135	1.5729	1.5441	0.7453
黑龙江	2.1305	2.0259	2.2615	2.6128	3.4055	2.9390	3.9047
内蒙古	8.8429	8.8944	8.5991	9.7779	0	9.6544	0
广西	6.3764	5.9366	6.1615	6.6825	7.7976	6.9149	3.1041
重庆	4.2446	4.3125	4.3846	4.3766	5.2909	4.2507	3.8472
四川	11.6096	11.2036	10.9165	11.0910	12.9300	5.9044	3.2595
贵州	4.3859	6.8760	6.4480	6.0344	6.2060	5.5619	13.3190
云南	2.5754	2.5443	2.6025	2.9336	2.5328	3.3694	7.5801
陕西	5.0468	5.0730	5.3689	5.9888	6.6869	5.7233	7.6503
甘肃	3.2755	2.7644	2.7130	3.0851	3.3711	3.6865	3.6661
青海	0.7467	0.7246	0.7951	0.9459	0.5077	1.0793	0.5561
宁夏	2.0428	2.2850	2.3570	2.6052	2.1948	2.4200	3.8028
新疆	2.1516	2.4905	2.9781	3.8555	1.6050	4.2551	3.0581

（1）由表5-6可知，我国各地区减排潜力差异较大。样本考察期内，北

京、江苏每一年的减排潜力均为0；天津除2005年外、广东除2010年外、上海除2006年外，其他年份的减排潜力也为0；山东自2008年起，减排潜力也为0；福建、江西、湖南、内蒙古也有不同年份减排潜力为0。年减排潜力均超过30%的省份包括河北、辽宁、山西、湖北、黑龙江、广西、重庆、四川、贵州、云南、陕西、甘肃、青海、宁夏、新疆等重化工业比重较大和经济落后的中西部板块各省份，其中，山西每年的减排潜力都达到了80%以上，贵州每年的减排潜力都达到了90%以上。意味着这些省份工业生产中有80%以上的污染物属于过度排放，这些地区如果通过改善节能减排效率，追赶前沿面来进行生产，则在保持已有投入要素不变且"好"产出不减少的情况下，还可以减少30%以上的污染排放，这些省区同时也是节能减排的重点监控地区，急需充分挖掘减排潜力，调整要素配置结构、产业结构和能源结构，减少生产过程中的污染物排放量。

（2）从表5-7、表5-8可减排量和减排规模看，样本考察期内，四川、山西、内蒙古、河北、贵州、河南、广西、陕西、辽宁、重庆等省份为减排规模最大的省份，对全国可减排量具有较强的拉动力。2005~2011年间，这些地区累计可减排量在350万吨以上，年均可减排量均超过了50万吨，四川最大，年均可减排量超过110万吨，陕西接近100万吨。累计可减排量较小的省份依次为江苏、北京、上海、海南、天津、广东，这6个省份年均减排潜力均在5万吨以下，其中，江苏、北京的可减排量为0，表明江苏、北京与其他省份相比，在当前技术条件和产出水平下，无法实现污染物排放的进一步减少，如果要削减污染物排放，则会使产出下降。从可减排量所占比重看，河北、山西、辽宁、贵州、陕西五省份每年可减排量占全国的比重几乎都超过了5%，属于减排大户，仅2011年这五个省区可减少的污染物排放量就占到全国的53.94%。福建、湖北、黑龙江、重庆、云南、甘肃六省区2011年可减排量占全国的比重也超过了4%，占全国可减排总量的28.35%，是需要进一步关注与监控的重点。

（3）从地区差异看，东部地区除河北、辽宁外，其余9省份减排潜力、可减排量和减排规模都较小，可减排量占全国的比重都在5%以下。中部和西部地区的绝大多数省份均表现为较大的减排空间和减排规模，在目前技术和产出水平下可以实现污染物排放的进一步减少。区域之间减排潜力和减排规模表现为西部最大，中部次之，东部最小。

总体来看，我国各地区污染物减排潜力、可减排量和减排规模差异较大。

中部和西部地区的落后省份是需要进一步关注与监控的重点,对全国减排力度有较强的拉动力,是目前及今后一段时期内需要关注与监控的重点。

我国政府已明确规定"十二五"期间主要污染物排放比2010年下降8%的减排目标,要完成该目标,只有北京、江苏、广东、天津、上海、山东等少数省份能够完成,其余大部分省份仍有一定的难度,需要进一步挖掘减排潜力。河北、山西、四川、内蒙古、辽宁、贵州、云南、陕西、甘肃、青海、宁夏、新疆等是重点监控省区,中部和西部落后地区是重点监控地区。

5.4 省际工业全要素能源效率影响因素分析

5.4.1 模型设定

分析省际工业全要素能源效率影响因素,以 DEA 方法求解出来的效率值为被解释变量,以影响能源效率的各因素为解释变量构建回归模型。由于 DEA 方法求解出来的效率值介于 0~1 之间,被解释变量为截断值,用传统的 OLS 回归模型估计,会带来参数的有偏和不一致,因此选择受限因变量回归模型——Tobit 模型进行分析。Tobit 模型设定见第 3.4 节。

5.4.2 指标选取与数据说明

由于我国目前正处于经济转型、体制转轨、工业化进程加速推进阶段,因此在所有可能影响工业能源效率的因素中,主要选取以下指标进行分析。

(1) 企业规模(β_1)。根据产业经济学的一般理论和相关研究(邵军,管驰明,2009;唐玲,杨正林,2009),企业规模也是决定能源效率的一个重要因素,随着企业规模扩大,设备潜能的充分发挥,有利于更加集约化的使用能源,能源效率也会得到改善。本书以各省规模以上工业总产值与工业企业单位数之比表示企业规模。

(2) 技术进步(β_2)。技术进步是创新的具体体现,研发投资能够产生新发明、创造新产品,使原有的生产过程变得更有效率。对于技术进步指标的度量,本书选取各省规模以上工业"研发支出"表示技术进步对能源效率的影响。

(3) 产权制度(β_3)。已有研究发现,中国实施的从国有经济向集体经济、私人经济以及外国投资的产权关系改革,对能源效率改善具有显著的正向效应。刘小玄(1995,2000)、谢千里和罗斯基(1996)对中国微观层面工业企业的研究也发现，非国有企业的产权制度安排对所有者更有激励动力，因此使得其比国有企业有更高的要素生产率增长，刘伟和李绍荣（2001）的研究也认为，国有比重下降、非国有比重上升大大提升了要素效率。基于学者们的研究结论，本书以各省国有及国有控股工业企业总产值占工业总产值的比重衡量产权制度改革绩效。

（4）能源结构（β_4）。长期以来，我国煤炭消费占能源消费总量的比重一直稳定在70%左右，2011年在我国一次性能源结构中，煤炭消费所占比重为68.8%，石油和天然气所占比重分别为18.6%和4.6%，水电、核电和风电等非化石能源可再生能源所占比重仅为8.0%，而煤炭是产生污染物排放的主要来源，故本书用各省工业煤炭消费量占终端能源消费总量的比重表示，主要考察能源结构优化与污染排放的关系。

（5）外资水平（β_5）。外资水平衡量各地区对外开放的程度，以各地区外商投资工业企业总产值占规模以上工业总产值的比重表示。中国经济转型过程中的一个明显特征表现为对外开放使国际资本流动性增强，并通过优化配置资源提升了能源效率。相关研究（何洁，2000）发现，FDI对生产率提高存在正向溢出效应，但也有一些研究（如涂正革，肖耿，2006）认为，外资及跨国公司进入也会加剧各地区之间技术水平的差异，使得对外开放对能源效率的最终影响同各地区自身对外开放及所处的阶段有关。外资进入对工业能源效率最终表现为正向影响还是负向影响，需要通过一定的实证加以检验。

（6）资本深化（β_6）。资本深化以各省规模工业资本——劳动比率表示。由于资本、劳动之间存在替代关系，资本深化可以节约、替代能源，对生产率的改善起促进作用。但也有研究发现（林毅夫，刘培林，2004），资本深化偏离了中国的资源禀赋优势，使大量、过快的资本代替了相对富裕的劳动力资源。而由于资本所需要的能源消费相对稀缺，也会导致整体效率的下滑。因此，资本深化对生产率的影响较为复杂，对工业能源效率的影响方向及影响程度如何，目前还没有一致性的结论，还需要进一步的实证检验。

以上分析指标所需数据来自《中国统计年鉴》、《中国能源统计年鉴》和《中国工业经济年鉴》。

5.4.3 回归结果及讨论

根据Tobit模型，以各省工业全要素能源效率为被解释变量，以上述六个指标为解释变量，回归结果见表5-9。

表 5-9　　　　　　　　　　Tobit 模型回归结果

参数	方程系数	标准误	Waldχ^2	P 值	95% 置信区间	
β_0	-0.2037	0.2249	0.9931	0.3349	-0.7264	0.2429
β_1	0.2634	0.0844	8.5437	0.0029	0.0822	0.4209
β_2	0.3196	0.0144	15.6948	0.0000	0.0329	0.0962
β_3	-0.4563	0.0965	22.1174	0.0000	-0.9347	-0.4079
β_4	-0.5682	0.0024	0.0218	0.0000	-0.6053	0.0082
β_5	-0.0247	0.0055	0.2561	0.3354	-0.0318	0.0072
β_6	0.1019	0.0037	12.4083	0.0014	0.1405	0.0106
对数似然函数 L			39.8345			
对数似然函数 L′			120.3285			
正态分布参数 σ			0.1708			

（1）表 5-9 显示，企业平均规模与全要素能源效率呈正相关关系，回归系数为 0.2634，并且 P 检验值 10% 显著，表明企业规模扩大可以对提升能源效率起到积极的作用。其原因可能在于，能源和资本、劳动力一样，也存在规模收益，随着企业规模扩大，能源消费也会相应增加，有助于设备潜能的发挥以及能源更加集约化的使用，能源使用效率也会得到进一步的改善。这一点和邵军、管驰明（2009），唐玲和杨正林（2009）的研究结果基本一致。由此可以得出，企业保持适度规模经营有利于能源资源的节约使用与效率提升。

（2）以研发支出表示的技术进步对提高能源效率具有明显的正向效应，回归系数为 0.3196，并且 P 检验值在 1% 水平上高度显著。研发投资作为技术进步的直接度量，不仅会产生新的发明创造，带来新的技术、工艺的创新，也会产生过程创新，使现有产品变得更有效率。刘红玫和陶全（2002）的研究也认为，企业通过增加研发费用和人员进行产品创新和工艺创新，都可以使现有能源转化为经济产出的能力得到提高，研发活动增加会带来能源效率的显著增加。齐志新和陈文颖（2006）的研究也发现，技术进步是工业部门能源强度下降的主要原因。本书的研究结果和大多数学者的研究结论基本一致。

（3）产权制度——以国有及国有控股工业企业总产值所占比重衡量，回归系数为 -0.4563，并且 P 检验值 1% 显著，表明国有经济规模扩大，在一定程度上将会使能源利用效率出现下降。其原因可能在于，产权制度改革在微观层面上对企业所有者更有激励动力,激励经理层更加合理有效的利用能源资源,从而采取成本节约措施进行创新,推动了各种要素效率的提高,而国有企业激励约束机制的缺乏则可能得到与之相反的结果。进一步说明深化国有企业改革,降低国有经济比重,推动"国退民进"的改革方向,可以从微观上强化企业激励机制,促使企业自发地实施提高生产运营效率,节约稀缺资源等经济行为(魏楚,沈满洪,2008)。

(4)煤炭消费所占比重增加对提高工业能源效率有显著的负向影响,回归系数(-0.5682)在1%水平上高度显著为负,这与我国以煤为主的能源消费结构现状相符。多年来,我国的能源结构以煤为主,2010年能源自给率已达92%,但其中70%的能源供应依然是煤炭。相关研究表明,煤炭和天然气在相同能耗下排放污染物的比例为148∶1,排放二氧化硫的比例为700∶1,排放氮氧化合物的比例为29∶1,因此煤炭消费所占比重增加会显著恶化能源效率,这也是能源结构系数显著为负的主要原因。

(5)外资水平作为对外开放度的度量,回归系数为-0.0247,但P检验值(0.3354)不显著,表明外资进入并没有对中国工业能源效率改进起到正向促进作用。首先,外资企业进入带来的先进技术和理念,与本地区企业的吸收能力,特别是人力资本质量密切相关。一些学者(代谦和别朝霞,2006)的研究也发现,发达国家外商直接投资(FDI)产业的选择依赖于发展中国家的技术能力和竞争能力,最终 FDI 能否带来技术进步和经济增长依赖于该国的人力资本积累。其次,由于发达国家实行严厉的环境保护措施,导致高能耗、高污染的产业向一些具有资源优势的发展中大国转移,尽管 FDI 进入也为当地经济带来了一定的增长动力,但同时也消耗了更多的资源环境,这些负面影响可能大于其正面影响,使得外资进入对能源效率的贡献为负。

(6)资本深化对改善工业能源效率有显著的正向影响,回归系数为0.1019,P值检验1%显著,表明资本深化可以节约、替代资源,进而提升能源利用效率。资本深化表现为经济增长中资本与劳动比率的上升,如果在物质资本深化的同时,也有与之相配合的人力资本共同发挥作用,那么由于资本深化带来的技术进步将会使生产企业逐渐走向资源节约、知识密集的集约化发展道路,特别是市场化程度较高的东部地区,利用自身良好的投资环境,吸引了大量较为先进的国际资本,同时激烈的竞争环境将会使效率低下的企业逐步退出市场。在此背景下,资本深化将有利于能源资源的集约化使用和能源效率的提高。

5.5 本章小结

由于工业一直是我国能源消耗和污染排放大户，工业能源消费与利用效率水平也成为中国工业经济转型与工业化进程中各方面关注与研究的焦点。研究与分析各省工业能源效率，可以有效探讨一个地区能源效率变动的主要推动力，为研究地区能源效率变动提供基础。通过对各省规模以上工业全要素能源效率、节能减排潜力、节能减排规模的测算以及能源效率影响因素的分析，主要结论如下：

(1) 样本考察期内，上海、广东、海南三个省市的工业全要素能源效率一直为1，处于效率前沿面上；上海、广东、海南、天津、江苏成为工业全要素能源效率最高的五个省市。中西部地区的山西、黑龙江、贵州、宁夏、甘肃五个省区成为工业全要素能源效率最低的省区，工业内部节能减排需要进一步调整与改进的空间较大。地区之间工业全要素能源效率表现为"东—西—中"的发展格局。各省工业能源效率都有不断提高的趋势，但距离前沿面还有一定的差距，提高工业能源效率对改善各省能源效率将会起到积极的作用。

(2) 各省工业节能潜力测算结果表明，河北、山西、湖北、贵州、云南、陕西、甘肃、青海、宁夏、新疆、广西、吉林、黑龙江等近乎一半的省份年节能潜力几乎都超过50%。从可节能量和节能规模看，河北、山西、河南、湖北四省区每年可节能量占全国的比重几乎均超过了5%，仅2011年，这四个省份可节约的能源量就占到全国可节能总量的50.34%，应该引起重点关注与监控。河北为工业节能规模最大的省份，样本考察期内年均可节能量为8506.1556万吨标准煤；依次为山西、湖北、河南、辽宁、湖南、云南等省份，年均可节能量均在2万吨标准煤以上，其能源效率提高对全国可节能量和节能规模有较强的拉动力。地区之间节能潜力、可节能量和节能规模表现为西部最大，中部次之、东部最小。

(3) 各省减排潜力测算结果表明，样本考察期内，年减排潜力均超过30%的地区包括河北、辽宁、山西、湖北、黑龙江、广西、重庆、四川、贵州、云南、陕西、甘肃、青海、宁夏、新疆等重化工业比重较大和经济落后的中西部各省区。其中，山西每年的减排潜力都达到了80%以上，贵州每年的减排潜力都达到了90%以上。从可减排量和减排规模看，四川、山西、内蒙古、河北、贵州、河南、广西、陕西、辽宁、重庆等省区为减排规模最大的省区,年均可减排量均超过了 50 万吨,四川最大,年均可减排量超过 110 万吨,陕西接近 100 万吨。河北、山西、辽宁、贵州、陕西五省区每年可减排量占全国的比重几乎都超过了 5%,属于减排大户,仅 2011 年这五个省区可减少的二氧化硫排放量就占到全国的 53.94%,是需要进一步关注与监控的重点。地区之间二氧化硫减排潜力、可减排量和减排规模表现为西部最大,中部次之、东部最小。

(4)全要素能源效率影响因素回归结果表明,企业平均规模、工业研发投入增加和资本深化有利于提高工业能源效率,并且统计检验显著;国有及国有控股工业所占比重、煤炭消费所占比重增加对提高工业能源效率有显著的负向影响,外资进入影响为负,但系数检验不显著。

由以上分析结果可知,首先,研究各省份能源效率的同时,不能忽视其工业部门能源消费和能源利用效率水平,在制定节能减排目标政策时,对不同省份、不同工业企业要区别对待,不能搞"一刀切"。其次,工业能源效率低、节能减排潜力和节能减排规模较大的省份,应该是目前及今后一段时期节能减排监控的重点。再次,增加工业企业研发投入力度,优化能源结构,增加清洁能源使用比例,深化产权制度改革,变规模不经济为规模经济,充分挖掘国际资本带来的先进技术与管理经验为我所用,将会对工业节能减排及提高工业能源效率起到一定的促进作用。

第6章 主要工业省份工业行业全要素能源效率变动分解

工业是能源消费的主要部门，工业能源利用效率水平的高低直接决定着宏观经济整体的能效水平。我国工业行业、各省工业行业能源消费及能效水平目前到底呈现一种什么样的状态？能源效率变动的源泉是什么？技术进步、技术效率与工业能源利用效率的关系如何？迫切需要大量的实证研究予以探索。

由于区域是由不同的产业加总构成，产业又是由具有异质性的不同行业构成，区域节能规划如何在行业层面加以具体分解并落实，则需要工业细分行业的研究提供有效的支持。因此，如果能从更加接近于实际的行业层面深入研究，无论是对于行业本身或行业所属区域节能目标的制定与完成都具有重要的现实意义，进而也会影响国家宏观节能减排政策与目标的制定与实现。

本章是前几章研究的深入，在省际全要素能源效率、省际工业全要素能源效率研究的基础上，逐步深入工业行业内部，以工业细分行业为研究对象。首先，在全要素框架下构建包括能源投入、污染排放在内的 DEA-Malmquist 指数；其次，通过测算各行业规模效率与技术效率，判断各行业所属的状态；再次，测算工业行业全要素能源效率指数，并将测算结果进一步分解为技术进步指数和技术效率指数，对技术效率指数进一步分解为纯技术效率指数和规模效率指数，以此为依据分析工业行业全要素能源效率变动的源泉；最后，是对本章研究结论的总结。由于很难收集到全国每个省份工业行业能源消费及污染排放数据，故本章以陕西省为例进行实证研究。

6.1 模型构建

研究工业行业全要素能源效率，因为工业行业较多且行业间差异大，不宜设定统一的函数形式,故本书选取非参数的 DEA-Malmquist 生产率指数法。基于数据包络分析的 DEA-Malmquist 指数是由瑞典经济学家和统计学 Malmquist 于 1953 年提出的,用来分析不同时期消费的变化。此后,Malmquist 指数评价方法由 Caves、Christensen 和 Diewert(1982)逐步引入,由 Fare(1994)等人进一步发展完善而来。该指数运用 Shephard(1970)距离函数来定义,它用来描述不需要说明具体行为标准(如成本最小化和利润最大化)的多个输入和输出变量的生产技术,包括投入导向和产出导向两种。产出导向的距离函数寻求投入要素不增加的前提下使产出最大,投入导向的距离函数寻求产出不减少的情况下使投入最小。

本书研究的目的是保持投入要素(K,L,E)不变,各行业在实现期望产出增加的同时,非期望产出,即污染物排放同比例减少,传统的 Shephard 距离函数难以满足要求。根据 Tyteca(1997),包含污染物排放导向的距离函数可定义为:

$$D_P(K,L,E,Y,P) = \sup\{\varphi:(K,L,E,Y,P/\varphi) \in f(K,L,E)\}$$

其中,φ 表示面向产出的效率指标,通过确定 φ 的值寻求污染物排放的最大收缩比例,据此可以判断被评价行业的全要素能源效率。本书主要研究行业全要素能源效率的动态变化绩效,基于污染物排放导向的距离函数,构建考虑环境约束下的 Malmquist 指数。

以 $(K^t, L^t, E^t, Y^t, P^t)$ 和 $(K^{t+1}, L^{t+1}, E^{t+1}, Y^{t+1}, P^{t+1})$ 分别表示 t 时期和 t+1 时期的投入产出向量;D_P^t 和 D_P^{t+1} 分别表示以 t 时期和 t+1 时期的技术为参照的包含污染物排放导向的距离函数。为了避免参照技术选择的随意性而导致的差异,根据 Fare 等(1994),将 Malmquist 全要素能源效率指数定义为 t 时期和 t+1 时期的几何平均值,即:

$$MPI_0^{t,t+1} = \left[\frac{D_P^t(K^t,L^t,E^t,Y^t,P^t) \cdot D_P^{t+1}(K^t,L^t,E^t,Y^t,P^t)}{D_P^t(K^{t+1},L^{t+1},E^{t+1},Y^{t+1},P^{t+1}) \cdot D_P^{t+1}(K^{t+1},L^{t+1},E^{t+1},Y^{t+1},P^{t+1})} \right]^{\frac{1}{2}}$$

(6.1)

在规模报酬不变的假设下,将距离函数重新组合,式(6.1)可进一步分解为技术效率指数(MEFI)和技术进步指数(MTCI),如式(6.2)和式(6.3)所示。

$$\text{MTCI}^{t,t+1} = \left[\frac{D_P^{t+1}(K^t, L^t, E^t, Y^t, P^t) \cdot D_P^{t+1}(K^t, L^{t+1}, E^{t+1}, Y^{t+1}, P^{t+1})}{D_P^t(K^t, L^t, E^t, Y^t, P^t) \cdot D_P^{t+1}(K^{t+1}, L^{t+1}, E^{t+1}, Y^{t+1}, S^{t+1})} \right]^{\frac{1}{2}} \quad (6.2)$$

$$\text{MEFI}^{t,t+1} = \left[\frac{D_P^t(K^t, L^t, E^t, Y^t, P^t)}{D_P^{t+1}(K^{t+1}, L^{t+1}, E^{t+1}, Y^{t+1}, P^{t+1})} \right] \quad (6.3)$$

技术进步指数（MTCI）度量技术边界从 t 时期到 t+1 时期的移动，该指数大于 1 时表示技术进步，等于 1 时表示技术无变化，小于 1 时表示技术退步。技术效率变化指数（MEFI）是规模报酬不变且要素强可处置条件下的相对效率变化指数，度量从 t 时期到 t+1 时期每个观察对象对最佳生产边界的追赶程度，度量的是一种"追赶效应"，该指标值可能大于 1，等于 1 和小于 1，分别表示技术效率提高，技术效率无变化和技术效率降低。对技术效率指数还可进一步分解为纯技术效率指数和规模效率指数。全要素能源效率指数（MPI）的变化可能大于 1、等于 1 和小于 1，分别表示有改进、没有变化和倒退。

具体测算时，需要以不同时期的技术为参照，计算四个距离函数，在环境生产技术框架下，可以通过求解与 i 行业对应的线性规划来完成对这些距离函数的计算，即：

$$[D_P^q(K_i^u, L_i^u, E_i^u, Y_i^u, P_i^u)]^{-1} = \min \rho$$

$$\text{s.t} \quad \sum_{i=1}^{N} \lambda_i K_i^q \leqslant K_i^u; \sum_{i=1}^{N} \lambda_i L_i^q \leqslant L_i^u; \sum_{i=1}^{N} \lambda_i E_i^q \leqslant E_i^u; \sum_{i=1}^{N} \lambda_i Y_i^q \geqslant Y_i^u; \sum_{i=1}^{N} \lambda_i P_i^q = \rho P_i^u$$

$$\lambda_i \geqslant 0, i = 1, 2, \cdots, N \quad (6.4)$$

其中，q 和 u 表示时期，且 q, u ∈ {t, t+1}。

6.2 指标选取与数据说明

根据最新的《国民经济行业分类标准》（GB/T4754-2002），二位码工业包括采掘业（7 个行业）、制造业（29 个行业）、电力煤气及水的生产供应（3 个行业），共计 39 个行业。由于"其他采矿业"数据很小且不连续，故本章分析范围为除"其他采矿业"以外的 38 个二位码工业行业。实证研究中所选指标为 3 个投入指标、2 个产出指标。

6.2.1 投入指标

投入指标包括行业资本、劳动力和能源。(1) 资本投入。理想的选择是，应该以物质资本的服务流量作为资本投入的度量，但由于具体到工业行业，此方面数据不可得，借鉴大多数学者的经验，本书选取工业分行业固定资产净值年平均余额作为资本投入指标的度量，用分行业固定资产投资价格指数 (2005=100) 平减，单位为亿元。(2) 劳动力投入。劳动力投入指生产过程中实际投入的劳动量，发达国家普遍采用标准劳动强度的劳动时间来衡量。但由于我国缺乏此方面的统计数据，故选用工业分行业年末从业人员数作为劳动力投入指标，单位为万人。(3) 能源投入。用工业分行业能源消费总量表示，单位为万吨标准煤。

6.2.2 产出指标

产出指标包括期望产出和非期望产出。(1) 期望产出。选取各行业生产总值 (GDP) 作为期望产出，并以 2005 年为基期按工业品出厂价格指数进行平减，单位为亿元。(2) 非期望产出。非期望产出指行业污染排放，由于缺乏陕西省分行业废气、废水、固体废弃物等污染物排放的统计数据，故本书用二氧化碳 (CO_2) 排放量作为行业环境污染的代理变量。分行业二氧化碳排放量指标根据 IPCC (2006) 为《联合国气候变化框架公约》及《京都议定书》所制定的国家温室气体清单指南（第二卷）中第 6 章提供的参考方法计算得到，即:

$$CO_2 = \sum_{i=1}^{n} CO_{2i} = \sum_{i=1}^{n} E_i \times NCV_i \times CEF_i \times COF_i \times (44/12) \quad (6.5)$$

其中，i = 1，2，3，4 分别为原煤、焦炭、汽油、柴油四种一次终端能源消费量，NCV 为平均低位发热量（净发热值），CEF 为含碳量，COF 是碳氧化因子，44 和 12 分别是二氧化碳和碳的分子量。由于各类能源消耗单位不统一，必须折算成我国能源度量的统一热量单位标准煤，各种能源折算标准煤系数由《中国能源统计年鉴 (2007)》提供。

以上指标所选数据来源于各相关年份的《陕西统计年鉴》、《中国工业经济统计年鉴》和《中国能源统计年鉴》。各投入、产出指标的统计性描述结果见表 6-1。

表6-1　　　　　　　　　　变量的统计性描述

变量	资本（亿元）	劳动力（万人）	能源（万吨标准煤）	行业产出（亿元）	污染排放（万吨）
均值	532067.29	35139.31	125.17	1.30	658.57
中位数	88653.03	22315.00	14.08	522191.40	21.74
标准差	1.48	39760.92	319.68	1.96	1914.03
极差	14502338.99	207161.00	2424.57	10849658.83	13651.83
最小值	3.34	33.00	0.0028	1077.17	0.0271
最大值	14502342.33	207194.00	2424.58	10850736.00	13651.86

6.3 实证研究

6.3.1 工业行业全要素能源效率测算及分解

根据以上投入产出指标，通过求解线性规划计算陕西省工业行业的 Malmquist 全要素能源效率指数，将测算结果进一步分解为技术进步指数和技术效率指数，对技术效率指数再分解为纯技术效率指数和规模效率指数。并分别按采掘业、制造业、电力热力及水的生产和供应业三个行业分别归类分析，测算结果见表6-2。

表6-2　　　2005~2011年陕西省工业行业全要素能源效率及其分解

行业	全要素能源效率	技术进步	技术效率	纯技术效率	规模效率
煤炭开采和洗选业	1.2907	1.0560	1.2222	1.0979	1.1133
石油和天然气开采业	0.9070	0.9569	0.9478	0.9792	0.9680
黑色金属矿采选业	1.0118	1.0672	0.9481	0.8949	1.0595
有色金属矿采选业	1.0367	1.0668	0.9718	0.9046	1.0742
非金属矿采选业	1.1481	1.0708	1.0722	1.0127	1.0588
农副食品加工业	1.1552	1.0840	1.0657	1.0000	1.0657
食品制造业	1.1644	1.0337	1.1264	1.0499	1.0729
饮料制造业	1.1707	1.0102	1.1589	1.0079	1.1498
烟草制品业	1.0848	1.0848	1.0000	1.0000	1.0000

续表

行　业	全要素能源效率	技术进步	技术效率	纯技术效率	规模效率
纺织业	1.0665	0.9386	1.1364	1.0217	1.1123
纺织服装鞋帽制造业	0.9992	0.9467	1.0554	1.0266	1.0281
皮革毛皮羽毛（绒）及其制品业	1.3214	1.0300	1.2829	1.2167	1.0544
木材加工及木竹藤棕草制品业	1.3240	1.0617	1.2470	1.1797	1.0571
家具制造业	0.9909	0.9531	1.0397	1.0000	1.0397
造纸及纸制品业	1.8343	1.5753	1.1644	1.0991	1.0594
印刷业和记录媒介的复制	1.0453	1.0623	0.9840	0.9763	1.0080
文教体育用品制造业	1.6204	1.6204	1.0000	1.0000	1.0000
石油加工炼焦及核燃料加工业	1.0469	1.0238	1.0226	1.0000	1.0226
化学原料及化学制品制造业	1.0673	0.9843	1.0843	1.0142	1.0691
医药制造业	1.1217	0.9964	1.1257	0.9713	1.1590
化学纤维制造业	1.1039	1.0539	1.0474	1.0063	1.0408
橡胶制品业	0.5133	1.0193	0.5036	0.4757	1.0587
塑料制品业	0.4863	1.0750	0.4524	0.4436	1.0196
非金属矿物制品业	1.1810	1.0051	1.1751	1.1370	1.0335
黑色金属冶炼及压延加工业	1.0695	0.9967	1.0731	1.0274	1.0445
有色金属冶炼及压延加工业	1.0932	1.0130	1.0792	1.0346	1.0430
金属制品业	1.1013	1.0638	1.0352	1.0435	0.9921
通用设备制造业	1.0693	1.0018	1.0674	1.0042	1.0629
专用设备制造业	1.1048	1.0300	1.0725	1.0295	1.0418
交通运输设备制造业	1.0688	1.0325	1.0352	1.0000	1.0352
电气机械及器材制造业	0.9553	1.0335	0.9243	0.9657	0.9571
通信设备计算机及其他电子设备	1.0597	0.9956	1.0644	0.9962	1.0684
仪器仪表及文化办公用机械制造业	1.1308	1.1096	1.0191	1.0428	0.9773
工艺品及其他制造业	1.3321	1.0303	1.2929	1.2182	1.0613
废弃资源和废旧材料回收加工业	1.2395	1.4142	0.8765	1.0000	0.8765
电力热力的生产和供应业	1.1499	1.0637	1.0811	1.0195	1.0604
燃气生产和供应业	1.4107	1.4107	1.0000	1.0000	1.0000
水的生产和供应业	1.3737	1.2214	1.1247	1.1114	1.0120
几何平均	1.1009	1.0747	1.0244	0.9853	1.0397

(1) 从各行业全要素能源效率的测算结果看，陕西省工业行业全要素能源效率差异显著。全要素能源效率最高的5个行业分别是：造纸及纸制品业、文教体育用品制造业、燃气生产和供应业、水的生产和供应业、工艺品及其他制造业，这5个行业全要素能源效率平均增长率都在30%以上。其中，造纸及纸制品业、工艺品及其他制造业、水的生产和供应业3个行业，技术进步、纯技术效率和规模效率的提高是行业全要素能源效率提高的主要原因；文教体育用品制造业、燃气生产和供应业两个行业，纯技术效率和规模效率保持不变，技术进步是行业全要素能源效率提高的主要原因。全要素能源效率最低的5个行业分别是：塑料制品业、橡胶制品业、石油和天然气开采业、电气机械及器材制造业、家具制造业，这5个行业全要素能源效率均未达到效率前沿面，行业全要素能源效率平均增长率为负。其中，塑料制品业、橡胶制品业全要素能源效率下降的根本原因在于纯技术效率出现下降；石油和天然气开采业技术进步、纯技术效率和规模效率同时出现下降，对行业全要素能源效率提高的贡献为负；电气机械及器材制造业纯技术效率和规模效率是行业全要素能源效率下降的根本原因；家具制造行业技术进步率出现下降，阻碍了行业全要素能源效率的提高。

从各行业全要素能源效率增长率差异看，其增长率大于行业平均增长率（10.09%）的有17个行业，分别是：煤炭开采和洗选业、非金属矿采选业、农副食品加工业、食品制造业、饮料制造业、皮革毛皮羽毛（绒）及其制品业、木材加工及木竹藤棕草制品业、造纸及纸制品业、文教体育用品制造业、医药制造业、非金属矿物制品业、仪器仪表及文化办公用机械制造业、工艺品及其他制造业、废弃资源和废旧材料回收加工业、电力热力的生产和供应业、燃气生产和供应业、水的生产和供应业。其全要素能源效率平均增长率分别为29.07%、14.81%、15.52%、16.44%、17.07%、32.14%、32.40%、83.43%、62.04%、12.17%、18.10%、13.08%、33.21%、23.95%、14.99%、41.07%、37.37%。化学纤维制造业、金属制品业、专用设备制造业3个行业全要素能源效率平均增长率与行业平均水平基本相等。其余18个行业全要素能源效率平均增长率均低于行业平均水平。

从全要素能源效率增长的分解结果看，其中，技术进步增长率大于行业平均增长率（7.47%）的只有7个行业，分别是：烟草制品业（8.48%）、造纸及纸制品业（57.53%）、文教体育用品制造业（62.04%）、仪器仪表及文化办公用机械制造业（10.96%）、废弃资源和废旧材料回收加工业（41.42%）、燃气生产和供应业（41.075%）、水的生产和供应业（22.14%）。非金属矿采选业、塑料制品业 2 个行业技术进步增长率基本等于行业平均水平。其余 29 个行业技术进步增长率均低于行业平均水平，说明资源环境约束下陕西省工业行业技术进步缓慢，因此加强能源环境领域的技术进步，降低行业单位产出的能源消耗和污染排放，是目前及今后一段时期内陕西省工业行业节能减排的重点所在。

纯技术效率增长率为正的行业有 21 个，分别是煤炭开采和洗选业（9.79%）、非金属矿采选业（1.27%）、食品制造业（4.99%）、饮料制造业（0.79%）、纺织业（2.17%）、纺织服装鞋帽制造业（2.66%）、皮革毛皮羽毛（绒）及其制品业（21.67%）、木材加工及木竹藤棕草制品业（17.97%）、造纸及纸制品业（9.91%）、化学原料及化学制品制造业（1.42%）、化学纤维制造业（0.63%）、非金属矿物制品业（13.70%）、黑色金属冶炼及压延加工业（2.74%）、有色金属冶炼及压延加工业（3.46%）、金属制品业（4.35%）、通用设备制造业（0.42%）、专用设备制造业（2.95%）、仪器仪表及文化办公用机械制造业（4.28%）、工艺品及其他制造业（21.82%）、电力热力的生产和供应业（1.95%）、水的生产和供应业（11.14%）。纯技术效率保持不变（为 1）的行业有 8 个，分别是农副食品加工业、烟草制品业、家具制造业、文教体育用品制造业、石油加工炼焦及核燃料加工业、交通运输设备制造业、废弃资源和废旧材料回收加工业、燃气生产和供应业。其余 9 个行业纯技术效率平均增长率皆为负，出现了下降趋势。

规模效率增长率大于行业平均增长率（3.97%）的有 21 个，分别是煤炭开采和洗选业（11.33%）、黑色金属矿采选业（5.95%）、有色金属矿采选业（7.42%）、非金属矿采选业（5.88%）、农副食品加工业（6.57%）、食品制造业（7.29%）、饮料制造业（14.98%）、纺织业（11.23%）、皮革毛皮羽毛（绒）及其制品业（5.44%）、木材加工及木竹藤棕草制品业（5.71%）、造纸及纸制品业（5.94%）、化学原料及化学制品制造业（6.91%）、医药制造业（15.90%）、橡胶制品业（5.87%）、黑色金属冶炼及压延加工业（4.45%）、有色金属冶炼及压延加工业（4.30%）、通用设备制造业（6.29%）、专用设备制造业（4.18%）、通信设备计算机及其他电子设备（6.84%）、工艺品及其他制造业（6.13%）、电力热力的生产和供应业（6.04%）。家具制造业、化学纤维制造业 2 个行业规模效率增长率基本与行业平均增长率相等。规模效率保持不变的行业有 3 个，分别是烟草制品业、文教体育用品制造业、燃气生产和供应业。其余12个行业规模效率低于行业平均水平。

(2) 从行业性质看，采掘业、制造业、电力燃气及水的生产和供应业三类行业全要素能源效率增长差异比较明显，影响全要素能源效率的因素也各不相同。其中，采掘业全要素能源效率平均增长率为7.80%，规模效率和技术进步率的增长是行业全要素能源效率增长的主要原因。其中，规模效率的贡献最大，平均增长率为5.40%，技术进步次之，平均增长率为4.35%；而技术效率的分解成分——纯技术效率则出现负增长（-2.21%），阻碍了行业全要素能源效率的提高（见图6-1）。

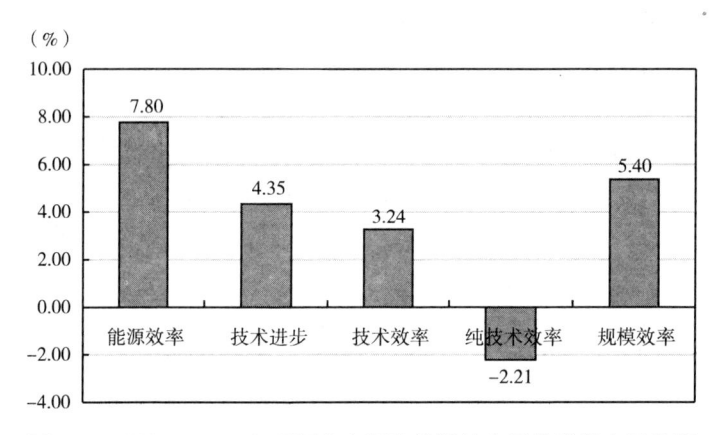

图6-1 2005~2011年采掘业全要素能源效率平均增长率及分解

制造业行业全要素能源效率平均增长率为11.71%，技术进步是全要素能源效率提高的主要原因，平均增长率为7.59%；技术效率的分解成分——规模效率平均增长率为4.04%、纯技术效率的贡献微乎其微。可见，制造业整体能源效率提高的主要原因在于各行业技术进步的作用，纯技术效率的贡献极小（见图6-2）。

电力燃气及水的生产和供应业全要素能源效率平均增长率为31.14%，主要原因在于行业技术进步率的增长，平均增长率为23.19%；构成技术效率的两个成分中，规模效率平均增长率为2.41%，纯技术效率平均增长率为4.36%（见图6-3）。

(3) 从行业总体看（见图6-4），样本考察期内，行业全要素能源效率平均增长率为10.09%，其主要原因得益于技术进步和规模效率的共同作用，平均增长率分别为7.47%、3.97%。近年来，我国各地区市场化进程的步伐

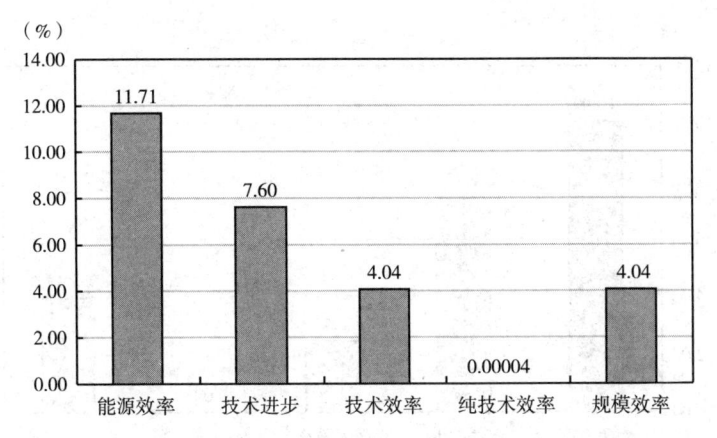

图 6-2　2005~2011 年制造业全要素能源效率平均增长率及分解

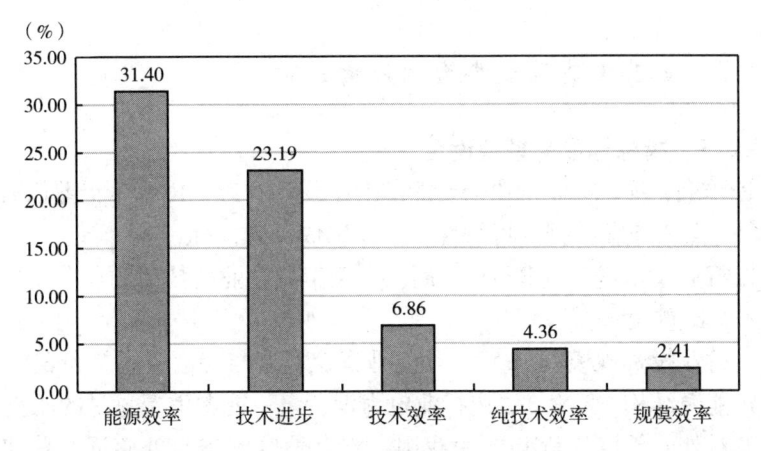

图 6-3　2005~2011 年电力燃气及水全要素能源效率平均增长率及分解

不断加快，市场规范程度逐步提高，制度安排趋于合理，管理水平不断提高，产业结构调整取得重大进展，由经济改革带来的效率释放效应和规模效率效应逐渐减小，技术效率改进的空间极为有限，工业经济逐渐转向以科技进步为主的增长路径。陕西省作为西部大开发的前沿省份，得益于西部大开发的优惠政策，近年来随着投资环境的改善，吸引、利用外资的机会大大增多，在利用外资带来的先进技术的同时，也通过产业间的关联与溢出效应提高了自身的科技水平和人力资本质量，节能减排领域技术进步明显，使得技术进步对工业能源效率增长的贡献不断增大，能源利用效率得以不断提高。

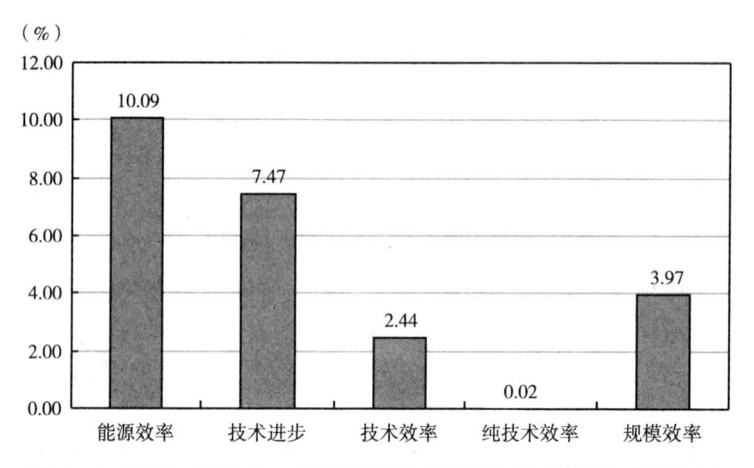

图 6-4 2005~2011 年工业行业全要素能源效率平均增长率及分解

6.3.2 全要素能源效率影响因素分析

6.3.2.1 指标选取与模型设定

本书研究陕西省工业行业全要能源效率变动的影响因素，借鉴已有研究并根据行业特点，兼顾数据的可得性，主要选取以下指标：

（1）行业技术进步（R&D）。用大中型工业企业科技活动经费支出占产品销售收入的比重表示。

（2）行业投资规模（SCA）。用行业固定资产与流动资产总和表示。

（3）能源结构（ENG）。用行业电力消费量占能源消费总量的比重表示。

（4）对外开放度（FDI）。用我国港澳台地区资本与外商资本总和占工业总产值的比重表示。

（5）资本深化（CON）。用行业固定资产净值年平均余额与从业人员数之比表示。

以表 6-2 中各行业全要素能源效率为被解释变量，以上述各影响因素为解释变量，建立面板数据模型如下：

$$EFP_{it} = \beta_0 + \beta_1 R\&D_{it} + \beta_2 SCA_{it} + \beta_3 ENG_{it} + \beta_4 FDI_{it} + \beta_5 CON_{it} + \varepsilon_{it} \quad (6.6)$$

式（6.6）中，i 表示行业，t 表示时期，$\beta_1 \sim \beta_5$ 为各影响因素的回归系数，ε_{it} 为随机扰动项，用以解释没有包含在模型中的随机因素的干扰。

6.3.2.2 回归结果及分析

根据 Hausman 检验结果，固定效应模型优于随机效应模型，因此这里以固定效应模型估计结果为主，随机效应模型估计结果作为参考。对式（6.6）采用截面加权的广义最小二乘法（GLS）进行估计，结果如表 6-3 所示。

表 6-3　　　　　　　　全要素能源效率影响因素回归结果

变量	固定效应模型		随机效应模型	
	回归系数	t 统计量	回归系数	t 统计量
β_0	0.5527	5.3122	0.5743	4.6473
β_1	0.3473	2.3578	0.3269	1.8943
β_2	-0.4516	-3.9411	-0.4478	-2.3665
β_3	0.5473	10.3075	0.7354	7.2093
β_4	0.1624	1.4067	0.2408	1.2975
β_5	-0.6523	-1.9037	-0.5877	-1.9506
R^2	0.7843		0.6857	
F 统计值	98.7531		83.6707	
Hausman 检验			50.7258	
样本数	1330		1330	

（1）回归结果显示，行业技术进步、能源结构变化及对外开放度对全要素能源效率提高起显著地正向促进作用。行业技术进步率每增长 1 个百分点，全要素能源效率将会提高 0.3473 个百分点，并且统计检验显著，说明增加企业研发投入，特别是加强能源环境领域的技术进步，对于降低工业生产中的污染排放，提高全要素能源效率具有重要作用。

能源消费结构变动即电力消费占能源消费总量的比重每提高 1 个百分点，将会使全要素能源效率提高 0.5473 个百分点，说明增加核电、风电、水电等清洁能源比重，不但有利于能源的节约和保护，也会对行业能源利用效率提高起到积极的促进作用。

对外开放度回归系数为正（0.1624），但系数检验并不显著，一个可能的原因在于，基于资源优势，流入陕西省的外资企业多分布于低技术、加工导向的中低端产业及资源密集型产业，外资企业进入总体上增加了污染排放量，但外资企业由于相对先进的技术优势却有利于提高能源利用效率,今后这一作用还需要加强。

(2)行业投资规模和资本劳动比回归系数显著为负。行业投资规模每增加1个百分点,全要素能源效率将会下降0.4516个百分点,即投资规模扩张不但使能源消费、污染排放量同步增加,而且随着投资规模扩大能源利用效率也呈下降趋势,这说明陕西省工业行业投资规模的扩张并未带来行业生产技术的改进,特别是未能显著提升与节能减排相关的技术进步,投资仍然偏向于粗放型的产出增长。

资本劳动比增加会显著恶化全要素能源效率,回归系数为-0.6523,说明现阶段过早过快的资本深化背离了陕西省劳动力资源丰富的现实,也不利于行业技术进步和节能减排。

6.4 本章小结

本章考虑环境效应,通过构建数据包络分析的DEA-Malmquist生产率指数,测算分析了2005~2011年陕西省工业38个行业的全要素能源效率指数、技术进步与规模效率指数,分析了工业不同行业全要素能源效率增长的源泉;并通过建立回归模型研究了影响行业全要素能源效率变动的因素。基本结论如下:

(1)陕西省工业行业规模效率与技术效率测算结果表明,行业内部能源使用的规模效率与技术效率差异较大。同时达到规模与技术有效的行业只有烟草制品业、文教体育用品制造业、燃气生产和供应业共3个行业。其余行业均不能同时达到技术与规模的最优状态,其突出特点是能源使用的规模不经济与技术效率较低对能源使用效率的影响较大。

(2)分行业看,大多数行业全要素能源效率呈现不断增长的态势,分析期间平均增长率皆为正,但行业之间差异较大。全要素能源效率增长最快的行业基本上都为劳动密集型的制造业,全要素能源效率增长较低的行业基本上都为资本密集型的制造业。从行业内部差异看,有超过一半以上的行业全要素能源效率增长低于行业平均水平。

(3)从行业归类看,电力燃气及水的生产和供应业全要素能源效率平均增长率最高(31.14%),其增长率高于行业平均水平(10.09%);其次为制造业,其增长率(11.71%)略高于行业平均水平;采掘业全要素能源效率平均增长率为 7.80%，低于行业平均水平。

（4）从全要素能源效率的分解结果看，技术进步是各行业全要素能源效率提高的主要源泉，依次为规模效率，纯技术效率的贡献最小。全要素能源效率增长率较低的行业中，由于管理效率低下造成的影响较大，其次是能源使用的规模不经济造成的影响。发挥适度规模经济的作用对这些行业提高全要素能源效率将会产生积极的影响。

（5）全要素能源效率变动的影响因素分析表明，技术进步、能源结构调整及对外开放度对提高行业全要素能源效率将会起到一定的积极作用；盲目扩大投资规模以及资本劳动比上升会显著恶化行业能源效率。

以上结论蕴涵着重要的政策含义。第一，政府推行节能减排政策，工业行业是节能减排的重点和难点。根据总体由部分构成的道理，提高国家或地区能源使用效率，必须从地区内部工业行业入手，根据行业异质性对能源使用的不同需求和行业污染物排放的差异，制定有针对性的节能减排政策目标，并以有效手段促进节能减排目标的实现。第二，目前，我国大部分地区已进入工业化快速发展的中期阶段，工业化进程持续进行，能源消费量大、环境污染严重、能源利用效率不高已成为不争的事实。工业行业能源效率差异显著，节能减排潜力巨大已成为各方面关注的焦点。在分解节能减排目标时，不能搞"一刀切"，既要看到不同地区资源禀赋及工业化进程的差异，也要正视地区内部不同行业能耗水平及减排技术差异显著的现实，在政策引导及行政调控的同时，建立完善节能减排的长效机制，推动能源领域的市场化改革，充分发挥价格杠杆在能源、环境领域的作用，借助市场化手段调动企业节能减排的积极性，应当成为目前及今后一段时期节能减排工作的必然选择。另外，随着市场化进程的深入和制度的完善，由经济改革带来的效率释放效应和规模效率效应会逐渐减小，依靠科技进步提高能源环境效率应当成为今后努力的方向和重点。第三，针对规模过大造成规模收益递减的行业，需要进一步缩小行业规模，降低能源使用的浪费和无效损失。针对规模不够造成规模收益递减的行业，则需要扩大投资规模，实现能源利用的适度规模经济。对于技术效率较低的行业，则需要整顿企业内部管理系统，提高管理水平。对于技术进步缓慢的行业，则需要提高企业的"硬"技术水平，如增加研发投入力度，改进生产工艺，注重新技术的引进与新的发明创造等，以此提高行业能源使用的投入和产出水平。

第7章 "十二五"各省节能减排潜力测算

我国"十一五"规划明确提出将单位产值能耗降低20%作为八大约束性指标之一。"十二五"规划提出，到2015年年末，全国万元国内生产总值能耗下降到0.869吨标准煤（按2005年价格计算），比2010年的1.034吨标准煤下降16%（比2005年的1.276吨标准煤下降32%）。"十二五"期间，实现节约能源6.7亿吨标准煤；全国化学需氧量和二氧化硫排放总量分别控制在2347.6万吨、2086.4万吨，比2010年的2551.7万吨、2267.8万吨各减少8%，分别新增削减能力601万吨、654万吨。如今，"十二五"规划执行进程已经过半，根据国家发改委提供的信息，2011年和2012年，全国单位GDP能耗累计降低5.5%，仅完成"十二五"节能目标进度的32.7%，落后"十二五"进度要求7.3个百分点。由于经济转型中出现的种种问题，不少地区将建成投产一批高耗能高排放项目，给节能减排工作带来极大的压力。面对严峻的节能减排形势和国内外复杂的政治经济背景，能否完成"十二五"规划节能减排规划目标，已成为各级政府职能部门和学术界讨论与关注的焦点。

已有文献以及我国目前的节能减排政策大多关注宏观经济总体层面，对于地区间的差异则关注较少。部分文献关注了节能目标的分解及执行情况，具体是在一定的GDP增长情景假设下（如GDP增长7.5%、8.0%等），通过比较分析，研究什么条件下"十二五"规划节能目标才能实现。由于我国地区间差异非常显著，各地区GDP增长情景不同，拉动能源消耗总量不同，对各地区设定相同的GDP增长情景目标，忽视了地区之间的异质性，其结果并不能真正反映经济发展与能源消耗、污染物排放的实际变化过程，加上我国省域资源、要素结构等方面的差异，从国家总体角度出发设定具体的经济增长情景，制定具体的节能减排目标并不能充分保证各省份都能顺利完成，"十一五"规划各省份节能目标的完成情况充分证明了这一点。

本章基于我国省域经济发展与能源消耗、污染物排放差异的基本现实，以1990~2010年全国各省份能源消耗、污染排放与生产总值（GDP）的原始数据为基础,通过建立灰色预测 GM(1,1)模型,实证测算"十二五"期间各省能源消耗、污染排放与经济增长指标,以此为依据测算"十二五"期间各省区的节能减排潜力,其结果能较好地模拟地区现实,为国家宏观调控政策提供参考。

为了和"十二五"规划中各指标的含义保持一致,本章节能指标以"单位产值能耗"表示,减排指标以"单位产值污染物排放"表示。

7.1 灰色预测 GM(1,1)模型

灰色系统理论(Grey Theory)是我国华中理工大学邓聚龙教授(1986)于 20 世纪 80 年代创立的一门新兴横断学科。灰色系统把系统分成白色、黑色和灰色三种,信息完全明确、内部特性确知的系统为白色系统;信息不明确、内部特性未知的系统为黑色系统;部分信息已知、部分信息未知的系统为灰色系统(刘思峰,1999)。许多信息如社会、经济、工业、农业、国防、交通运输等都可以归之为灰色系统。灰色预测就是以"部分信息已知,部分信息未知"的"小样本"、"贫信息"不确定性系统为研究对象(刘思峰,党耀国,2004),从数据自身性质出发,通过对部分"已知信息"的生成和开发,提取有价值的信息。实现对系统运动行为和演化规律的正确描述与有效控制。其实质是通过对原始数据的整理来寻求变化规律,这种就数据寻找数据的现实规律的途径,也称为灰色序列生成。

由于影响能源消费的外部性因素较多,且各种影响因素无法提前预知,在分析样本序列较短的情况下,运用灰色理论方法从能源消费数据出发进行预测与决策分析,具有一定的合理性和较高的实用价值。

7.1.1 灰色预测 GM(1,1)模型构建

灰色预测 GM(1,1)模型是灰色理论体系的基础,灰色预测主要是利用 GM(1,1)模型对离散随机原始数据进行累加生成,得到指数规律性较强的累加生成序列,然后建立 GM(1,1)模型,再估计参数,对模型进行检验、修正、预测等 7 个步骤。基本步骤如下:

(1)对原始序列作一次累加生成。若原始序列记为 $X^{(0)}$,一次累加生成序列记为 $X^{(1)}$,则:

$$X^{(0)} = \{X_1^{(0)}, X_2^{(0)}, \cdots, X_N^{(0)}\} \tag{7.1}$$

对式（7.1）作一次累加生成得：

$$X^{(1)} = \{X_1^{(1)}, X_2^{(1)}, \cdots, X_N^{(1)}\} \tag{7.2}$$

其中，$X_t^{(1)} = \sum_{k=1}^{t} X^{(0)}(k)$。$t = 1, 2, \cdots, N$

用生成序列构造灰色微分方程：

$$dP[X] + aP[x] = \mu \tag{7.3}$$

式（7.3）中，$dP[X]$ 为灰导数，$P[x]$ 为灰数，a 为灰参数，且：

$$P[X(t)] = \frac{1}{2}[X^{(1)}(t) + X^{(1)}(t-1)] \tag{7.4}$$

$$dP[X(t)] = X^{(1)}(t) - X^{(1)}(t-1) \tag{7.5}$$

式（7.4）和式（7.5）分别表示第 t 点的灰数值和灰导数值，则式（7.3）可写为：

$$X^{(1)}(t) - X^{(1)}(t-1) + \frac{1}{2}a[X^{(1)}(t) + X^{(1)}(t-1)] = \mu, t = 2, 3, \cdots, N \tag{7.6}$$

由式（7.2）可知：

$$X^{(1)}(t) - X^{(1)}(t-1) = X^{(0)}(t), t = 2, 3, \cdots, N \tag{7.7}$$

对式（7.6）和式（7.7）合并整理得：

$$X^{(0)}(t) + \frac{1}{2}a[X^{(1)}(t) + X^{(1)}(t-1)] = \mu, t = 2, 3, \cdots, N \tag{7.8}$$

（2）构造累加矩阵 B 与常数向量 Y_N。

$$B = \begin{bmatrix} -\frac{1}{2}[X_2^{(1)} + X_1^{(1)}] & 1 \\ -\frac{1}{2}[X_2^{(1)} + X_3^{(1)}] & 1 \\ \vdots & \vdots \\ -\frac{1}{2}[X^{(1)}(N-1) + X^{(1)}(N)] & 1 \end{bmatrix} \tag{7.9}$$

第7章 "十二五"各省节能减排潜力测算

$$Y_N = [X_1^{(0)}(2), X_1^{(0)}(3), \cdots, X_1^{(1)}(N)]^T \qquad (7.10)$$

(3) 用最小二乘法解灰参数 $\hat{a}$。

$$\hat{a} = \begin{bmatrix} a \\ \mu \end{bmatrix}$$

则式 (7.8) 可写为 $Y_N = B\hat{a}$，故根据 $\hat{a} = (B^T B)^{-1} B^T Y_N$ 求解方程参数 a 和 μ。

(4) 将灰参数代入时间函数。

$$\hat{X}^{(1)}(t+1) = \left(X^{(0)}(1) - \frac{\mu}{a}\right)e^{-at} + \frac{\mu}{a} \qquad (7.11)$$

(5) 对 $\hat{X}^{(1)}$ 求导还原得到 $X^{(0)}$ 的预测序列 $\hat{X}^{(0)}$。

$$\hat{X}^{(0)}(t+1) = -a\left(X^{(0)}(1) - \frac{\mu}{a}\right)e^{-at}$$

或

$$\hat{X}^{(0)}(t+1) = \hat{X}^{(1)}(t+1) - \hat{X}^{(1)}(t)$$

(6) 计算 $X^{(0)}(t)$ 与 $\hat{X}^{(0)}(t)$ 之差 $\varepsilon^{(0)}(t)$ 及相对误差 $e(t)$。

$$\varepsilon^{(1)}(t) = X_t^{(0)} - \hat{X}^{(0)}(t)$$
$$e(t) = \varepsilon^{(0)}(t)/X^{(0)}(t)$$

(7) 模型可行性判断。模型可行性判断的目的是为了分析模型的可靠性，其诊断方法是对模型进行后验性检验，即先计算观察数据离差 S_1 及残差离差 S_2，再计算后验比 C 及小误差概率 P。

$$S_1^2 = \sum_{t=1}^{m} [x^{(0)}(t) - \bar{x}^{(0)}(t)]^2, \text{其中} \bar{x}^{(0)}(t) = \frac{1}{N}\sum_{t=1}^{N} x^{(0)}(t)$$

$$S_2^2 = \frac{1}{m-1}\sum_{t=1}^{m-1} [e^{(0)}(t) - \bar{e}^{(0)}(t)]^2$$

$C = \dfrac{S_2}{S_1}$ 为均方差比值，对于给定的 $C_0 > 0$，当 $C < C_0$ 时，则称模型为均方差比合格模型。

$P = \{|e^{(0)}(t) - \bar{e}^{(0)}(t)| < 0.6745 S_1\}$ 称为小概率误差，对于给定的 $P_0 > 0$，当 $P > P_0$ 时，称模型为小误差概率合格模型。

7.1.2 适用范围及可靠性判断

对于构建的 GM（1，1）模型，其适用范围与灰参数 -a 有密切关系。灰色系统理论认为，只有在 $|-a|<2$ 的条件下，GM（1，1）模型才有意义，并且随着 -a 的增加，模拟误差会迅速增大。一般来讲，有如下结论作为参考（刘思峰，郭天榜等，1999）。

(1) $-a \leq 0.3$，GM（1，1）可用于中长期预测。
(2) $0.3 < -a \leq 0.5$，GM（1，1）可用于短期预测，中长期预测慎用。
(3) $0.5 < -a \leq 0.8$，GM（1，1）用于短期预测应十分谨慎。
(4) $0.8 < -a \leq 1$，应采用残差修正 GM（1，1）模型。
(5) $-a > 1$，不宜采用 GM（1，1）模型。

对于模型预测精度的判断，灰色系统理论认为均方差比值 C 越小越好，关联度和小误差概率 P 越大越好。因为均方差比值 C 小说明 S_2 小，S_1 大，即模拟误差方差小，原始数据方差大，表明模拟误差比较集中，摆动幅度小；原始数据比较分散，则摆动幅度大，所以 S_2 与 S_1 相比其值越小模拟效果越好。对于给定的 e，C_0，P_0，常用的灰色精度等级划分如表 7-1 所示。

表 7-1　　　　　　　　预测精度等级参照

精度等级	指标临界值	相对误差	均方差比率 C	小误差概率 P
一级		0.01	0.35	0.95
二级		0.05	0.50	0.80
三级		0.10	0.65	0.70
四级		0.20	0.80	0.60

由表 7-1 可知，C < 0.35，P > 0.95，则模型具有一级精度；C < 0.5，P > 0.8，模型具有二级精度；C < 0.65，P > 0.7，模型具有三级精度；C < 0.8，P > 0.6，模型具有四级精度。

7.2 预测结果及分析

7.2.1 各省能源消费的灰色预测模拟

根据灰色预测模型的建模原理与步骤，以全国 28 个省份 1990~2010 年能源消费总量作为原始数据序列，模拟各省份能源消费灰色预测模型见表 7-2。

表 7-2　　各省份能源消费 GM (1, 1) 模型模拟结果

省区	GM (1, 1) 模型	灰参数 a	灰参数 b	P	C
北京	$x^{(1)}(t+1) = 57176.9e^{0.047666t} - 54467.200185$	-0.047666	2596.224	1.0000	0.1328
天津	$x^{(1)}(t+1) = 21997.8e^{0.069761t} - 19959.934240$	-0.069761	1392.416	1.0000	0.2483
河北	$x^{(1)}(t+1) = 64370.3e^{0.084194t} - 58246.148798$	-0.084194	4903.964	1.0000	0.1421
辽宁	$x^{(1)}(t+1) = 104754.2e^{0.058414t} - 97583.364539$	-0.058414	5700.278	1.0000	0.2727
上海	$x^{(1)}(t+1) = 46879.9e^{0.066112t} - 43688.928344$	-0.066112	2888.349	1.0000	0.1156
江苏	$x^{(1)}(t+1) = 43948.9e^{0.092009t} - 38439.882226$	-0.092009	3536.811	1.0000	0.2172
浙江	$x^{(1)}(t+1) = 34282.2e^{0.089824t} - 31549.375855$	-0.089824	2833.888	1.0000	0.1169
福建	$x^{(1)}(t+1) = 10044.9e^{0.110054t} - 8586.562540$	-0.110054	944.984	1.0000	0.1422
山东	$x^{(1)}(t+1) = 56839.9e^{0.097016t} - 49272.458868$	-0.097016	4780.208	1.0000	0.1963
广东	$x^{(1)}(t+1) = 38396.0e^{0.099242t} - 34459.576428$	-0.099242	3419.848	1.0000	0.1125
山西	$x^{(1)}(t+1) = 53175.8e^{0.070851t} - 48465.303369$	-0.070851	3433.819	1.0000	0.2702
安徽	$x^{(1)}(t+1) = 46623.7e^{0.060521t} - 43854.962910$	-0.060521	2654.133	1.0000	0.1518
江西	$x^{(1)}(t+1) = 19031.3e^{0.076199t} - 17333.252661$	-0.076199	1320.769	1.0000	0.1869
河南	$x^{(1)}(t+1) = 43889.4e^{0.087428t} - 38683.372058$	-0.087428	3381.993	1.0000	0.1744
湖北	$x^{(1)}(t+1) = 47359.2e^{0.072493t} - 43356.782363$	-0.072493	3143.080	1.0000	0.1959
湖南	$x^{(1)}(t+1) = 31191.1e^{0.120135t} - 27370.069046$	-0.120135	3288.094	1.0000	0.1849
吉林	$x^{(1)}(t+1) = 48070.3e^{0.055615t} - 44546.854077$	-0.055615	2477.495	1.0000	0.3921
黑龙江	$x^{(1)}(t+1) = 138779.4e^{0.034645t} - 133239.658599$	-0.034645	4616.142	1.0000	0.5144
内蒙古	$x^{(1)}(t+1) = 11263.4e^{0.127940t} - 8839.876995$	-0.127940	1130.969	1.0000	0.2272
广西	$x^{(1)}(t+1) = 12134.3e^{0.095827t} - 10826.099155$	-0.095827	1037.431	1.0000	0.1715
四川	$x^{(1)}(t+1) = 52393.6e^{0.084576t} - 46458.457787$	-0.084576	3929.274	1.0000	0.2043

续表

省区	GM(1,1)模型	灰参数 a	灰参数 b	P	C
贵州	$x^{(1)}(t+1)=33775.5e^{0.068214t}-31646.175912$	-0.068214	2158.721	1.0000	0.1609
云南	$x^{(1)}(t+1)=20122.4e^{0.084136t}-18168.236182$	-0.084136	1528.605	1.0000	0.1192
陕西	$x^{(1)}(t+1)=17253.1e^{0.086158t}-15014.087507$	-0.086158	1293.585	1.0000	0.2619
甘肃	$x^{(1)}(t+1)=34112.9e^{0.056048t}-31938.297797$	-0.056048	1790.078	1.0000	0.2308
青海	$x^{(1)}(t+1)=3733.9e^{0.099039t}-3229.568389$	-0.099039	319.855	1.0000	0.1490
宁夏	$x^{(1)}(t+1)=3075.8e^{0.117974t}-2368.527428$	-0.117974	279.424	1.0000	0.2535
新疆	$x^{(1)}(t+1)=22463.5e^{0.077468t}-20539.050835$	-0.077468	1591.119	1.0000	0.1724

注：重庆、海南、西藏数据不全，不在分析范围内，以下同。

从表7-2各省份能源消费灰色预测模型模拟结果可知，28个省份GM(1,1)模型中灰参数-a均小于0.3，根据模型适用范围判断准则，各省灰色GM(1,1)模型可用于中长期预测。

从小误差概率P和均方差C的大小判断，28个省份中，吉林（P=1，C=0.3921）预测模拟模型具有二级精度，黑龙江（P=1，C=0.5144）预测模拟模型具有三级精度，其余各省预测模拟模型均具有一级精度，可以很好地模拟能源需求的变化过程，并达到精确的预测结果。

此外，从表7-2可以看出，各省能源消费随时间推移呈幂指数形式递增，说明随着各地区经济发展、以工业化带动城镇化步伐加快、居民消费结构升级等，在节能技术不够成熟，产业结构调整缓慢的背景下，各地区能源需求总量也会呈快速上升趋势。

7.2.2 各省能源消费总量预测

表7-3为根据表7-2中28个省份GM(1,1)模型预测的2011~2015年能源消费总量。预测结果显示，28个省份中能源消费绝对量随时间推移呈逐步增长态势，到2015年，能源需求总量最大的5个省份依次为四川（35201.66万吨标准煤）、山东（59420.43万吨标准煤）、广东（43363.09万吨标准煤）、河北（42651.49万吨标准煤）、江苏（38541.19万吨标准煤），这几个省份不但能源消费绝对量大，而且也是能源消费总量增长最快的省份，年均增长率几乎都在9%以上。能源需求总量最小的5个省份依次为青海

(4187.52万吨标准煤)、宁夏(6535.25万吨标准煤)、甘肃(7549.16万吨标准煤)、天津(8479.02万吨标准煤)、北京(8762.815万吨标准煤)。除黑龙江(3.5%)、北京(4.88%)年均能源消费增长率在5%以下外,其余大部分省份年均能源消费增长率几乎都在5%以上,其中,内蒙古达到13.6%、宁夏达到12.5%、湖南达到12.7%、福建达到11.6%。说明"十二五"期间节能形势依然严峻,能否在经济保持平稳增长的基础上,提高能源效率,降低能源消耗总量,是各地区面临的严峻挑战。

表7-3　　　　　2011~2015年各省份能源消费预测　　　　单位:万吨标准煤

省区\年份	2011	2012	2013	2014	2015
北京	7241.68	7595.22	7966.02	8354.92	8762.82
天津	6414.45	6877.90	7374.84	7907.68	8479.02
河北	30456.13	33131.38	36041.63	39207.52	42651.49
辽宁	20268.39	21487.62	22780.19	24150.52	25603.28
上海	12020.98	12842.56	13720.30	14658.03	15659.85
江苏	26674.07	29244.77	32063.22	35153.30	38541.19
浙江	19422.85	21248.24	23245.18	25429.80	27819.74
福建	10558.00	11786.30	13157.49	14688.21	16397.01
山东	40309.00	44415.60	48940.56	53926.52	59420.43
广东	29155.38	32197.27	35556.54	39266.29	43363.09
山西	16104.27	17286.67	18555.88	19918.28	21380.71
安徽	9758.78	10367.63	11014.46	11701.65	12431.71
江西	6917.01	7464.68	8055.71	8693.53	9381.86
河南	23041.83	25147.01	27444.19	29951.94	32688.45
湖北	15177.81	16318.96	17545.91	18865.12	20283.51
湖南	16831.87	18980.43	21403.26	24135.36	27216.21
吉林	8361.32	8839.52	9345.06	9879.51	10444.53
黑龙江	9782.31	10127.16	10484.17	10853.77	11236.39

续表

年份 省区	2011	2012	2013	2014	2015
内蒙古	19861.85	22572.67	25653.49	29154.79	33133.96
广西	7537.06	8295.05	9129.27	10047.39	11057.84
四川	25098.02	27313.06	29723.59	32346.87	35201.66
贵州	9329.86	9988.50	10693.63	11448.54	12256.75
云南	9502.93	10337.07	11244.43	12231.43	13305.07
陕西	8696.92	9479.46	10332.41	11262.10	12275.45
甘肃	6033.00	6380.79	6748.63	7137.68	7549.16
青海	2817.78	3111.14	3435.04	3792.67	4187.52
宁夏	4076.82	4587.29	5161.69	5808.00	6535.25
新疆	8519.37	9205.59	9947.08	10748.29	11614.04

把28个省份按东、中、西三大地区归类（见表7-4），可以看出，在预测年份，三大地区能源消费呈平稳上升趋势（见图7-1）。东部地区能源消费总量最大，依次为中部和西部，中、西部地区能源消费量接近且几乎呈同步变动趋势。到2015年年末，东、中、西三大地区能源消费总量分别为286697.9万吨标准煤、145063.4万吨标准煤、147116.7万吨标准煤，分别占全国能源消费总量的49.5%、25.1%和25.4%。

表7-4　　　　　2011~2015年三大地区能源消费预测　　　　单位：万吨标准煤

年份	地区 东部	中部	西部	全国
2011	202520.9	105975.2	101473.6	409969.7
2012	220826.9	114532.1	111270.6	446629.5
2013	240846.0	123849.0	122069.3	486764.2
2014	262742.8	133999.2	133977.8	530719.7
2015	286697.9	145063.4	147116.7	578878.0

(万元/吨标准煤)

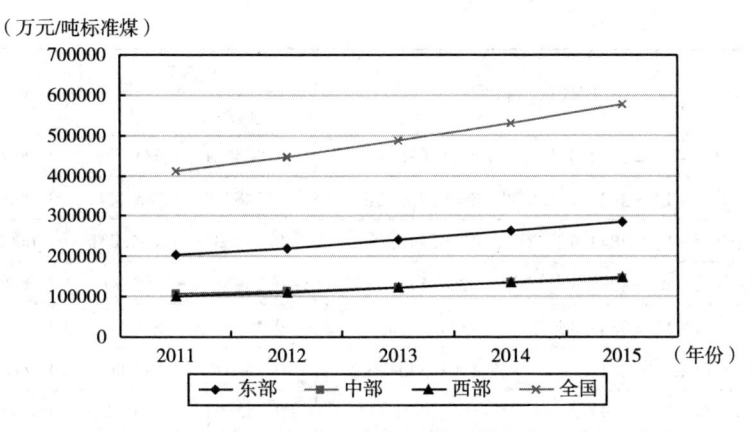

图 7-1　2011~2015 年三大地区能源消费预测趋势图

7.2.3　各省经济增长灰色预测模型

以各省份生产总值（GDP）表示经济总量增长，以 1990~2010 年各省 GDP 数据作为原始序列，28 个省份经济增长灰色预测 GM（1，1）模型模拟结果见表 7-5。

表 7-5　各省份经济增长 GM（1，1）模型模拟结果

省区	GM（1，1）模型	灰参数 a	灰参数 b	P	C
北京	$x^{(1)}(t+1)=2924.0e^{0.170520t}-2423.172640$	-0.170520	413.199	1.0000	0.1346
天津	$x^{(1)}(t+1)=1571.8e^{0.170093t}-1260.882414$	-0.170093	214.467	1.0000	0.1923
河北	$x^{(1)}(t+1)=9789.9e^{0.138592t}-8893.596161$	-0.138592	1232.579	1.0000	0.0663
辽宁	$x^{(1)}(t+1)=7981.2e^{0.136230t}-6918.509258$	-0.136230	942.511	1.0000	0.1500
上海	$x^{(1)}(t+1)=9362.9e^{0.136375t}-8606.507682$	-0.136375	1173.709	1.0000	0.0837
江苏	$x^{(1)}(t+1)=12200.8e^{0.153968t}-10784.313445$	-0.153968	1660.444	1.0000	0.0979
浙江	$x^{(1)}(t+1)=10612.8e^{0.148394t}-9714.862252$	-0.148394	1441.625	1.0000	0.0713
福建	$x^{(1)}(t+1)=7556.0e^{0.134525t}-7033.708251$	-0.134525	946.211	1.0000	0.0987
山东	$x^{(1)}(t+1)=13434.2e^{0.150690t}-11923.029196$	-0.150690	1796.680	1.0000	0.0782
广东	$x^{(1)}(t+1)=13952.9e^{0.156416t}-12393.858618$	-0.156416	1938.603	1.0000	0.1024
山西	$x^{(1)}(t+1)=1990.6e^{0.161706t}-1561.346172$	-0.161706	252.478	1.0000	0.2130

续表

省区	GM(1,1)模型	灰参数 a	灰参数 b	P	C
安徽	$x^{(1)}(t+1) = 5743.0e^{0.134461t} - 5085.036186$	-0.134461	683.739	1.0000	0.1487
江西	$x^{(1)}(t+1) = 3029.1e^{0.148264t} - 2600.469921$	-0.148264	385.556	1.0000	0.1397
河南	$x^{(1)}(t+1) = 7844.9e^{0.149637t} - 6910.243819$	-0.149637	1034.031	1.0000	0.0972
湖北	$x^{(1)}(t+1) = 8085.9e^{0.131515t} - 7261.574363$	-0.131515	955.007	1.0000	0.1524
湖南	$x^{(1)}(t+1) = 5068.8e^{0.146577t} - 4324.433656$	-0.146577	633.862	1.0000	0.1792
吉林	$x^{(1)}(t+1) = 2327.1e^{0.152412t} - 1901.845896$	-0.152412	289.864	1.0000	0.1919
黑龙江	$x^{(1)}(t+1) = 9793.2e^{0.113591t} - 9078.006151$	-0.113591	1031.183	1.0000	0.0895
内蒙古	$x^{(1)}(t+1) = 5134.6e^{0.208454t} - 5472.272044$	-0.208454	1140.718	0.7300	0.6696
广西	$x^{(1)}(t+1) = 3098.7e^{0.144153t} - 2649.585534$	-0.144153	381.946	1.0000	0.2136
四川	$x^{(1)}(t+1) = 9284.4e^{0.140259t} - 8095.014521$	-0.140259	1135.400	1.0000	0.1873
贵州	$x^{(1)}(t+1) = 1314.4e^{0.150308t} - 1054.259370$	-0.150308	158.463	1.0000	0.1982
云南	$x^{(1)}(t+1) = 4219.9e^{0.128382t} - 3768.289195$	-0.128382	483.779	1.0000	0.1217
陕西	$x^{(1)}(t+1) = 1082.2e^{0.176454t} - 677.893573$	-0.176454	119.617	0.8500	0.3996
甘肃	$x^{(1)}(t+1) = 1731.0e^{0.140088t} - 1488.235449$	-0.140088	208.484	1.0000	0.1134
青海	$x^{(1)}(t+1) = 308.7e^{0.156966t} - 238.800192$	-0.156966	37.484	1.0000	0.2169
宁夏	$x^{(1)}(t+1) = 123.9e^{0.181293t} - 59.034858$	-0.181293	10.703	0.8500	0.5314
新疆	$x^{(1)}(t+1) = 2646.9e^{0.135430t} - 2372.934861$	-0.135430	321.366	1.0000	0.0948

从表7-5可知,28个省份GDP灰色预测模型的灰参数-a均小于0.3,根据模型适用范围判断准则,GDP灰色GM(1,1)模型适用于中长期预测。其预测模型显示,各省经济总量随时间推移呈幂指数形式递增,经济增长形势良好。

小概率P和均方差比C的计算结果显示,28个省份中,陕西(P=0.8500,C=0.3996)预测模拟模型具有二级精度,宁夏(P=0.8500,C=0.5341)预测模拟模型具有三级精度,内蒙古(P=0.7300,C=0.6696)预测模拟模型具有四级精度,其余省区市拟合模型均具有一级精度,可以很好地模拟各省经济增长的现实,并达到精确的预测结果。

7.2.4 各省经济增长总量预测

表7-6为各省份2011~2015年生产总值(GDP)预测结果,内蒙古

(180943.07亿元)、广东(100853.87亿元)、江苏(81753.65亿元)、山东(81297.96亿元)、浙江(59784.37亿元)为经济增长最快的5个省份,除内蒙古属于西部地区外,其余省份均分布在东部地区,这几个省份不但经济增长绝对量大,经济增长率也相对较高。经济增长最低的省份依次分别为宁夏(1909.65亿元)、青海(2269.56亿元)、甘肃(7509.75亿元)、贵州(7860.03亿元)、新疆(9903.52亿元)(见表7-6)。结合表7-3能源消费预测结果,可以看出经济增长最快的省份同时也是能源消费总量最大且增长最快的省份,表明未来经济增长对能源消费的强劲需求。

表7-6　　　　　2011~2015年各省份GDP预测结果　　　　　单位:亿元

省份\年份	2011	2012	2013	2014	2015
北京	16459.72	19519.93	23149.10	27453.01	32557.11
天津	8748.93	10371.11	12294.06	14573.55	17275.70
河北	23267.53	26726.37	30699.38	35263.00	40505.02
辽宁	17764.06	20356.65	23327.62	26732.18	30633.64
上海	20923.36	23980.50	27484.32	31500.08	36102.60
江苏	44160.76	51511.50	60085.80	70087.33	81753.65
浙江	33021.84	38304.33	44431.86	51539.60	59784.37
福建	16036.38	18345.51	20987.15	24009.16	27466.32
山东	44494.32	51730.70	60143.97	69925.55	81297.96
广东	53947.26	63081.24	73761.71	86250.53	100853.87
山西	8868.78	10425.38	12255.19	14406.15	16934.63
安徽	12166.81	13917.85	15920.91	18212.25	20833.36
江西	9391.73	10892.71	12633.57	14652.66	16994.44
河南	25249.89	29325.55	34059.08	39556.65	45941.61
湖北	15772.65	17989.58	20518.11	23402.04	26691.32
湖南	15008.63	17377.95	20121.30	23297.73	26975.60
吉林	8075.91	9405.52	10954.04	12757.52	14857.91

续表

年份 省份	2011	2012	2013	2014	2015
黑龙江	11423.81	12798.03	14337.56	16062.28	17994.48
内蒙古	78776.41	96960.68	119360.58	146953.42	180943.07
广西	8585.72	9917.03	11454.77	13230.96	15282.56
四川	23108.52	26588.01	30591.42	35197.63	40497.41
贵州	4308.37	5007.15	5819.27	6763.11	7860.03
云南	7535.21	8567.44	9741.06	11075.46	12592.65
陕西	7120.01	8494.03	10133.21	12088.72	14421.60
甘肃	4288.13	4932.96	5674.75	6528.09	7509.75
青海	1211.33	1417.21	1658.07	1939.87	2269.56
宁夏	924.73	1108.54	1328.88	1593.01	1909.65
新疆	5761.35	6596.91	7553.65	8649.14	9903.52

把各省份按东部、中部、西部三大地区归类（见表7-7），可以看出，在预测年份，三大地区经济总量呈平稳增长态势（见图7-2），东部显著高于中部和西部地区，中部地区最低。到2015年年末，三大地区经济总量分别为508230.2亿元、187223.4亿元、293189.8亿元，占全国的比重分别为51.4%、18.9%、29.7%。

表7-7　　　　　　　2011~2015年三大地区GDP预测结果　　　　　单位：亿元

年份	地区	东部	中部	西部	全国
2011		278824.2	105958.2	141619.8	526402.2
2012		323927.8	122132.6	169590.0	615650.4
2013		376365.0	140799.8	203315.7	720480.4
2014		437334.0	162347.3	244019.4	843700.7
2015		508230.2	187223.4	293189.8	988643.4

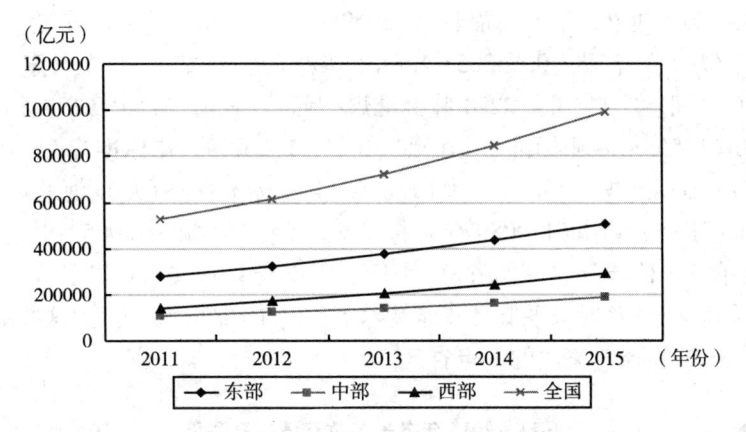

图 7-2　2011~2015 年三大地区 GDP 预测趋势图

结合表 7-3 能源消费预测结果可知,东部地区不仅是我国能源消费总量最大的地区,同时也是 GDP 增长总量最大及增长速度最快的地区,对全国能源消费和 GDP 的贡献显著大于中部和西部地区。但对比能源消费总量和 GDP 总量的预测结果可以看出,东部地区除辽宁外,其余地区能源消费增长总量均低于 GDP 增长总量;中部地区除山西外,其余地区能源消费增长总量均低于 GDP 增长总量;西部地区除贵州、云南、青海、宁夏、新疆外,其他地区能源消费增长总量均低于 GDP 增长总量。这一结果为进行各地区节能潜力测算奠定了基础。

7.3　各省单位产值能耗预测

表 7-8 为预测年份即 2011~2015 年全国 28 个省份单位产值能耗测算结果。可以看出,到 2015 年年末各省单位产值能耗都表现为平稳下降的趋势。内蒙古(0.183118 吨标准煤/万元)、北京(0.269152 吨标准煤/万元)、广东(0.42996 吨标准煤/万元)、上海(0.43376 吨标准煤/万元)、浙江(0.465335 吨标准煤/万元)、江苏(0.471431 吨标准煤/万元)、天津(0.490806 吨标准煤/万元)为单位产值能耗最低的省份,其万元 GDP 能耗均在 0.5 以下,除内蒙古外,其余四个省份均分布在经济发达且节能技术较为成熟的东部地区。四川(0.869232 吨标准煤/万元)、陕西(0.851185 吨标准煤/万元)、辽宁(0.83579 吨标准煤/万元)、湖北(0.759929 吨标准煤/万元)、山东(0.730897 吨标准煤/万元)、广西(0.723559 吨标准煤/万元)、河南(0.711522 吨标准煤/万元)、吉林(0.702961 吨标准煤/万元)、黑龙江

(0.624435 吨标准煤/万元)、福建(0.596986 吨标准煤/万元)、安徽(0.596721 吨标准煤/万元)、江西(0.552055 吨标准煤/万元)等省份单位产值能耗介于 0.5~1.0 之间。宁夏(3.422224 吨标准煤/万元)、青海(1.845080 吨标准煤/万元)、贵州(1.559377 吨标准煤/万元)、山西(1.262544 吨标准煤/万元)、新疆(1.172718 吨标准煤/万元)、云南(1.056574 吨标准煤/万元)、河北(1.052993 吨标准煤/万元)、湖南(1.008920 吨标准煤/万元)、甘肃(1.005248 吨标准煤/万元)为单位产值能耗最高的省份,其万元 GDP 能耗均在 1.0 以上,这些地区除河北外,均以经济发展水平低且节能技术落后的中西部地区为主,这些地区同时也是进一步节能降耗关注的重点省区。

表 7-8　　　　2011~2015 年各省单位产值能耗测算　　　单位:吨标准煤/万元

省区	2011	2012	2013	2014	2015
北京	0.439964	0.389101	0.344118	0.304335	0.269152
天津	0.733170	0.663179	0.599870	0.542605	0.490806
河北	1.308954	1.239651	1.174018	1.111860	1.052993
辽宁	1.140977	1.055558	0.976533	0.903425	0.835790
上海	0.574524	0.535542	0.499205	0.465333	0.433760
江苏	0.604022	0.567733	0.533624	0.501564	0.471431
浙江	0.588182	0.554722	0.523165	0.493403	0.465335
福建	0.658378	0.642462	0.626931	0.611775	0.596986
山东	0.905936	0.858593	0.813723	0.771199	0.730897
广东	0.540442	0.510410	0.482046	0.455259	0.429960
山西	1.815838	1.658133	1.514124	1.382623	1.262544
安徽	0.802082	0.744916	0.691824	0.642515	0.596721
江西	0.736500	0.685291	0.637643	0.593307	0.552055
河南	0.912552	0.857512	0.805792	0.757191	0.711522
湖北	0.962287	0.907134	0.855143	0.806131	0.759929
湖南	1.121479	1.092213	1.063712	1.035953	1.008920
吉林	1.035341	0.939823	0.853115	0.774407	0.702961

续表

省区	2011	2012	2013	2014	2015
黑龙江	0.856309	0.791306	0.731238	0.675730	0.624435
内蒙古	0.252129	0.232802	0.214924	0.198395	0.183118
广西	0.877860	0.836445	0.796984	0.759385	0.723559
四川	1.086094	1.027270	0.971632	0.919007	0.869232
贵州	2.165520	1.994847	1.837624	1.692792	1.559377
云南	1.261137	1.206553	1.154333	1.104372	1.056574
陕西	1.221476	1.116014	1.019658	0.931621	0.851185
甘肃	1.406907	1.293501	1.189238	1.093380	1.005248
青海	2.326187	2.195257	2.071710	1.955116	1.845080
宁夏	4.408660	4.138137	3.884241	3.645928	3.422224
新疆	1.478711	1.395440	1.316857	1.242700	1.172718

从各省所归属的地区看，单位产值能耗较低的省份都分布在东部地区，中部和西部各省区单位产值能耗较高，西部各省区最高。从东、中、西三大地区单位产值能耗的测算结果看（见表7-9），三大地区单位产值能耗随时间推移均呈现明显的下降趋势（见图7-3），但地区之间差异缩小的趋势并不明显。东、西部地区单位产值能耗低于全国平均水平，中部则明显高于全国和东、西部地区。

表7-9　　　　2011~2015年三大地区单位产值能耗　　单位：吨标准煤/万元

年份\地区	东部	中部	西部	全国
2011	0.726339	1.000160	0.716521	0.778815
2012	0.681716	0.937768	0.656115	0.725460
2013	0.639927	0.879611	0.600393	0.675611
2014	0.600783	0.825386	0.549046	0.629038
2015	0.564110	0.774814	0.501780	0.585528

(吨标准煤/万元)

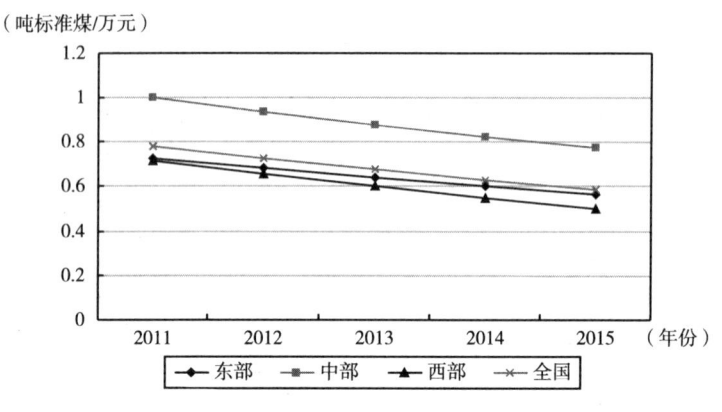

图7-3 三大地区单位产值能耗趋势图

7.4 "十二五"期间各省节能潜力测算

中国地域辽阔,各地区资源禀赋、经济条件及发展水平差异较大,其能源消费及利用效率也各异,在制定节能降耗目标时,如果把各地区看作同质总体而将节能指标按相同比例分摊,势必会影响节能目标的实现,我国"十二五"规划前两年节能目标的完成情况就是很好的证明(2011年和2012年全国单位GDP能耗累计降低5.5%,落后"十二五"进度要求7.3个百分点)。本节以各省份能源消费预测结果作为节能潜力测算基础,其结果能较好地模拟各省实际,具有一定的现实意义。

7.4.1 各省单位产值能耗节能潜力测算

节能潜力指某地区相对于基年单位产值能耗的净减少量,如"十一五"规划节能目标是在2005年的基础上,到"十一五"末期,单位产值能耗降低20%。净减少量越多,则节能潜力越大,可节约的能源总量也越多。如果能够充分挖掘地区节能潜力,那么该地区将会对本地区乃至全国节能目标的完成起到积极作用。

本节以2010年为基年,首先,根据各省2015年经济增长(GDP)和能源消耗的灰色预测结果,计算出"十二五"末期,即2015年各省单位产值能耗,以此为依据分别测算各省单位产值能耗净减少量和下降率,测算结果见表7-10。

表 7-10　　　　2010 年和 2015 年各省单位产值能耗下降情况对比

省　区	2010 年单位产值能耗（吨标准煤/万元）	2015 年单位产值能耗（吨标准煤/万元）	单位产值能耗净减少量（吨标准煤/万元）	单位产值能耗净减少率(%)
北京	0.492717	0.269152	0.223565	45.3739
天津	0.739122	0.490806	0.248316	33.5961
河北	1.349939	1.052993	0.296946	21.9970
辽宁	1.134892	0.835790	0.299102	26.3551
上海	0.652512	0.433760	0.218752	33.5246
江苏	0.622177	0.471431	0.150746	24.2288
浙江	0.608355	0.465335	0.143020	23.5093
福建	0.665598	0.596986	0.068612	10.3083
山东	0.888641	0.730897	0.157744	17.7512
广东	0.584790	0.429960	0.154830	26.4762
山西	1.826786	1.262544	0.564242	30.8871
安徽	0.785399	0.596721	0.188678	24.0232
江西	0.672397	0.552055	0.120342	17.8975
河南	0.928359	0.711522	0.216837	23.3570
湖北	0.948044	0.759929	0.188115	19.8424
湖南	0.927799	1.008920	（净增加量0.081121）	（净增加率8.7434）
吉林	0.957245	0.702961	0.254284	26.5642
黑龙江	1.083464	0.624435	0.459029	42.3668
内蒙古	1.441056	0.183118	1.257938	87.2928
广西	0.827495	0.723559	0.103936	12.5603
四川	1.025365	0.869232	0.156133	15.2271
贵州	1.776340	1.559377	0.216963	12.2140
云南	1.200690	1.056574	0.144116	12.0028
陕西	0.877366	0.851185	0.026181	2.9841
甘肃	1.437360	1.005248	0.432112	30.0629
青海	1.901617	1.845080	0.056537	2.9731
宁夏	2.178558	3.422224	（净增加量1.243666）	（净增加率57.0867）
新疆	1.524606	1.172718	0.351888	23.0806

由表 7-10 可以看出,基年单位产值能耗较高的省区,如宁夏(2.178558 吨标准煤/万元)、青海(1.901617 吨标准煤/万元)、山西(1.826786 吨标准煤/万元)、贵州(1.776340 吨标准煤/万元)、新疆(1.524606 吨标准煤/万元)、甘肃(1.437360 吨标准煤/万元)、内蒙古(1.441056 吨标准煤/万元)、河北(1.349939 吨标准煤/万元)、云南(1.200690 吨标准煤/万元)、辽宁(1.134892 吨标准煤/万元)等其他能耗较高的省份,也是未来一段时期节能潜力最大的省份,到 2015 年年末,这几个省区仍然是单位产值能耗最高、节能潜力最大的省份。其中,湖南、宁夏单位产值能耗持续增长,净增加量分别为 0.081121 吨标准煤/万元、1.243666 吨标准煤/万元。

从单位产值能耗净减少率看,内蒙古(87.2928%)、北京(45.3739%)、黑龙江(42.3668%)、天津(33.5961%)、上海(33.5246%)为单位产值能耗净下降率最多的五个省份。北京、天津、上海等经济比较发达的沿海发达省市,万元产值能耗基数较低,单位节能潜力小,但却表现出了较高的能源强度下降率。中部地区的黑龙江和西部地区的内蒙古,单位产值能耗也表现出了较高的下降率。

把 28 个省份按照单位产值能耗净下降率归类,"十二五"末期单位产值能耗净下降率在 30% 以上的有内蒙古、北京、黑龙江、天津、上海、山西、甘肃 7 个省份;单位产值能耗净下降率在 20%~30% 之间的有吉林、广东、辽宁、江苏、安徽、浙江、河南、新疆、河北 9 个省份;单位产值能耗净下降率在 10%~20% 之间的有湖北、江西、山东、四川、广西、贵州、云南、福建 8 个省份;陕西、青海 2 个省份单位产值能耗净下降率最少,分别为 2.9841%、2.9731%;湖南、宁夏表现为净增加率。

综合以上结果可知,到"十二五"末期,除少数西部落后省份外,我国大部分省份单位产值能耗都能够表现为良好的下降趋势。但是,如果按照"十二五"规划节能目标衡量,宁夏、湖南、青海、陕西、云南、贵州、四川、广西等中部和西部地区的落后省份完成难度较大,是需要进一步关注与扶持的省份。这一计算结果可以为各省份根据本省实际制定切实可行的节能目标提供依据,也为国家宏观调控目标的制定提供参考。

7.4.2 "十二五"各省节能总量测算

节能总量是指某一地区期末(2015)可节约的能源总量,具体表现为 GDP 总量与单位产值能耗净减少量的乘积。节能贡献率指某一地区节能总量占全国节能总量的比重。各省节能总量不仅与单位产值能耗净减少量有关,也与经济发展及经济规模大小等因素有关,经济规模不同,其节能贡献也不同。考虑"十二五"末期,各省 GDP 测算结果及单位产值能耗净减少量,具体测算时按以下公式计算：

$$\text{"十二五"各省节能总量} = 2015\text{年 GDP 总量} \times \text{"十二五"各省单位产值能耗净减少量}$$

$$\text{全国节能总量} = \sum \text{各省节能总量之和}$$

$$\text{各省节能贡献率} = \text{各省节能量}/\text{全国总节能量}$$

全国 28 个省份 2015 年 GDP 总量根据灰色预测模型测算,具体测算结果见表 7 - 11。

表 7 - 11　　　　　　　　2015 年各省份节能测算

省 区	2015 年 GDP（亿元）	2015 年总能耗（万吨标准煤）	2015 年可节约的能源量（万吨标准煤）	节能贡献率（%）
北京	32557.11	8762.82	7278.63	1.9120
天津	17275.70	8479.02	4289.83	1.1269
河北	40505.02	42651.49	12027.80	3.1595
辽宁	30633.64	25603.28	9162.58	2.4068
上海	36102.60	15659.85	7897.52	2.0745
江苏	81753.65	38541.19	12324.04	3.2373
浙江	59784.37	27819.74	8550.36	2.2460
福建	27466.32	16397.01	1884.52	0.4950
山东	81297.96	59420.43	12824.27	3.3687
广东	100853.87	43363.09	15615.20	4.1018
东部地区	508230.20	286697.90	91854.75	24.1285
山西	16934.63	21380.71	9555.23	2.5100
安徽	20833.36	12431.71	3930.80	1.0325
江西	16994.44	9381.86	2045.15	0.5372
河南	45941.61	32688.45	9961.84	2.6168
湖北	26691.32	20283.51	5021.04	1.3189
湖南	26975.60	27216.21	（增加能源量 2188.29）	—

续表

省 区	2015年GDP（亿元）	2015年总能耗（万吨标准煤）	2015年可节约的能源量（万吨标准煤）	节能贡献率（%）
吉林	14857.91	10444.53	3778.13	0.9924
黑龙江	17994.48	11236.39	8259.99	2.1697
中部地区	187223.40	1145063.40	42552.17	11.1777
内蒙古	180943.07	33133.96	227615.20	59.7902
广西	15282.56	11057.84	1588.408	0.4172
四川	40497.41	35201.66	6322.982	1.6609
贵州	7860.03	12256.75	1705.336	0.4480
云南	12592.65	13305.07	1814.802	0.4767
陕西	14421.60	12275.45	377.5719	0.0992
甘肃	7509.75	7549.16	3245.053	0.8524
青海	2269.56	4187.52	128.3141	0.0337
宁夏	1909.65	6535.25	（增加能源量2374.97）	—
新疆	9903.52	11614.04	3484.93	0.9154
西部地区	293189.80	147116.70	246282.60	64.6938
全国	988643.40	578878.00	380689.50	100.00

从表7-11可以看出，东部地区的广东、山东、江苏、辽宁、浙江、上海、北京等经济大省，尽管单位产值节能量不大，但节能总量较大，对全国总节能量的贡献也大；内蒙古、河北、河南、山西、黑龙江等能耗大省，尽管经济总量小，但单位产值节能量大，总节能量及对全国的节能贡献也较大；青海、陕西、广西、贵州、云南、江西、甘肃、新疆、吉林等省区，经济总量不大，单位产值节能量小，因而总节能量及对全国的节能贡献也较小，节能贡献率均没有超过1%。福建虽然经济总量大，但单位产值节能量小，节能潜力不大，因而节能总量小，对全国总节能量的贡献也较小。可以看出，节能总量及节能贡献的大小是多种因素综合作用的结果，既与各省经济总量、能耗总量有关，也与单位产值能耗大小有关。

第7章 "十二五"各省节能减排潜力测算　149

图7-4给出了按东、中、西三大地区划分的节能贡献率。可以看出，到2015年年末，三大地区节能贡献率呈现明显的"西—东—中"发展格局，西部地区节能贡献率最大，为64.69%；依次为东、中部地区，节能贡献率分别为24.13%和11.18%，西部明显超过东中部地区节能贡献率总和。由此可以看出，资源富裕、经济落后的西部省份仍然是未来一段时期内节能降耗的重点监控区域，需要进一步挖掘潜力，提高能源利用水平，降低单位产值能耗。

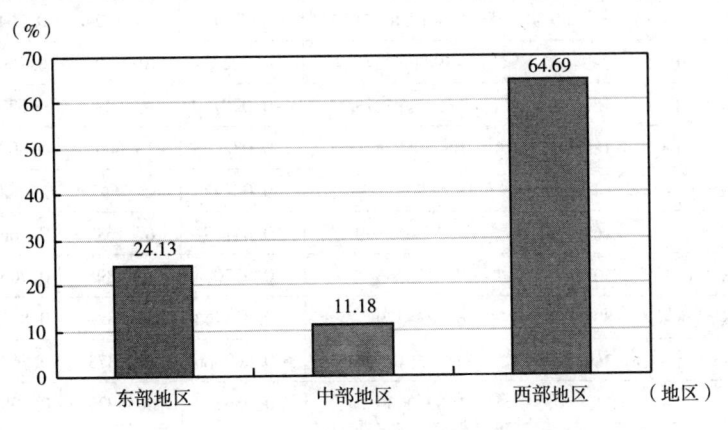

图7-4　2015年三大地区节能贡献率对比

7.5 "十二五"期间各省减排潜力测算

本节测算各省减排潜力，减排指标以"单位产值污染物排放"表示。由于二氧化硫不仅是"十一五"、"十二五"期间污染物减排的主要监测对象，也是空气污染的主要来源，故本书主要测算各省二氧化硫减排潜力。

7.5.1 各省二氧化硫排放的灰色预测模型

根据灰色预测模型的建模原理与步骤，以全国28个省区1995~2010年二氧化硫排放量作为原始数据序列，模拟各省区二氧化硫排放的灰色预测模型见表7-12。

表 7-12 各省二氧化硫 GM (1, 1) 模型模拟结果

省份	GM (1, 1) 模型	灰参数 a	灰参数 b	P	C
北京	$x^{(1)}(t+1) = -248.6e^{-0.092840t} + 270.048021$	0.092840	25.0714	1.0000	0.1753
天津	$x^{(1)}(t+1) = 60.9e^{0.048229t} - 56.624161$	-0.048229	2.7309	0.8277	0.4667
河北	$x^{(1)}(t+1) = 20088.1e^{0.005449t} - 19993.722436$	-0.005449	108.9542	0.9090	0.4000
辽宁	$x^{(1)}(t+1) = 2732.1e^{0.024488t} - 2650.536684$	-0.024488	64.9060	0.8731	0.4000
上海	$x^{(1)}(t+1) = -1599.9e^{-0.025135t} - 1638.079255$	-0.025135	41.1724	0.7648	0.5333
江苏	$x^{(1)}(t+1) = 39940.7e^{0.002721t} - 39836.204224$	-0.002721	108.3787	0.7000	0.5115
浙江	$x^{(1)}(t+1) = 1662.7e^{0.030739t} - 1621.385818$	-0.030739	49.8392	0.5333	0.6733
福建	$x^{(1)}(t+1) = 180.9e^{0.082028t} - 166.605774$	-0.082028	13.6663	0.8000	0.4668
山东	$x^{(1)}(t+1) = -44737.3e^{-0.003489t} - 44895.527362$	-0.003489	156.6479	0.75000	0.4049
广东	$x^{(1)}(t+1) = 1678.6e^{0.041394t} - 1622.652690$	-0.041394	67.1682	0.7667	0.6353
山西	$x^{(1)}(t+1) = 207.4e^{0.077004t} - 175.178263$	-0.077004	13.4895	0.7667	0.6291
安徽	$x^{(1)}(t+1) = 899.9e^{0.035443t} - 864.834329$	-0.035443	30.6520	0.8333	0.4780
江西	$x^{(1)}(t+1) = 369.4e^{0.062066t} - 341.368118$	-0.062066	21.1873	0.7691	0.4333
河南	$x^{(1)}(t+1) = 1135.0e^{0.056277t} - 1082.003630$	-0.056277	60.8923	0.8000	0.5540
湖北	$x^{(1)}(t+1) = 2100.6e^{0.021238t} - 2060.455960$	-0.021238	43.7597	0.7183	0.5333
湖南	$x^{(1)}(t+1) = 2990.9e^{0.018566t} - 2933.134848$	-0.018566	54.4558	0.6000	0.7690
吉林	$x^{(1)}(t+1) = 382.1e^{0.045048t} - 361.921057$	-0.045048	16.3039	0.6667	0.5883
黑龙江	$x^{(1)}(t+1) = 292.0e^{0.064118t} - 267.538385$	-0.064118	17.1541	0.8000	0.4744
内蒙古	$x^{(1)}(t+1) = 668.0e^{0.074337t} - 614.797533$	-0.074337	45.7024	0.8000	0.5375
广西	$x^{(1)}(t+1) = 1609.5e^{0.035890t} - 1551.579429$	-0.035890	55.6866	0.6000	0.6073
四川	$x^{(1)}(t+1) = 7063.3e^{0.017983t} - 6955.172630$	-0.017983	125.0747	0.9045	0.4000
贵州	$x^{(1)}(t+1) = 5417.4e^{0.011614t} - 5360.726191$	-0.011614	62.2588	0.9758	0.4000
云南	$x^{(1)}(t+1) = 672.5e^{0.039449t} - 646.700012$	-0.039449	25.5117	0.8667	0.4281
陕西	$x^{(1)}(t+1) = 1759.2e^{0.030121t} - 1694.014600$	-0.030121	51.0262	0.6000	0.6439
甘肃	$x^{(1)}(t+1) = 1153.1e^{0.027370t} - 1118.410277$	-0.027370	30.61081	0.6000	0.7396
青海	$x^{(1)}(t+1) = 13.8e^{0.149582t} - 11.279183$	-0.149582	1.6871	0.7667	0.4061
宁夏	$x^{(1)}(t+1) = 331.5e^{0.049502t} - 314.261646$	-0.049502	15.5567	0.7333	0.5694
新疆	$x^{(1)}(t+1) = 125.4e^{0.102564t} - 103.294733$	-0.102564	10.5944	1.0000	0.2723

从表7-12各省份二氧化硫排放灰色预测模型模拟结果可知,28个省份GM(1,1)模型中灰参数-a均小于0.3,根据模型适用范围判断准则,各省份灰色GM(1,1)模型可用于中长期预测。

从小误差概率P和均方差C的大小判断,28个省份中,北京、新疆预测模拟模型具有一级精度;天津、河北、辽宁、福建、山东、安徽、湖北、江西、黑龙江、内蒙古、四川、贵州、云南、青海等省份预测模拟模型具有二级精度;上海、江苏、广东、山西、河南、吉林、广西、陕西、宁夏等省份预测模拟模型具有三级精度;浙江、湖南、甘肃预测模拟模型具有四级精度,能够较好地模拟二氧化硫排放的变化过程,达到理想的预测结果。

从表7-12也可以看出,各省二氧化硫排放随时间推移呈幂指数形式递增,说明随着各地区经济发展、工业化进程的加速以及减排技术的不成熟等,各地区污染物排放总量也会随之呈同步上升趋势。

7.5.2 各省二氧化硫排放总量预测

表7-13为根据表7-12中28个省份GM(1,1)模型预测的2011~2015年二氧化硫排放总量。预测结果显示,28个省份中二氧化硫排放绝对量随时间推移呈逐步增长态势,到2015年,二氧化硫排放量最大的省份依次为内蒙古(211.6534万吨)、河南(191.4222万吨)、四川(180.3735万吨)、山西(173.6980万吨)、广东(155.7707万吨),这几个省份二氧化硫排放总量均在150万吨以上,是污染物排放大省。山东(145.8287万吨)、河北(121.7419万吨)、广西(116.3173万吨)、江苏(114.5834万吨)、浙江(113.5230万吨)、辽宁(107.8559万吨)等省份二氧化硫排放总量介于100万~150万吨之间。陕西(95.3474万吨)、新疆(95.1486万吨)、湖南(79.7558万吨)、贵州(78.9090万吨)、江西(76.9355万吨)、福建(73.5012万吨)、湖北(67.5055万吨)、黑龙江(65.3844万吨)、安徽(63.6680万吨)、云南(57.2627万吨)、甘肃(53.8189万吨)等省份二氧化硫排放总量介于50万~100万吨之间。宁夏(43.0944万吨)、吉林(41.4347万吨)、青海(38.4471万吨)、天津(24.84388万吨)、上海(24.6335万吨)等省份二氧化硫排放总量在50万吨以下。北京最少,为3.7764万吨。说明"十二五"期间减排形势依然严峻,能否在经济保持稳定增长的基础上,提高节能减排技术,降低单位产值污染物排放,是未来一段时期内各地区节能减排的重点。

表 7-13　　　　2011~2015 年各省份二氧化硫排放量预测　　　　单位：万吨

省区＼年份	2011	2012	2013	2014	2015
北京	5.4747	4.9893	4.5469	4.14381	3.7764
天津	23.3168	23.6749	24.0482	24.4376	24.8439
河北	119.1169	119.7678	120.4223	121.0803	121.7419
辽宁	97.7922	100.2165	102.7009	105.2468	107.8559
上海	27.2389	26.5628	25.9035	25.2605	24.6335
江苏	113.3433	113.6520	113.9617	114.2721	114.5834
浙江	65.2757	75.0358	86.2191	98.9859	113.5230
福建	52.9416	57.4674	62.3800	67.7127	73.5012
山东	147.8783	147.3632	146.8499	146.3384	145.8287
广东	132.0009	137.5796	143.3941	149.4543	155.7707
山西	141.7837	149.1069	156.8473	165.0339	173.6980
安徽	55.2524	57.2458	59.3111	61.4510	63.6680
江西	60.0216	63.8649	67.9543	72.3056	76.9355
河南	152.8370	161.6849	171.0450	180.9470	191.4222
湖北	62.0076	63.3386	64.6982	66.0869	67.5055
湖南	74.0474	75.4350	76.8486	78.2887	79.7558
吉林	34.6025	36.1969	37.8648	39.6096	41.4347
黑龙江	50.5929	53.9431	57.5151	61.3237	65.3844
内蒙古	157.2128	169.3450	182.4133	196.4902	211.6534
广西	100.7619	104.4440	108.2606	112.2166	116.3173
四川	167.8546	170.9004	174.0015	177.1589	180.3735
贵州	75.3271	76.2071	77.0973	77.9979	78.9090
云南	48.9037	50.8715	52.9184	55.0477	57.2627
陕西	84.5245	87.1092	89.7730	92.5182	95.3474
甘肃	48.2379	49.5764	50.9521	52.3659	53.8189
青海	21.1355	24.5457	28.5061	33.1056	38.4471
宁夏	35.3530	37.1471	39.0323	41.0131	43.0944
新疆	63.1292	69.9477	77.5026	85.8735	95.1486

把 28 个省份按东、中、西三大地区归类（见表 7-14），可以看出，"十二五"

期间,三大地区二氧化硫排放总量呈平稳上升趋势(见图7-5)。西部地区二氧化硫排放量最大,依次为东部和中部,三大地区二氧化硫排放量几乎呈同步变动趋势。到2015年年末,东、中、西三大地区二氧化硫排放总量分别为886.0586万吨、759.8041万吨、970.3723万吨,分别占全国二氧化硫排放总量的33.87%、29.04%和37.09%。

表7-14　　　　2011~2015年三大地区二氧化硫排放量预测　　　　单位:万吨

年份＼地区	东部	中部	西部	全国
2011	784.3793	631.1451	802.4402	2217.9646
2012	806.3093	660.8161	840.0941	2307.2195
2013	830.4267	692.0844	880.4572	2402.9683
2014	856.9325	725.0464	923.7876	2505.7665
2015	886.0586	759.8041	970.3723	2616.2350

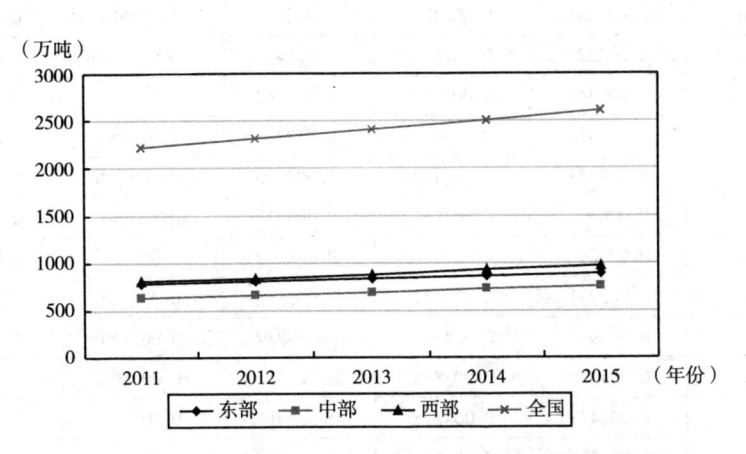

图7-5　2011~2015年三大地区二氧化硫排放量预测趋势

7.5.3　各省单位产值二氧化硫排放预测

表7-15为预测年份即2011~2015年全国28个省份单位产值二氧化硫排放测算结果,各省生产总值的预测结果见表7-6。可以看出,到2015年年末各省单位产值二氧化硫排放都表现为平稳下降趋势。北京(0.000116吨/万元)、

上海（0.000682 吨/万元）、内蒙古（0.00117 吨/万元）、江苏（0.001402 吨/万元）、天津（0.001438 吨/万元）为单位产值二氧化硫排放最低的省份，其万元GDP污染物排放较低，这些地区除内蒙古外，均以经济发展水平高且节能减排技术较为成熟的东部地区为主。

表7-15　　　　2011~2015年各省份单位产值二氧化硫排放测算　　　　单位：吨/万元

省区＼年份	2011	2012	2013	2014	2015
北京	0.000333	0.000256	0.000196	0.000151	0.000116
天津	0.002665	0.002283	0.001956	0.001677	0.001438
河北	0.005119	0.004481	0.003923	0.003434	0.003006
辽宁	0.005505	0.004923	0.004403	0.003937	0.003521
上海	0.001302	0.001108	0.000942	0.000802	0.000682
江苏	0.002567	0.002206	0.001897	0.001630	0.001402
浙江	0.001977	0.001959	0.001940	0.001921	0.001899
福建	0.003301	0.003133	0.002972	0.002820	0.002676
山东	0.003324	0.002849	0.002442	0.002093	0.001794
广东	0.002447	0.002181	0.001944	0.001733	0.001545
山西	0.015987	0.014302	0.012798	0.011456	0.010257
安徽	0.004541	0.004113	0.003725	0.003374	0.003056
江西	0.006391	0.005863	0.005379	0.004935	0.004527
河南	0.006053	0.005513	0.005022	0.004574	0.004167
湖北	0.003931	0.003521	0.003153	0.002824	0.002529
湖南	0.004934	0.004341	0.003819	0.003360	0.002957
吉林	0.004285	0.003848	0.003457	0.003105	0.002789
黑龙江	0.004429	0.004215	0.004011	0.003818	0.003634
内蒙古	0.001996	0.001747	0.001528	0.001337	0.001170
广西	0.011736	0.010532	0.009451	0.008481	0.007611
四川	0.007264	0.006428	0.005688	0.005033	0.004454
贵州	0.017484	0.015220	0.013249	0.011533	0.010039
云南	0.006490	0.005938	0.005433	0.004970	0.004547
陕西	0.011871	0.010255	0.008859	0.007653	0.006611
甘肃	0.011249	0.010050	0.008979	0.008022	0.007167

续表

年份 省区	2011	2012	2013	2014	2015
青海	0.017448	0.017320	0.017192	0.017066	0.016940
宁夏	0.038231	0.033510	0.029372	0.025746	0.022567
新疆	0.010957	0.010603	0.010260	0.009929	0.009608

西部地区的新疆(0.009608 吨/万元)、贵州(0.010039 吨/万元)、青海(0.01694 吨/万元)、宁夏(0.022567 吨/万元)和中部地区能源大省山西(0.010257 吨/万元),为单位产值二氧化硫排放量最大的五个省份,这五个地区均分布在经济不发达且减排技术落后的中西部地区,这些地区同时也是进一步节能减排关注的重点省区。

总体来看,单位产值二氧化硫排放量较小的省份以经济发达且节能减排技术先进的东部地区为主;单位产值二氧化硫排放量较大的省份以经济不发达、节能减排技术落后的中西部地区为主。特别是西部地区的落后省份应当成为未来一段时期内节能减排的重点关注地区。

从地区差异看(见表7-16),东部地区单位产值二氧化硫排放量不仅低于全国平均水平,也显著低于中西部地区;中部最高,西部低于中部但高于全国和东部。三大地区单位产值二氧化硫排放随时间推移均呈现明显的下降趋势(见图7-6),但地区之间差异缩小的趋势并不明显。中西部地区是"十二五"期间的重点减排对象。

表7-16　　　2011~2015年三大地区单位产值二氧化硫排放　　　单位:吨/万元

年份 地区	东部	中部	西部	全国
2011	0.002813	0.005957	0.005666	0.004213
2012	0.002489	0.005411	0.004954	0.003748
2013	0.002206	0.004915	0.004330	0.003335
2014	0.001959	0.004466	0.003786	0.002970
2015	0.001743	0.004058	0.003310	0.002646

（吨/万元）

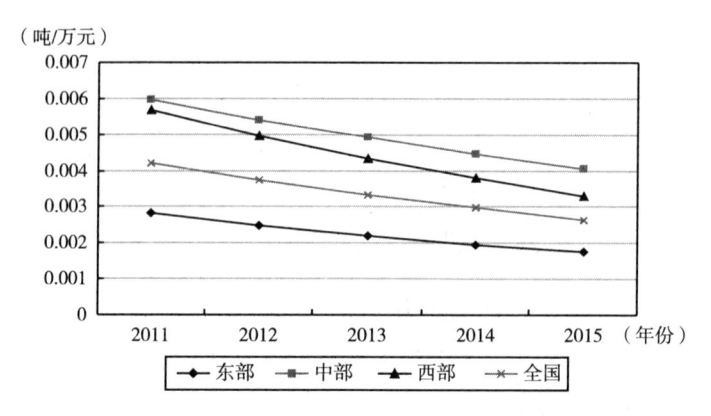

图7-6 三大地区单位产值二氧化硫排放趋势图

7.5.4 各省减排潜力测算

7.5.4.1 各省单位产值二氧化硫减排潜力测算

减排潜力指某地区相对于基年单位产值二氧化硫排放量的净减少量。净减少量越多，则减排潜力越大，可减少的二氧化硫排放量也越多。

本节以2010年为基年，首先，根据各省份2010年经济增长（GDP）和二氧化硫排放量，计算出2010年各省单位产值二氧化硫排放量，再结合2015年单位产值二氧化硫排放量预测结果，分别测算各省单位产值二氧化硫排放净减少量和净减少率，测算结果见表7-17。

表7-17　　　　　　2010年和2015年各省单位产值能耗下降情况

省 区	2010年单位产值二氧化硫（吨/万元）	2015年单位产值二氧化硫（吨/万元）	单位产值二氧化硫排放净减少量（吨标准煤/万元）	单位产值二氧化硫排放净减少率(%)
北京	0.000403	0.000116	0.000287	71.2159
天津	0.002359	0.001438	0.000921	39.0420
河北	0.004875	0.003006	0.001869	38.3385
辽宁	0.004656	0.003521	0.001135	24.3771
上海	0.001290	0.000682	0.000608	47.1318
江苏	0.002420	0.001402	0.001018	42.0661

续表

省 区	2010年单位产值二氧化硫（吨/万元）	2015年单位产值二氧化硫（吨/万元）	单位产值二氧化硫排放净减少量（吨标准煤/万元）	单位产值二氧化硫排放净减少率(%)
浙江	0.002359	0.001899	0.000460	19.4998
福建	0.002655	0.002676	净增加量0.000021	净增加率0.7910
山东	0.003530	0.001794	0.001736	49.1785
广东	0.002150	0.001545	0.000605	28.1395
山西	0.012467	0.010257	0.002210	17.7268
安徽	0.003915	0.003056	0.000859	21.9413
江西	0.004983	0.004527	0.000456	9.1511
河南	0.005036	0.004167	0.000869	17.2558
湖北	0.003232	0.002529	0.000703	21.7512
湖南	0.003912	0.002957	0.000955	24.4121
吉林	0.003469	0.002789	0.000680	19.6022
黑龙江	0.004022	0.003634	0.000388	9.6469
内蒙古	0.010221	0.001170	0.009051	88.5530
广西	0.008861	0.007611	0.001250	14.1068
四川	0.005456	0.004454	0.001002	18.3651
贵州	0.013858	0.010039	0.003819	27.5581
云南	0.006084	0.004547	0.001537	25.2630
陕西	0.006983	0.006611	0.000372	5.3272
甘肃	0.010980	0.007167	0.003813	34.7268
青海	0.009860	0.01694	（净增加量0.007080）	（净增加率71.8050）
宁夏	0.016594	0.022567	（净增加量0.005970）	（净增加率35.9770）
新疆	0.009535	0.009608	（净增加量0.000073）	（净增加率0.7660）

由表7-17可以看出，到"十二五"末，福建、青海、宁夏、新疆四个省区单位产值二氧化硫排放不降反升，单位产值二氧化硫排放表现为净增加，是污染物减排的重点监控省区。河北(0.001869)、山西(0.00221)、甘肃(0.003813)、贵州(0.003819)、内蒙古(0.009051)等能源大省，单位产值二氧化硫排放净减少量较多；浙江(0.00046)、江西(0.000456)、黑龙江(0.000388)、陕西(0.000372)、

北京(0.000287)等省份单位产值二氧化硫排放净减少量较少。总体来看,基年单位产值二氧化硫排放量较大的省份,也是未来一段时期减排潜力最大的省份。

从单位产值二氧化硫排放净减少率看,内蒙古(88.5530%)、北京(71.2159%)、山东(49.1785%)、上海(47.1318%)、江苏(42.0661%)、天津(39.0420%)为单位产值二氧化硫排放净减少率最多的省份,这些省份除内蒙古外,均分布在经济比较发达、能源资源相对贫乏的东部地区,单位产值二氧化硫排放净减少率几乎都在40%以上,内蒙古最多,达到88.5530%。中西部地区的黑龙江(9.6469%)、江西(9.1511%)、陕西(5.3272%)为单位产值二氧化硫排放净减少率最少的省份,单位产值二氧化硫排放净减少率在10%以下。河北(38.3385%)、甘肃(34.7268%)、广东(28.1395%)、贵州(27.5581%)、云南(25.2630%)、湖南(24.4121%)、辽宁(24.3771%)、安徽(21.9413%)、湖北(21.7512%)等省份,单位产值二氧化硫排放净减少率在20%~30%之间。吉林(19.6022)、浙江(19.4998)、四川(18.3651)、山西(17.7268)、河南(17.2558)、广西(14.1068)等省份,单位产值二氧化硫排放净减少率在10%~20%之间。青海、宁夏、福建、新疆四省份单位产值二氧化硫排放则表现为净增加率,单位产值二氧化硫排放分别增加71.81%、35.98%、0.79%、0.77%,是减排大省。

综合以上结果可知,到"十二五"末期,除少数西部落后省份外,我国大部分省份单位产值二氧化硫排放都能够表现为良好的下降趋势。但是,如果按照"十二五"规划减排目标衡量,青海、宁夏、福建、新疆、四川、山西、河南、广西等中部和西部地区的落后省份完成难度较大,是需要进一步关注与扶持的重点省份。这一计算结果可以为各省份根据本省实际制定切实可行的污染物减排目标提供依据,也为国家宏观调控目标的制定提供参考。

7.5.4.2 "十二五"期间各省减排总量测算

减排总量是指某一地区期末(2015)可减少的污染物排放量,具体表现为 GDP 总量与单位产值二氧化硫排放净减少量的乘积。减排贡献率指某一地区减排总量占全国减排总量的比重。考虑"十二五"末期各省 GDP 测算结果及单位产值二氧化硫排放净减少量,具体按以下公式测算:

"十二五"期间各省减排总量 = 2015 年 GDP 总量 × "十二五"各省单位产值二氧化硫排放净减少量

全国二氧化硫减排总量 = $\sum$ 各省二氧化硫减排总量之和

各省二氧化硫减排贡献率 = 各省二氧化硫减排量/全国二氧化硫减排总量

全国 28 个省份 2015 年 GDP 测算结果见表 7-6，具体二氧化硫减排测算结果见表 7-18。

表 7-18　　　　2015 年各省份二氧化硫减排测算结果

省　区	2015 年 GDP（亿元）	2015 年二氧化硫排放（万吨）	2015 年可减少的二氧化硫排放量（万吨）	减排贡献率（%）
北京	32557.11	3.7764	9.343891	0.3868
天津	17275.70	24.8439	15.910920	0.6586
河北	40505.02	121.7419	75.703882	3.1335
辽宁	30633.64	107.8559	34.769181	1.4392
上海	36102.60	24.6335	21.950381	0.9086
江苏	81753.65	114.5834	83.225216	3.4449
浙江	59784.37	113.5230	27.500810	1.1383
福建	27466.32	73.5012	（增加二氧化硫排放量 0.576793）	—
山东	81297.96	145.8287	141.133260	5.8418
广东	100853.87	155.7707	61.016591	2.5256
东部地区	508230.20	886.0586	470.554100	19.4772
山西	16934.63	173.6980	37.425532	1.5491
安徽	20833.36	63.6680	17.895856	0.7407
江西	16994.44	76.9355	7.749464	0.3208
河南	45941.61	191.4222	39.923259	1.6525
湖北	26691.32	67.5055	18.763998	0.7767
湖南	26975.60	79.7558	25.761698	1.0663
吉林	14857.91	41.4347	10.103379	0.4182
黑龙江	17994.48	65.3844	6.981858	0.289
中部地区	187223.40	759.8041	164.6050	6.8133
内蒙古	180943.07	211.6534	1637.715700	67.7883
广西	15282.56	116.3173	19.103200	0.7907
四川	40497.41	180.3735	40.578405	1.6796

续表

省 区	2015年GDP（亿元）	2015年二氧化硫排放（万吨）	2015年可减少的二氧化硫排放量（万吨）	减排贡献率（%）
贵州	7860.03	78.9090	30.017455	1.2425
云南	12592.65	57.2627	19.354903	0.8011
陕西	14421.60	95.3474	5.3648352	0.2221
甘肃	7509.75	53.8189	28.634677	1.1852
青海	2269.56	38.4471	（增加二氧化硫排放量16.06848）	—
宁夏	1909.65	43.0944	（增加二氧化硫排放量11.40061）	—
新疆	9903.52	95.1486	（增加二氧化硫排放量0.722957）	—
西部地区	293189.80	970.3723	1780.7690	73.7095
全国	988643.40	2616.2350	2415.9284	100.00

从表7-18可以看出，到"十二五"末期，内蒙古、山东、江苏、河北、广东不仅是可减排量最大的省份，而且也是减排贡献率最大的省份，对全国二氧化硫可减排量的贡献率分别为67.7883%、5.8418%、3.4449%、3.1335%、2.5256%，这五个省份二氧化硫可减排量都在60万吨以上，减排贡献率都在2.0%以上。除内蒙古外，其余四个省份均属于东部经济发达地区。四川、河南、山西、辽宁、贵州、甘肃、浙江、湖南等省区可减排量介于25万~40万吨之间，减排贡献率介于1.0%~2.0%之间。其中，除辽宁、浙江外，其余省份均属于经济落后的中部和西部地区。上海、云南、广西、湖北、安徽、天津等省份可减排量介于15万~25万吨之间，减排贡献率介于0.5%~1.0%之间。吉林、北京、江西、黑龙江、陕西等省份可减排量在5万~10万吨之间，减排贡献率在0.1%~0.5%之间。福建、新疆、宁夏、青海等省份二氧化硫排放分别增加0.5768万吨、0.723万吨、11.401万吨、16.068万吨，对全国可减排的贡献率为负。可以看出，可减排量及减排贡献的大小是多种因素综合作用的结果，既与各省经济总量有关，也与能源利用技术水平、污染减排技术以及单位产值污染物排放大小有关。

图7-7给出了按东、中、西三大地区划分的减排贡献率。可以看出，到

2015年年末，三大地区减排贡献率呈现明显的"西—东—中"发展格局，西部地区减排贡献率最大，为73.71%；依次为东、中部地区，减排贡献率分别为19.48%和6.81%。西部明显超过东、中部地区减排贡献率总和。这一结果和可节能贡献率（见图7-4）的变化趋势一致。由此可以看出，资源富裕、经济落后的西部省份仍然是未来一段时期内节能减排的重点监控区域，需要进一步挖掘潜力，提高节能减排水平，降低单位产值污染物排放。

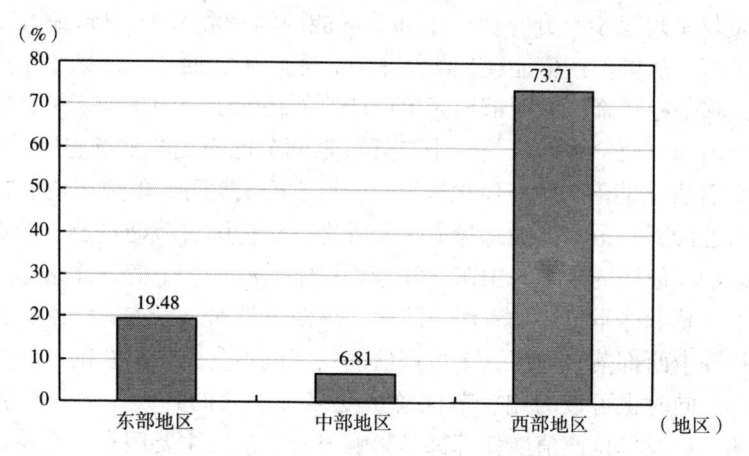

图7-7 三大地区2015年二氧化硫减排贡献率对比

7.6 本章小结

本章以全国28个省份为研究对象，以各省能源消费、污染物排放和经济增长总量为原始数据序列，通过建立各省能源消费、污染物排放和经济增长的灰色预测GM（1，1）模型，在实证测算2011~2015年各省能源消费、污染物排放和经济增长的基础上，分别测算了"十二五"末期，即2015年各省单位产值能耗的节能潜力和节能总量、减排潜力和减排总量以及对全国节能总量、减排总量的贡献。由于所建立的灰色预测GM（1，1）模型预测精度良好，因此测算结果较好地模拟了各省能源、环境、经济系统的动态发展过程。"十二五"末期各省节能贡献总量及节能贡献率、减排总量及减排贡献率的测算结果基本符合省域能源经济运行的现实，其结果可以为各地区根据本地区实际，分析预测能源消耗、污染物减排，以及制定节能减排政策措施提供依据。基本结论如下：

(1) 全国各省份能源消费和经济增长序列随时间推移和经济发展的动态变化,呈幂指数递增。到"十二五"末期即 2015 年年末,各省能源消费和经济总量呈现同步增长态势,经济总量增长较快的省份同时也是能源需求增长较快的省份,表明经济增长对能源消费的强劲需求,同时也说明"十二五"期间节能降耗的重要性及节能目标完成的艰巨性。

(2) "十二五"期间,全国各省份及东、中、西三大地区能源消费总量、GDP 总量均呈现稳步上升趋势,东部地区能源消费和 GDP 总量最大,依次为中部和西部。从单位产值能耗预测结果看,东、中、西三大地区单位产值能耗随时间推移平稳下降。东西部地区单位产值能耗低于全国平均水平,中部则明显高于全国和东西部地区,是"十二五"期间节能降耗的重点监控对象。

(3) 各省节能潜力测算结果表明,"十二五"期间,单位产值能耗净减少量最多的省份同时也是节能总量最大的省份,对全国总节能量及节能贡献率也最大,以东部地区的广东、山东、江苏、辽宁、浙江、上海、北京等经济发达省份为主。总节能量最小的青海、陕西、广西、贵州、云南、江西、甘肃、新疆、吉林等中西部落后省区,单位产值能耗降低难度大,对全国总节能量的贡献也较小。同时也可以看出,节能总量受多种因素的共同作用,经济总量增长、能耗总量及单位产值能耗等都是影响节能总量的主要因素。不同省份经济规模和能耗总量不同,其节能总量和节能贡献也各不相同,经济强省和单位产值能源利用效率较高的省份节能贡献较大;能源大省和单位产值能源利用效率不高的省份节能贡献较小。

(4) 减排潜力测算结果表明,"十二五"期间,东、中、西三大地区二氧化硫排放量呈平稳上升趋势,西部地区二氧化硫排放量最大,依次为东部和中部。到"十二五"末期,除少数西部落后省份外,我国大部分省份单位产值污染物排放都能够表现为良好的下降趋势。按照"十二五"规划减排目标衡量,青海、宁夏、福建、新疆、四川、山西、河南、广西等中、西部地区的落后省份是需要进一步关注与扶持的重点省份。因此,资源富裕、经济落后的西部省份仍然是未来一段时期内节能减排的重点监控对象。

以上结论蕴含的政策含义:第一,由于我国地域辽阔,不同省份之间由于能源、经济等的异质性,因此,降低单位产值能耗、控制能源消费总量,减少污染物排放,不同省份应区别对待,不能搞"一刀切"。对于资源丰裕、经济落后、能耗总量大、污染严重的省份,应该以提高能源、环境领域技术进步和技术改造为主导,加大节能减排技术的研发力度,积极引进与推广国内外先进的节能减排技术与管理经验，最大可能地淘汰落后的产能设备及能耗设备，只有从根本上改变刚性的高耗能现状和高排放现状，才能增加这些地区的节能总量和减排总量，提高对全国节能总量、减排总量的贡献率。对于资源贫乏、经济发达、能耗总量较小的省份，应该在现有基础上提倡节能减排技术的普遍推广与应用，同时应防止技术进步对能源消费的"回弹效应"。第二，节能潜力和减排潜力测算结果表明，"十二五"期间，中、西部地区仍然是我国节能减排的重点地区，这些地区目前正处于工业化进程的中期阶段，工业化进程持续进行，城镇化步伐加快，居民消费结构升级，能源需求量巨大而能耗强度难以降低。这些地区同时也是新一轮国际与国内产业转移的重点区域，面对种种错综复杂的内外部因素，除技术节能减排外，国家宏观调控与产业布局对这些地区将会产生巨大的影响。另一方面，这些地区在承接外来产业转移时，既要考虑转移产业对带动本地区经济起飞的作用，更应该考虑本地区资源环境的承受力。如果一个地区的产业发展造成了资源环境的负外部性，那么这种产业带来的发展成果也会被这种负外部性所抵消。因此，能耗强度高、污染排放重的省份，特别是中西部地区的多数省份，在制定"十二五"节能减排措施时，必须在错综复杂的因果关系中寻找经济增长与资源消耗、环境污染的最佳平衡点，以保持经济高增长，能源低消耗，污染低排放的"又好又快"发展模式，这样才有可能保证节能减排目标的顺利完成。

第 8 章 结论及启示

8.1 主要结论

进入 21 世纪，中国经济在继续保持可持续增长的同时，能源及环境问题将会更加突出。如何使能源发展跟上并支撑经济的可持续增长，同时能够使环境损失尽可能地降低到最低点，是中国也是世界各国面临的严峻挑战。特别是对于我国这样一个工业化快速发展，能源消费量巨大而利用效率又不高的发展中大国来讲，如何在保持经济可持续增长的前提下，提高能源利用效率，降低能耗总量已成为各方面关注的焦点与政府工作的要点之一。与此同时，地区之间、产业之间能源消费与利用效率的巨大差异也成为我国节能减排目标实现的一大障碍。

本书以能源效率为研究中心，以省级经济单元为研究对象，在全要素框架下综合运用运筹学、管理学、统计学、计量经济学等交叉学科的前沿研究方法，科学、客观、系统地评价研究了考虑环境效应的中国省际能源效率问题，测算并分析了"十二五"期间各省能源消费总量、经济总量及节能减排潜力。拓展了目前国内能源效率问题的研究范围，检验了各种交叉学科的前沿研究方法在能源效率研究中的适用性，为继续进行此方面的后续研究提供了新的研究方法与研究平台。主要结论如下：

（1）通过构建"多投入—多产出"的全要素能源效率模型，测算了全国各省份的全要素能源效率，并分析了影响全要素能源效率基本因素。结果显示，考虑能源投入、污染物排放在内，全国平均全要素能源效率并未达到效率前沿面，东部地区显著高于全国平均水平及中西部地区。随着时间的推移，全国及三大地区全要素能源效率均有不断提高的趋势，但地区之间的差距不断扩大。全要素能源效率较高的省份大多集中在东部沿海经济发达地区，中西部地区特别是西部经济落后省份，能源效率较低。技术进步、产业结构调整与优化及能源价格调整对提高全要素能源效率具有积极的促进作用，对外开放对提升全要素能源效率具有不显著的正向影响作用，工业化水平对全国及东部地区提升全要素能源效率作用明显，但对中西部地区提升全要素能源效率则起一定的拟制作用。

（2）空间相关的MoranI指数和空间计量模型检验结果表明，我国各省域全要素能源效率存在极其显著的空间依存和相关特征，并随时间推移呈稳定增强的趋势。表明各省份能源效率改进并非呈现出完全随机状态，而是表现为相似值之间的空间集聚。即相对较高能源效率的地区趋向于和具有较高能源效率的地区相邻，相对较低能源效率的地区趋向于和低能源效率的地区相邻，这种空间相关的强度随时间推移具有稳定增强的趋势。一阶空间自回归模型、混合回归—空间自回归和残差回归模型估计结果均表明，各省份能源效率不但和本省域能源效率、影响能源效率的解释变量有关，也和相邻地区能源效率及影响能源效率的解释变量存在显著的空间关联；一个地区能源效率不仅会受到相邻地区能源效率的正向影响，也会受到相邻地区其他观测不到的随机因素的影响，空间关联与影响是多方位的。

（3）变异系数计算结果表明，我国能源效率差异在波动中呈现不断缩小趋势。绝对 β 收敛模型表明，地区能源效率在样本考察期内呈现显著的收敛趋势，即全要素能源效率较低的地区能源效率增长率大大高于全要素能源效率较高地区的增长率。这一时期，国家区域政策的调整与实施，对缩小各地区经济发展水平差距及能源效率差距起到了一定的促进作用。

（4）基于省际工业视角的DEA效率测算结果表明，工业全要素能源效率较高的省市主要集中在经济发达的东部沿海地区，工业全要素能源效率较低的省份主要集中在中西部地区。从地区之间的差异看，东部地区工业全要素能源效率不但高于全国，也高于中部和西部地区，中部和西部低于全国平均水平，但西部略高于中部地区，地区之间工业全要素能源效率表现为"东—西—中"的发展格局。各省工业能源效率都有不断提高的趋势，但距离前沿面还有一定的差距。中西部地区的落后省份，不仅是目前也是今后一段时期节能减排的重点监控对象。

各省份工业节能潜力测算结果表明，中西部地区几乎一半的省份年节能潜力超过50%。从节能量和节能规模看，河北、山西、河南、湖北四省份每年可节能量占全国的比重几乎均超过了5%，仅2011年这四个省份可节约的能源量就占到全国可节能总量的50.34%。地区之间节能潜力、可节能量和节能规模表现为西部最大，中部次之、东部最小。

各省减排潜力测算结果表明，年减排潜力均超过 30% 的地区主要集中在重化工业比重较大和经济落后的中西部地区。从可减排量和减排规模看，河北、山西、辽宁、贵州、陕西五省区每年可减排量占全国的比重几乎都超过了 5%，属于减排大户，仅 2011 年这五个省区可减少的二氧化硫排放量就占到全国的 53.94%。地区之间减排潜力、可减排量和减排规模表现为西部最大，中部次之、东部最小。

省际工业能源效率影响因素的检验结果表明，企业平均规模、工业研发投入增加和资本深化对提高工业能源效率具有显著的影响作用；国有及国有控股工业所占比重、煤炭消费所占比重增加对提高工业能源效率具有显著的负向影响，外资进入具有不显著的负向影响。

（5）基于数据包络分析的 DEA-Malmquist 生产率指数测算结果表明，陕西省工业行业内部能源使用的规模效率与技术效率差异较大。同时达到规模与技术有效的行业只有烟草制品业、文教体育用品制造业、燃气生产和供应业共三个行业。其余行业均不能同时达到技术与规模的最优状态。分行业看，大多数行业全要素能源效率呈现不断增长的态势，分析期间平均增长率皆为正，但行业之间差异较大。全要素能源效率增长最快的行业基本上都为劳动密集型的制造业，全要素能源效率增长较低的行业基本上都为资本密集型的制造业。从行业归类看，电力燃气及水的生产和供应业全要素能源效率平均增长率最高，其次为制造业，采掘业全要素能源效率平均增长率低于行业平均水平。从全要素能源效率的分解结果看，技术进步是各行业全要素能源效率提高的主要源泉，其次为规模效率，纯技术效率的贡献最小。

（6）基于灰色系统理论的 GM（1,1）预测模型较好地模拟了各省区能源经济系统的动态发展趋势。在保持经济平稳增长的基础上，"十二五"期间各省份能源消费和经济增长序列随时间推移呈幂指数递增。从单位产值能耗预测结果看，东、中、西三大地区单位产值能耗随时间推移平稳下降。东部和西部地区单位产值能耗低于全国平均水平，中部地区则明显高于全国和东西部地区。

各省份节能潜力测算结果表明，"十二五"期间，东部地区的广东、山东、江苏、辽宁、浙江、上海、北京等经济发达省份，单位产值能耗净减少量最多，对全国总节能量及节能贡献率也最大。总节能量最小的青海、陕西、广西、贵州、云南、江西、甘肃、新疆、吉林等中部和西部落后省区，单位产值能耗降低难度大，对全国总节能量的贡献也较小。

减排潜力测算结果表明,"十二五"期间,东、中、西三大地区二氧化硫排放量呈平稳上升趋势,西部地区二氧化硫排放量最大,依次为东部和中部。到"十二五"末,除少数西部落后省份外,我国大部分省份单位产值二氧化硫排放都能够表现为良好的下降趋势。按照"十二五"规划减排目标衡量,青海、宁夏、福建、新疆、四川、山西、河南、广西等中部和西部地区的落后省份是需要进一步关注与扶持的重点省份。因此,资源富裕、经济落后的西部省份仍然是未来一段时期内节能减排的重点监控区域。

8.2 政策启示

以上研究结果对推动我国节能减排工作,提高能源效率,缩小地区能源效率差距提供了必要的理论与实证支持。

(1)对于制定节能减排政策,设定节能减排目标的启示。我国地域辽阔,不同地区之间资源禀赋、能源效率差异较大,经济发展水平不一,工业化、城市化、市场化进程也不同步。根据前文的研究,东部地区能源效率普遍高于中西部地区且地区内部省际之间差异较大,因此,能源环境政策的制定与节能减排目标的设定与分解,不能搞"一刀切",应该综合考虑各地区经济发展水平差异及所处发展阶段的特殊性,在兼顾国家总体利益的前提下,实行有差别的节能减排政策,设定切实可行的、有针对性的节能减排目标,并辅之以有效的监督手段保证该目标的完成。

具体来讲,能源利用效率较低且改进余地大的中部和西部地区各省份应该是节能减排的重点监控对象,特别是青海、宁夏、内蒙古、山西、贵州等落后省份,这些省份单位能源投入的经济产出低,污染物排放量大,能源环境领域技术落后,经济增长方式和产业结构调整缓慢,在提高能源效率上具有较大的政策作用空间。针对这些省份能源利用和环境污染现状,在政策制定上应该分层次、分对象、有步骤、有针对性地实行因地制宜、区别对待的节能减排政策。在节能减排目标的设定上,对于能源效率高,节能减排技术比较成熟的东部沿海省份,应该在现有基础上设定较为宽松的目标;对于能源效率较低,节能减排技术比较落后,资源禀赋较高,环境污染严重的中部和西部地区,应该在现有基础上设定较为严格的目标,在保证完成节能减排总目标的前提下实现地区节能减排目标的分解。

(2)对于加强能源环境领域技术交流与协作的启示。从前文研究结果可知，我国各省域能源效率改进会受到临近省域的显著影响，省域能源效率提高过程中相邻地区的聚集效应显著存在。这表明省域之间地理位置的相邻以及由此带来的频繁的技术交流与协作，在很大程度上弱化了原来经济发展水平差异所产生的影响，使本地区能源效率会受到自身因素和相邻地区能源效率提高的共同影响，这种相关性也会长期存在。传统上从国家总体角度出发的研究思路，忽视了省域之间空间关联效应的存在，有悖于现实，在理论上也存在严重的不足，难以有效刻画经济增长过程中能源效率演进的动态变化规律。注重空间因素，重视加强各种形式的区域合作，进一步促进区域之间生产要素的合理流动与信息交流，提高生产要素的整体配置与利用效率，对于缩小区域能源效率差异具有重要作用。

其政策启示可概括为：对于和较高能源效率相邻的低能源效率地区，由于可以接受高能源效率地区的辐射与带动，因此，旨在提高这些地区的能源效率水平的政策扶持可以产生非常强的效果；而对于和较低能源效率水平相邻的低能源效率地区，即低能源效率聚集的地区，则需要更大的政策扶持力度，才能从整体上产生明显的节能减排效果。

节能减排政策的制定也必须与区域发展政策相结合，要促使各地区充分利用自身资源禀赋优势，并加强能源环境领域的技术交流与协作，走资源节约、环境友好的区域可持续平衡增长路径。特别是对于低能源效率聚集的中部和西部地区，必须结合本地区实际，在继续推进技术节能减排与结构节能减排的前提下，重视低能耗、低污染产业的发展，有选择地承接并注重移植东部经济发达地区能源效率较高的产业。同时，东部经济发达地区应该对中部和西部地区实行对口技术援助，积极宣传和传授先进的节能减排方法和管理经验；中西部地区应该积极开展与东部地区在能源环境领域的项目合作与交流，吸引东部各种形式的优秀人才到中部和西部地区工作。

（3）对于提高工业能源效率，挖掘节能减排潜力的启示。中国工业化进程中既面临着资源短缺和环境承载力的刚性约束，也存在着资源禀赋优越（即资源过剩）的约束，同样也存在着资源使用的无效和损失，即效率偏低造成的浪费。没有一个单一的政策可以解决工业化进程中的资源约束问题，必须在深入分析地区工业布局和工业能源使用现状的基础上，依靠全面而有效的政策及制度安排才能解决问题。

根据本书的研究，我国各地区工业能源效率差异显著，表现为"东—中—西"的演变格局，工业研发投入增加、结构调整、资本有机构成提高对提升工业能源效率将会产生积极影响。全国 30 个省区市中有几乎一半的省份工业年节能潜力超过 50%，工业年减排潜力超过 30%，个别省份年减排潜力超过 80%，这些省份主要以资源禀赋高、使用效率低的中西部地区为主，可以看出，中国工业节能减排空间非常大。

由此得到以下启示：首先，把自主创新和技术进步作为提高工业能源效率的重要目标，增加研发投入，依靠科技进步，重视新技术和新设备的引进、消化和吸收，特别是对于工业能源效率低、节能减排潜力大的地区尤为如此。其次，调整产业结构，大力加强第一产业，调整提高第二产业，积极发展第三产业。重视运用信息技术改造传统产业，以信息化带动工业化，以工业化促进信息化，走出一条科技含量高，经济效益好，资源消耗低，环境污染少，人力资源优势得到充分发挥的新型工业化道路。最后，打破区域壁垒，建立和完善统一的全国市场，实现国内资本、劳动力及产品市场的自由流动，充分发挥市场机制在资源配置方面的基础和主导作用，在规范和透明的制度环境下，让价格来调整能源市场的供需关系，让竞争机制和自由契约解决能源企业之间、关联产业和买卖双方的市场交易关系，是目前也是今后一段时期提高区域工业能源效率，挖掘节能减排潜力的重要方面。

（4）对于改善工业行业技术效率、规模效率的启示。基于陕西省工业细分行业的研究结果表明，工业行业能源效率的提高或降低与行业性质密切相关。因此，应该立足于行业特性，分门别类制定有区别的节能减排政策、设定有区别的行业节能减排目标，采取有针对性的节能减排措施。短期内，可以通过提高能源价格来改善行业资源配置；从长期看，通过行业技术进步，加强人力资本投资，提高人力资本素质及技能，改变管理方式等，以提高行业劳动生产率的方式实现能源环境领域技术效率和规模效率、资源配置效率的同步改善，即符合行业特性，也符合中国工业经济发展的现实。

行业特性也包括行业经济规模和经营效率，经济规模是可持续发展能力的基础要素，经营效率是可持续发展能力的重要影响因素。由本书的分析可知，技术进步是各行业能源效率提高的主要因素，纯技术效率和规模效率的贡献则较小，在经济没有形成规模，即规模较小时集约化的生产方式难以形成，而规模过大则会造成资源的损失和浪费，中国工业经济的一个明显局限就是经济规模并没有伴随经营效率的提升而提升。因此，保持行业适度规模经济，对规模较小的行业可以通过适度整合，促进行业内跨地区兼并重组，优化资源配置，提高行业集中度，形成规模效率；对于规模过大的行业，可以通过推进产能过剩行业的结构调整，淘汰小型、落后的产能设备，以达到优化规模效率，提高能源效率的目的。

（5）"十二五"节能减排潜力测算的启示。在经济保持平稳增长的基础上，"十二五"期间各省及全国GDP和能源需求量均呈平稳增长趋势，单位产值能耗以及单位产值污染物排放均随时间推移呈下降趋势。中部和西部地区的大部分落后省份，不但是"十一五"节能减排目标完成困难的省份，也是"十二五"节能减排的重点监控对象，其节能减排潜力巨大。因此，"十二五"节能减排政策的设计，首先，必须具有可操作性和适用性。改变目前主要依靠行政手段推进节能减排，造成能源不经济的现状，在现有政策工具中，应该遵循市场经济规律的长效机制，增加更多的可行性经济手段。其次，采用激励相容的政策手段，建立节能减排的内在动力机制。目前的节能减排主要依靠行政、法律等约束性手段，其结果有可能造成中央政府与地方政府目标的冲突，决策者与执行者目标的冲突，政府与企业、个人目标的冲突。因此，采取激励相容的政策手段，建立节能减排的内在动力机制，对地方政府、企业和个人行为进行有效激励，使其行为路径与中央政府目标相一致，在保证国家总体目标的前提下，兼顾各方经济利益。最后，技术节能减排和结构节能减排不仅是当前也是"十二五"节能减排的突破口。对于技术节能减排，短期内应该注重推广有效实用的节能减排技术，长期则应注重技术创新、过程创新、产品创新；对于结构调整，不仅包括三次产业之间比重的变化，"十二五"期间各地区应根据经济发展的不同阶段，结构调整的重点应转移到轻/重工业结构，国有/非国有经济结构、资本密集/劳动密集型产业结构的调整方面。

8.3 有待进一步研究的问题

本书从理论和实证两个层面，通过构建能源效率评价模型，基于省际视角对我国能源效率问题进行了有益探讨，但由于诸方面的原因，还有更多的问题需要进一步完善和深入研究。主要归结为以下几个方面：

（1）由于迄今为止世界各国并未建立统一的能源效率评价与比较基准，全球范围内基于不同模型、指标的评价结果，可比性差，本书也未进行能源效率的国际比较，原因主要也在于此。因此，从理论和实证研究方面，构建稳健的能源效率评价模型，达到国际范围内的可比，是难点，但并不妨碍成为今后研究的重点方向之一。

（2）能源效率研究中，缺少对污染物的考察成为目前研究的主要缺陷。本书在省际全要素能源效率评价中综合考虑了污染物的排放情况。但由于分品种的能源消费量与污染物排放之间存在不同的相关关系，如煤炭消费与污染物排放等，对于此方面的研究，有待于进一步挖掘数据，深入研究。

（3）由于其他省份工业行业能源消费、环境污染等数据的不可得，本书以陕西省为例实证研究了工业38个行业全要素能源效率及其变动源泉。对于其他省份工业行业全要素能源效率的研究，只有在获得更丰富的数据资源的基础上进行进一步的深入研究与比较分析。

参 考 文 献

[1] 查冬兰, 周德群. 基于 CGE 模型的中国能源效率回弹效应研究 [J]. 数量经济技术经济研究, 2010 (12): 39-53.

[2] 查冬兰, 周德群. 地区能源效率与二氧化碳排放的差异性 [J]. 系统工程, 2007 (11): 65-71.

[3] 蔡芳芳, 王艳华. 陕西省能源效率影响因素的灰色关联分析 [J]. 产业与科技论坛, 2012, 11 (12): 123-125.

[4] 陈超, 王海建. 环境外在性与"干中学"内生经济增长 [J]. 预测, 2002, 21 (2): 68-70.

[5] 陈斐. 区域空间经济关联模式分析 [M]. 中国社会科学出版社, 2008.

[6] 陈诗一. 能源消耗、二氧化碳排放与中国工业的可持续发展 [J]. 经济研究, 2009 (4): 41-55.

[7] 陈书通. 我国未来经济增长与能源消费关系分析 [J]. 中国工业经济, 1996 (9): 21-26.

[8] 代谦, 别朝霞. FDI、人力资本积累与经济增长 [J]. 经济研究, 2006 (4): 15-27.

[9] 戴维, 罗默. 高级宏观经济学 (第二版) [M]. 上海: 上海财经大学出版社, 2003.

[10] 邓聚龙. 灰色系统的基本方法 [M]. 武汉: 华中理工大学出版社, 1986.

[11] 范金. 可持续发展下的最优经济增长 [M]. 北京: 经济管理出版社, 2002.

[12] 范雪红, 张意翔. 基于计量经济模型的能源消费与经济增长关系研究 [J]. 理论月刊, 2005, (12): 78-81.

[13] 傅晓霞, 吴利学. 技术效率、资本深化与地区差异 [J]. 经济研究,

2006（10）：52-61.

[14] 高振宇，王益. 我国能源生产率的地区划分及影响因素分析 [J]. 数量经济技术经济研究，2006（9）：46-57.

[15] 耿诺，王高尚. 我国能源效率分析 [J]. 中国能源，2008（7）：32-36.

[16] 郭亚军. 综合评价理论、方法及应用 [M]. 北京：科学出版社，2007.

[17] 韩智勇，魏一鸣，焦建玲，范英，张九天. 中国能源消费与经济增长的协整性和因果关系分析 [J]. 系统工程，2004（12）：19-21.

[18] 韩智勇，魏一鸣，范英. 中国能源强度与经济结构变化特征研究 [J]. 数理统计与管理，200（1）：1-6.

[19] 杭雷鸣，屠梅曾. 能源价格对能源强度的影响 [J]. 数量经济技术经济研究，2006（12）：93-100.

[20] 韩亚芬，孙根年. 我国"十一五"各省区节能潜力测算 [J]. 统计研究，2008（1）：43-46.

[21] 何洁. 外商直接投资对中国工业部门外溢效应的进一步精确量化 [J]. 世界经济，2000（12）：29-36.

[22] 胡宗义，蔡文斌. 能源税收对能源强度影响的 CGE 研究 [J]. 湖南大学学报（社会科学版），2007（5）：57-61.

[23] 胡宗义. 能源价格对能源强度和经济增长影响的 CGE 研究 [J]. 财经理论与实践，2008（3）：91-95.

[24] 黄菁. 环境污染、人力资本与内生经济增长：一个简单的模型 [J]. 南方经济，2009（4）：3-11.

[25] 将金荷. 提高能源利用效率与经济结构调整的策略分析 [J]. 数量经济技术经济研究，2004（10）：16-23.

[26] 焦必方. 环保型经济增长——21 世纪中国的必然选择. 上海 [M]. 上海：复旦大学出版社 2001.

[27] 李金凯. 能源约束与中国经济增长研究：理论与实证 [M]. 北京：中国物资出版社，2009.

[28] 李俊. 中国区域能源供求及其因素分析 [J]. 资源科学，1994（2）：34-41.

[29] 李兰冰. 中国全要素能源效率评价与解构 [J]. 中国工业经济，2012（6）：57-69.

[30] 李力, 王凤. 中国制造业能源强度分解研究 [J]. 数量经济技术经济研究, 2008 (10): 66-74.

[31] 李廉水, 周勇. 技术进步能提高能源效率? [J]. 管理世界, 2006 (10): 82-89.

[32] 李世祥, 成金华. 中国主要工业省区能源效率分析: 1990-2006 年 [J]. 数量经济技术经济研究, 2008 (10): 32-43.

[33] 李仕兵, 赵定涛. 环境污染约束条件下经济可持续发展内生增长模型 [J]. 预测, 2008, 27 (1): 72-76.

[34] 李未无. 对外开放与能源利用效率: 基于 35 个工业行业的实证研究 [J]. 国际贸易问题, 2008 (6): 7-15.

[35] 梁怀学, 陈权宝. 面板数据模型及在我国能源消费结构特征分析中的应用 [J]. 吉林师范大学学报 (自然科学版), 2005 (8): 8-10.

[36] 林伯强. 电力消费与中国经济增长: 基于生产函数的研究 [J]. 管理世界, 2003 (11): 18-27.

[37] 林毅夫, 刘培林. 地方保护和市场分割: 从发展战略的角度考察 [R]. 北京大学中国经济研究中心讨论稿, 2004.

[38] 刘畅, 孙宪丽, 高铁梅. 中国能源消耗强度变动机制与价格非对称效应研究 [J]. 中国工业经济, 2009 (3): 59-70.

[39] 刘畅, 崔艳红. 中国能源消耗强度区域差异的动态关系比较研究 [J]. 中国工业经济, 2008 (4): 34-43.

[40] 刘朝马, 刘冬梅. 矿产资源的可持续利用问题研究 [J]. 数量经济技术经济研究, 2002 (1): 39-41.

[41] 刘凤良, 郭杰. 资源可耗竭、知识积累与内生经济增长 [J]. 中央财经大学学报, 2002 (11): 65-68.

[42] 刘凤朝, 潘雄锋, 徐国全. 基于结构份额和效率份额的中国能源消费强度研究 [J]. 资源科学, 2007, 29 (4): 2-6.

[43] 刘凤朝, 刘源远, 潘雄锋. 中国经济增长与能源消费的动态特征 [J]. 资源科学, 2007, 29 (5): 63-68.

[44] 刘俊杰, 贾兴梅. 工业结构变动对能源强度的影响: 基于广西的实证 [J]. 广西师范大学学报 (哲学社会科学版), 2012, 48 (3): 40-48.

[45] 刘红玫, 陶全. 大中型工业企业能源强度下降的动因探析 [J]. 统计研究, 2002 (9): 30-34.

[46] 刘伟,李绍荣.所有制变化与经济增长和要素效率提升[J].经济研究,2001(1):3-9.

[47] 刘小玄.国有企业与非国有企业的产权结构及其对效率的影响[J].经济研究,1995(7):11-20.

[48] 刘小玄.中国工业企业的所有制结构对效率的影响[J].经济研究,2000(2):17-25.

[49] 刘思峰.灰色系统理论及其应用[M].北京:科技出版社,1999.

[50] 刘思峰,党耀国.灰色系统理论及其应用(第三版)[M].北京:科技出版社,2004.

[51] 刘思峰,郭天榜,党耀国.灰色系统理论及其应用[M].北京:科学出版社,1999.

[52] 吕荣胜,周子元,聂锢.基于SBM的重化工业能源效率实证研究[J].中国经贸导刊,2012(11):70-71.

[53] 马宏伟,王效华,何祖银,李静.我国能源消费与经济增长的实证分析[J].商业研究,2006(16):38-41.

[54] 马歇尔.经济学原理(上卷)[M].北京:商务印书馆,1981.

[55] 路正南.产业结构调整对我国能源消费影响的实证分析[J].数量经济技术经济研究,1999(12):53-55.

[56] 欧阳志云,王效科,苗鸿.中国绿地生态系统服务功能及其生态价值的初步研究[J].生态学报,1999(5):19-25.

[57] 彭水军.污染外部性、可持续发展与政府政策选择——基于内生化劳动供给和人力资本积累的动态模型[J].厦门大学学报(哲学社会科学版),2008(3):50-57.

[58] 彭志龙,吴优,武央,王海燕.能源消费与GDP关系研究[J].统计研究,2007(7):6-10.

[59] 蒲勇健.经济增长方式的数量刻画与产业结构调整:一个理论模型[J].经济科学,1997(2):24-31.

[60] 蒲勇健,杨秀苔.资源约束下的可持续经济增长内生技术进步模型[J].科技与管理,1999(2):5-8.

[61] 齐绍洲,云波,李锴.中国经济增长与能源消费强度差异的收敛性及机理分析[J].经济研究,2009(4):56-64.

[62] 齐志新,陈文颖.中、日、美能源经济比较[J].统计与决策,

2007 (2): 65-67.

[63] 齐志新, 陈文颖. 结构调整还是技术进步? [J]. 上海经济研究, 2006 (6): 8-16.

[64] 屈小娥, 袁晓玲. 中国能源消费与经济增长的灰色关联分析 [J]. 统计与决策, 2008 (14): 86-88.

[65] 屈小娥, 袁晓玲. 中国工业部门能源消费的面板协整分析 [J]. 产业经济研究, 2008 (6): 10-15.

[66] 屈小娥, 袁晓玲. 中国地区能源消费差异及影响因素分析 [J]. 商业经济与管理, 2009 (9): 58-64.

[67] 屈小娥, 袁晓玲. 中国地区能源强度差异及影响因素分析 [J]. 经济学家, 2009 (9): 68-74.

[68] 屈小娥. 中国省际能源效率差异及其影响因素分析 [J]. 经济理论与经济管理, 2009 (2): 46-52.

[69] 屈小娥. 中国省际全要素能源效率变动分解 [J]. 数量经济技术经济研究, 2009 (8): 29-43.

[70] 芮建伟, 王立杰. 矿产资源价值动态经济评价模型 [J]. 中国矿业, 2001 (2): 31-33.

[71] 邵忍丽, 贾明德. 我国经济的可持续发展与能源消费的关系分析 [J]. 西安石油大学学报(社会科学版), 2006 (3): 5-9.

[72] 邵军, 管驰明. 中国工业部门能源使用效率及其影响因素研究 [J]. 经济学家, 2009 (1): 58-65.

[73] 师博, 张良悦. 我国区域能源效率的收敛性分析 [J]. 当代财经, 2008 (2): 17-21.

[74] 施发启. 对我国能源消费弹性系数变化及成因的初步分析 [J]. 统计研究, 2005 (5): 8-11.

[75] 施凤丹. 中国工业能耗变动原因分析 [J]. 系统工程, 2008 (4): 55-60.

[76] 史丹, 傅晓霞, 吴滨. 中国能源效率地区差异及其成因研究 [J]. 管理世界, 2008 (2): 35-43.

[77] 史丹, 张金隆. 产业结构变动对能源消费的影响 [J]. 经济理论与经济管理, 2003 (8): 30-32.

[78] 史丹. 中国能源效率的地区差异与节能潜力分析 [J]. 中国工业经

济, 2006 (10): 49-58.

[79] 史丹. 结构变动是影响我国能源消费的主要因素 [J]. 中国工业经济, 1999 (11): 38-43.

[80] 孙广生, 黄祎, 田海峰, 王凤萍. 全要素生产率、投入替代与地区间的能源效率 [J]. 经济研究, 20102 (9): 99-112.

[81] 孙广生, 杨先明, 黄祎. 中国工业行业的能源效率 (1987-2005) [J]. 中国软科学, 2012 (11): 29-39.

[82] 孙立成, 周德群, 李群. 能源利用效率动态变化的中外比较 [J]. 数量经济技术经济研究, 2008 (8): 57-69.

[83] 唐玲, 杨正林. 能源效率与工业经济转型——基于中国1998-2007年行业数据的实证研究 [J]. 数量经济技术经济研究, 2009 (10): 34-48.

[84] 涂正革, 肖耿. 中国工业增长模式转变——大中型工业企业劳动生产率下降的非参数生产前沿动态分析 [J]. 管理世界, 2006 (10): 57-67.

[85] 涂正革. 环境、资源与工业增长的协调性 [J]. 经济研究, 2008 (2): 93-104.

[86] 涂正革, 肖耿. 环境约束下的中国工业增长模式研究 [J]. 世界经济, 2009 (11): 41-54.

[87] 王兵, 张技辉, 张华. 环境约束下中国省际全要素能源效率实证研究 [J]. 经济评论, 2011 (4): 31-43.

[88] 王海建. 耗竭性资源、R&D与内生经济增长模型 [J]. 系统工程理论方法应用, 1999 (3): 38-42.

[89] 王海建. 资源环境约束之下的一类内生经济增长模型 [J]. 预测, 1999 (4): 36-38.

[90] 王海建. 资源约束、环境污染与内生经济增长 [J]. 复旦学报 (社会科学版), 2000 (1): 76-80.

[91] 王海鹏, 田澎. 基于变参数模型的中国能源消费与经济增长关系研究 [J]. 数理统计与管理, 2006 (3): 253-258.

[92] 王庆晓, 崔玉泉, 张延港. 环境和能源约束下的内生经济增长模型 [J]. 山东大学学报 (理学版), 2009, 44 (2): 52-55.

[93] 王庆一. 中国能源效率评析 [J]. 中国能源, 2011, 43 (8): 5-11.

[94] 王庆一. 中国能源效率及国际比较 [J]. 节能与环保 (上), 2003 (8): 5-7.

[95] 王庆一. 中国能源效率及国际比较 [J]. 节能与环保（下），2003（9）：11-14.

[96] 王少平，杨继生. 中国工业能源调整的长期战略与短期措施 [J]. 中国社会科学，2006（4）：88-96.

[97] 王雄，岳意定，刘贯春. 基于 SFA 模型的科技环境对中部地区能源效率的影响研究 [J]. 经济地理，2013，33（5）：37-42.

[98] 王玉潜. 能源消耗强度变动的因素分解方法及应用 [J]. 数量经济技术经济研究，2003（8）：151-154.

[99] 王玉燕，林汉川. 我国西部地区能源效率：趋同、节能潜力及其影响因素 [J]. 经济问题探索，2013（4）：38-45.

[100] 王志刚，龚六堂，陈玉宇. 地区间生产效率与全要素生产率增长率分解（1978-2003）[J]. 中国社会科学，2006（2）：55-66.

[101] 汪克亮，杨宝臣，杨力. 考虑环境效应的中国省际全要素能源效率研究 [J]. 管理科学，2010，23（6）：100-111.

[102] 汪克亮，杨宝臣，杨力. 中国能源利用的经济效率、环境绩效与节能减排潜力 [J]. 经济管理，2010，32（10）：1-9.

[103] 汪旭辉，刘勇. 中国能源消费与经济增长：基于协整分析和 Granger 因果检验 [J]. 资源科学，2007（5）：57-62.

[104] 魏楚. 中国能源效率问题研究 [D]. 浙江：浙江大学博士论文，2009.

[105] 魏楚，沈满洪. 能源效率与能源生产率：基于 DEA 方法的省际数据比较 [J]. 数量经济技术经济研究，2007（9）：110-121.

[106] 魏楚，沈满洪. 能源效率及其影响因素：基于 DEA 的实际正分析 [J]. 管理世界，2007（8）：66-76.

[107] 魏楚，沈满洪. 结构调整能否改变能源效率：基于中国省级数据的研究 [J]. 世界经济，2008（11）：77-85.

[108] 魏楚，杜立民，沈满洪. 中国能否实现节能减排目标：基于 DEA 方法的评价与模拟 [J]. 世界经济，2010（3）：141-160.

[109] 魏晓平，王新宇. 矿产资源最适耗竭经济分析 [J]. 中国管理科学，2002（5）：78-81.

[110] 吴琦，武春友. 基于 DEA 的能源效率评价模型研究 [J]. 管理科学，2009，22（1）：103-112.

[111] 吴巧生,成金华. 中国工业化中的能源消耗强度变动及因素分析 [J]. 财经研究, 2006 (6): 75 - 85.

[112] 吴巧生,成金华. 中国能源消耗强度变动及因素分解: 1980 - 2004 [J]. 经济理论与经济管理, 2006 (10): 34 - 40.

[113] 吴巧生,成金华,王华. 中国工业化进程中能源消费变动——基于计量模型的实证分析 [J]. 中国工业经济, 2005 (4): 30 - 37.

[114] 吴巧生,陈亮,张炎涛,成金华. 中国能源消费与 GDP 关系的再检验——基于省际面板数据的实证检验 [J]. 数量经济技术经济研究, 2008 (6): 27 - 40.

[115] 吴宗鑫. 中国能源需求预测模型——能源预测模型开发与应用 [M]. 北京: 中国计划出版社, 1998.

[116] 吴宗鑫,刘滨,齐志新. 美国和日本能源消费比较对我国的启示 [J]. 当代石油经济, 2005 (9): 25 - 28.

[117] 谢千里,罗斯基. 中国工业改革: 创新、竞争与产权内生模型 [C]. 载林青松和杜鹰主编,中国工业改革与效率,云南: 云南人民出版社, 1996.

[118] 徐盈之,管建伟. 中国区域能源效率趋同性研究: 基于空间经济学视角 [J]. 财经研究, 2011, 37 (1): 112 - 123.

[119] 宣能啸. 我国能源效率问题分析 [J]. 国际石油经济, 2004 (9): 35 - 39.

[120] 杨朝峰,陈伟忠. 能源消费与经济增长: 基于中国的实证研究 [J]. 石油大学学报 (社会科学版), 2005 (11): 18 - 22.

[121] 杨冠琼. 经济增长与能源消费: 来自山东省的经验证据 [J]. 经济管理, 2006 (22): 84 - 91.

[122] 杨红亮,史丹,肖洁. 自然环境因素对能源效率的影响 [J]. 中国工业经济, 2009 (4): 73 - 84.

[123] 杨红亮,史丹. 能效研究方法和中国各地区能源效率的比较 [J]. 经济理论与经济管理, 2008 (3): 12 - 20.

[124] 杨琴,袁永科. 北京市工业能源强度影响因素分解分析 [J]. 特区经济, 2012 (10): 51 - 53.

[125] 杨继生. 国内外能源价格与中国能源效率 [J]. 经济学家, 2009 (4): 90 - 97.

[126] 杨柳，李力. 能源价格变动对经济增长与通货膨胀的影响 [J]. 中南财经政法大学学报，2006（4）：51-55.

[127] 杨正林，方齐云. 能源生产率差异与收敛：基于省际面板数据的实证分析 [J]. 数量经济技术经济研究，2008（9）：17-30.

[128] 叶祥松，彭良燕. 我国环境规制下的规制效率与全要素生产率研究：1999-2008 [J]. 财贸经济，2011（2）：102-109.

[129] 于渤，黎永亮，迟春洁. 考虑能源耗竭、污染治理的经济持续增长内生模型 [J]. 管理科学学报，2006，9（4）：12-17.

[130] 余江. 资源约束、结构变动与经济增长 [M]. 北京：人民出版社，2008.

[131] 余永泽. 我国节能减排潜力、治理效率与实施路径研究 [J]. 中国工业经济，2011（5）：58-68.

[132] 原毅军，郭丽丽，孙佳. 结构、技术、管理与能源利用效率 [J]. 中国工业经济，2012（7）：18-30.

[133] 岳书敬，刘富华. 环境约束下的经济增长效率及其影响因素 [J]. 数量经济技术经济研究，2009（5）：94-106.

[134] 尹宗成，丁日佳，江激宇. FDI、人力资本、R&D 与中国能源效率 [J]. 财贸经济，2008（9）：95-98.

[135] 余甫功. 我国能源强度变化因素分析 [J]. 学术研究，2007（2）：74-79.

[136] 曾贤刚. 我国能源效率、CO_2 减排潜力及影响因素分析 [J]. 中国环境科学，2010，30（10）：1432-1440.

[137] 赵丽霞，巍巍贤. 能源与经济增长模型研究 [J]. 预测，1998（6）：33-35.

[138] 詹国华，陈治理. 我国技术进步对能源效率影响的实证分析 [J]. 统计与决策，2013（1）：150-153.

[139] 张彬，左晖. 能源持续利用、环境治理和内生经济增长 [J]. 中国人口·资源与环境，2007，17（5）：27-32.

[140] 张传国，陈蔚娟. 广东省能源消费与经济增长关系实证研究 [J]. 国际贸易探索，2008（6）：29-33.

[141] 张军，吴桂英，张鹏. 中国省际物质资本存量估算：1952-2000 [J]. 经济研究，2004（10）：35-44.

［142］张丽峰．中国经济增长、产业结构对能源消费影响分析［J］．财经问题研究，2008（5）：1－6．

［143］张红霞，刘起运．我国高耗能产业的地区间相对有效性及其影响［J］．统计研究，2008（4）：40－44．

［144］张珍花，戴丽亚．中国产业能源消耗效率变化的实证分析［J］．生态经济，2012（7）：91－93．

［145］张志柏．中国能源消费的弹性系数：估计与分析［J］．数量经济技术经济研究，2008（7）：42－53．

［146］中国科学院地理科学与资源研究所能源战略研究小组．中国区域结构节能潜力分析［M］．北京：科学出版社，2007．

［147］钟晓青，吴浩梅．广州市能源消费与 GDP 及能源结构关系的实证研究［J］．中国人口、资源与环境，2007（1）：135－138．

［148］周健．我国区域经济增长与能源利用效率改进的动态演化机制研究——基于省域面板数据协整模型的实证分析［J］．数量经济技术经济研究，2008（9）：3－16．

［149］周健，顾柳柳．能源、环境约束与工业增长模式转变［J］．财经研究，2009，（5）：94－103．

［150］邹艳芬，陆宇海．基于空间自回归模型的中国能源利用效率区域特征分析［J］．统计研究，2005（10）．

［151］朱鹏，卢爱珍．FDI 对我国能源效率的影响分析［J］．山西财经大学学报，2013，35（1）：11－12．

［152］Abbott M..The Productivity and Efficieney of the Australian Electricity Supply Industry［J］．Energy Economics，2006，28（4）：444－454．

［153］Abosedra S.，Baghestani，H..New Evidence on the Causal Relationship Between U. S. Energy Consumption and Gross National Product［J］．Journal of Energy Development，1989，14（2）：285－292．

［154］Adeyemi O.，Hunt L. C..Modelling OECD Industrial Energy Demand：Asymmetric Price Responses and Energy-saving Technical Change［J］．Energy Economics，2007，29（4）：693－709．

［155］Aghion P.，Howitt P..Endogenous Growth Theory［M］．MIT Press，Cambridge，MA，1998．

［156］Akarca A. T.，Long T. V..On the Relationship between Energy and

GNP: A Reexamination [J]. Journal of Energy Development, 1980 (5): 326 – 331.

[157] Alcantara V., Duarte R.. Comparion of Energy Intensities in European Union Countries, Results of A Structural Decomposition Analysis [J]. Energy Policy, 2004, 32 (2): 177 – 189.

[158] Anselin L.. Spatial Econometrics: Methods and Models [M]. The Netherlands: Kluwer Academic Publishers, Dordrecht, 1998.

[159] Asheim G. B., Buchholz W., Withagen C.. Hartwicks Rule: Myths and Facts [J]. Environmental and Resource Economics, 2003, 25 (1): 129 – 150.

[160] Azadeh A., Amalnick M. S., Ghaderi S. F., Asadzadeh S. M.. An Integrated DEA PCA Numerical Taxonomy Approach for Energy Efficiency Assessment and Consumption Optimization in Energy Intensity Manufacturing Sectors [J]. Energy Policy, 2007, 35 (7): 3792 – 3806.

[161] Banker R. D., Chrnes A., Cooper W. W.. Some Models For estimating Technical and Scale Inefficiecies in Data Envelopment Analysis [J]. Management Scienee, 1984, 30 (9): 1078 – 109.

[162] Barro R. X., Sala-i-Martin X.. Convergence [J]. Journal of Political Economy, 1992, 100 (2): 223 – 251.

[163] Bernstein M. A., Fonkych K., Loeb S., Loughran D. S.. State-level Changes in Energy Intensity and Their National Implication [J]. Science and Technology, 2003.

[164] Besag J.. Spatial Interaction and the Statistical Analysis of Lattice Systems [J]. Journal of the Royal Statistical Society, 1974, 36 (2): 192 – 225.

[165] Birol F., Keppler J. H.. Prices, Technology Development and the Rebound Effect [J]. Energy Policy, 2000, 28 (6 – 7): 457 – 469.

[166] Bovenberg A. L., Smulders S. A.. Environmental Quality and Pollution-augmenting Technological Change in a Two-sector Endogenous Growth Model [J]. Journal of Public Economics, 1995, 57 (3): 369 – 391.

[167] Bovenberg A. L., Smulders S. A.. Transitional Impacts of Environmental Policy in an Endogenous Growth Model [J]. International Economic Review, 1996, 37 (4): 861 – 893.

[168] Bosseboeuf D. , Chateau B. , Lapillonne R. . Cross-country Comparison on Energy Efficiency Indicators: the on-going Europe Effort Towards a Common Methodology [J]. Energy Policy, 1997, 25 (9): 673 - 682.

[169] Boyd G. A. , Pang J. X. . Estimating the Linkage between Energy Efficiency and Productivity [J]. Energy Poliey, 2000, 28 (2): 289 - 296.

[170] Caves D. W. , Christensen L. R. , Diewert W. E. . Multi lateral Compositions of Output, Input and Productivity Using Superlative Index Numbers [J]. Economic Journal, 1982, 92 (3): 273 - 286.

[171] C. A. K. Lovell. "Production Frontiers and Productive Efficiency," in Fried H. O. , C. A. K. Lovell, S. S. Schmidt (Eds.), The Measurement of Productive Efficiency: Techniques and Applications [C]. Oxford: Oxford University Press, New York, 1993.

[172] Charnes A. , Cooper W. W. , Rhodes E. . Measuring the Efficiency of Decision Making units. European [J]. Journal Operational Research, 1978, 2 (6): 429 - 444.

[173] Youngho Chang, Joon Fong Wong. . Oil Price Fluctuations and Singapore Economy [J]. Energy Policy, 2003, 31 (11): 1151 - 1165.

[174] Cheng B. S. . An Investigation of Cointegration and Causality between Energy Consumption and Economic Growth [J]. Journal of Energy Development, 1995, 21 (1): 73 - 84.

[175] Chung Y. , Fare R. , Grosskopf S. . Productivity and Undesirable Outputs: a Directional Distance Function Approach [J]. Journal of Environmental Management , 1997, 51 (2): 229 - 240.

[176] Chunhua Wang. Decomposing Energy Productivity Change: A Distance Function Approach [J]. Energy, 2007, 32 (8): 1326 - 1333.

[177] Chunbo Ma, David I. Stern. China's Changing Energy Intensity Trend: A Decomposition Analysis [J]. Energy Economics, 2008, 30 (3): 1037 - 1053.

[178] Chung Y. H. , Fare R. , Grosskopf S. . Productivity and Undesirable Outputs: A Directional Distance Function Approach [J]. Journal of Environmental Management, 1997, 51 (3): 229 - 240.

[179] Cliff A. D. , Ord J. K. . Spatial Processes: Models and Applications [M]. London: Pion, 1981.

[180] Common M. , Perring C. . Towards an Ecological Economics of Sustainability [J]. Ecol Econ, 1992, 6 (1): 7 – 34.

[181] Copeland B. R. , M. S. Taylor. Trade, Growth and the Environment [J]. Journal of Economic Literature, 2004, 42 (1): 7 – 71.

[182] Copeland B. R. , M. S. Taylor. Trade and Trans-boundary Pollution [J]. American Economic Review, 1995, 85 (4): 716 – 737.

[183] Daly H. E. . Beyond Growth: the Economics of Sustainable Development [M]. Beacon Press, 1996.

[184] Dasgupta P. , Heal G. . Economic Theory and Exhaustible Resources [M]. Cambridge, Cambridge University Press, 1979.

[185] Denison E. F. . Why Growth Rates Differ: Postwar Experience in Nine Western Countries [M]. Washington, DC: Brooking Institution Publishing, 1967.

[186] Treffers D. J. , Faaij A. P. C. , Spakman J. , Seebregts A. . Exploring the Possibilities for Setting up Sustainable Energy Systems for the Long Term: Two Visions for the Dutch Energy System in 2050 [J]. Energy Policy, 2005, 33 (13): 1723 – 1743.

[187] Edward B. Barbier, Anil Markandya. The Conditions for Achieving Environmentally Sustainable Development [J]. European Economic Review, 1990, 34 (2 – 3): 659 – 669.

[188] Erol U. , Yu E. S. H. . On the Causal Relationship between Energy and Income for Industrialized Counteries [J]. Journal of Energy Development, 1987, 13 (1): 113 – 122.

[189] Fare M. J. . The Measurement of Productive Efficiency [J]. Journal of the Royal Statistical Society, 1957, 120 (3): 253 – 281.

[190] Färe R. , Grosskopf S. , Pasurka Jr. C. A. . Environmental Production Function and Environmental Directional Distance Functions [J]. Energy, 2007, 32 (7): 1055 – 1066.

[191] Fisher-Vanden K. , Jefferson G. H. , Liu, Hongmei, Quan Tao. . What is Driving China's Decline in Energy Intensity [J]. Resource and Energy Economic's, 2004, 26 (1): 77 – 97.

[192] Freeman S. L. , Niefer M. J. , Roop J. M. . Measuring Industrial Energy Intensity: Practical Issues and Problems [J]. Energy Policy, 1997, 25 (7 –

9): 703 -714.

[193] Galli R.. The Relationship between Energy Intensity and Income Levels Forecasting Log-term energy Demand in Asia Emerging Countries [J]. Energy Journal, 1998, 19 (1): 29 -57.

[194] Garbaccio R. F., Ho M. S., Jorgenson D. W.. Why Has the Energy-output Ration Fallen in China? [J]. Energy Journal, 1999, 20 (3): 63 -92.

[195] Genem Grossman, Alanb Krueger. Economic Growth and the Environmemt [R]. Working Papper, 1994.

[196] Geary R. C.. The Contiguity Ratio and Statistical Mapping [J]. The Incorporated Statistician, 1954, 5 (3): 115 -145.

[197] Ghali K. H., EI-Sakka M. I. T.. Energy use and Output Growth in Canada: a Multivariate Cointegration Analysis [J]. Energy Eeonomies, 2004, 26 (2): 225 -238.

[198] Glasure Yu, Lee A. R.. Cointegration, Error-correction, and the Relationship between GDP and Case of South Kora and Singapore [J]. Resource and Energy Economics, 1997, 20 (1): 17 -25.

[199] Goodchild M. F.. Spatial Autocorrelation (CATMOG 47) [M]. Norwich, UK: Geobooks, 1986.

[200] Goulder L. Mathai K.. Optimal CO_2 Abatement in the Presence of Induced Technological Change [C]. Working Paper 6694, NBER, Cambridge, USA, 1998.

[201] Grossman G., Helpman E.. Innovation and Growth in the Global Economy [M]. Cambridge, MA, MIT Press, 1991.

[202] Gradus R., Smulders S.. The Trade-off between Environmental Care and Long-term Growth-pollution in Three Prototype Growth Models [J]. Journal of Economics, 1993, 58 (1): 25 -51.

[203] Grimaud A., Rouge L.. Non Renewable Resources and Growth with Vertical Innovations: Optimum, Equilibrium and Economic Policies [J]. Journal of Environmental Economics and Management, 2003, 45 (2): 433 -453.

[204] Grimaud A.. Pollution Permits and Sustainable Growth in Schumpeterian Models [J]. Journal of Environmental Economics and Management, 1999, 38 (3): 249 -266.

[205] Grossman G. M., Krueger A. B.. Environmental Impacts of a North American Free Trade Agreement [C]. National Bureau of Economic Research Working Paper 3914, NBER, Cambridge MA, 1991.

[206] Hailu A., Veeman T. S. Non-parametric Productivity Analysis with Undesirable Outputs: An Application to the Canadian Pulp and Paper Industry [J]. American Journal of Agricultural Economics, 2001, 83 (3): 605 - 616.

[207] Hamilton K., Hartwick J. M.. Investing Exhaustiable Resource Rents and the Path of Consumption [J]. Canadian Journal of Economics, 2005, 38 (2): 615 - 621.

[208] Hongliang Yang, Pollitt Michael. Incorporating Both Undesirable Outputs and Uncontrollable Variables into DEA: the Performance of Chinese Coal - fired Power Plants [J]. European Journal of Operational Research, 2009, 197 (3): 1095 - 1105.

[209] Hu J. L., Kao C. H.. Efficient Energy-saving Targets for APEC Economies [J]. Energy Policy, 2007, 35 (1): 373 - 382.

[210] Huang J. P.. Industrial Energy Use and Structural Change: A Case Study of the People's Republic of China [J]. Energy Economics, 1993, 15 (2): 131 - 136.

[211] Hwang DBK., Gum B.. The Causal Relationship between Energy and GNP: the Case of Taiwan [J]. Journal of Energy Development, 1991, 12 (2): 219 - 226.

[212] Sue Wing Lan, Eckaus, Richard S.. Explaining Long-run Changes in the Energy Intensity of the U. S. Economy [R]. Working Papper, 2004.

[213] Cornillie J., Fankhauser S.. The Energy Intensity of Transition Countries [J]. Energy Economics, 2004, 26 (3): 283 - 295.

[214] Jenne C., Cattell R. K.. Structural Change and Energy Effieieney in Industry [J]. Energy Eeonomies, 1983, 5 (2): 114 - 123.

[215] Jeon B. M., Sickles R. C.. The Role of Environmental Factors in Growth Accounting: A Nonparametric Analysis [J]. Journal of Applied Econometrics, 2004, 19 (5): 567 - 591.

[216] Jin-Li Hu, Shih-Chuan Wang. Total-factor Energy Efficiency of Regions in China [J]. Energy Policy, 2006, 34 (17): 3206 - 3217.

[217] Sinton, Jonathan E.. Accuracy and Reliability of China's Energy Statistics [J]. China Economic Review, 2001, 12 (4): 373 - 383.

[218] Jorgenson D. W. , Griliches Z.. The Explanation of Productivity Change [J]. Review of Economic Studies, 1967 (3): 249 - 280.

[219] Jumbe C.. Cointegration and Causality between Electricity Consumption and GDP: Empirical Evidence form Malawi [J]. Energy Economics, 2004, 26 (1): 61 - 68.

[220] Judson R. A. , Schmalensee R. , Stoker T. M.. Economic Development and the Structure of the Demand for Commercial energy [J]. The Energy Journal, 1999, 20 (1) 29 - 59.

[221] Kambara T.. The Energy Situation in China [J]. China Quarterly, 1992, 131 (9): 608 - 636.

[222] Kawase R. , Matsuoka Y. , Fujino J.. Decomposition Analysis of CO_2 Emission in Long-term Climate Stabilization Scenarios [J]. Energy Policy, 2006, 34 (15): 2113 - 2122.

[223] Kraft J. , Kraft A.. On the Relationship Between Energy and GNP [J]. Journal of Energy and Development, 1978 (3): 401 - 403.

[224] Kumar S.. Environmentally Sensitive Productivity Growth: A Global Analysis Using Malmquist-Luenberger Index [J]. Ecological Economics, 2006, 56 (2): 280 - 293.

[225] Leon Clarke, Weyant John, Birky Alicia. On the Sources of Technological Change: Assessing the Evidence [J]. Energy Economics, 2006, 28 (5 - 6): 579 - 595.

[226] Lin X. , Polenske K. R.. Imput-Output Anatomy of China's Energy Use Changes in the 1980s [J]. Economic Systems Research, 1995, 7 (1): 67 - 84.

[227] Liu X. Q. , Ang B. W. , Ong H. L.. Iterfuel Substitution and Decomposition of Changes in Industrial Energy Consumption [J]. Energy the Intemational Journal, 1992, 17 (7): 689 - 696.

[228] Lucas R.. On the Mechanics of Economic Development [J]. Journal of Monetary Economics, 1988, 22 (1): 3 - 42.

[229] Luenberger D. G.. Microeconomic Theory [M]. Mc Graw-Hill, Boston, 1995.

[230] Maddison A.. Growth and Slowdown in Advanced Capitalist Economics: Techniques of Quantitative Assessment [J]. Journal of Economic Literature, 1987, 25 (2): 649 – 699.

[231] Mardia K. V., R. J. Marshall. Maximum Likelihood Estimation of Methods for Residual Covariance in a Spatial Regression [J]. Biometrika, 1984, 71 (1): 135 – 146.

[232] Markangya A., Galinato S. P., Streimikiene D.. Energy Intensity in Transition Economies: Is there Convergence Towards the EU Average? [J]. Energy Economics, 2006, 28 (1): 121 – 145.

[233] Masih A. M.. Energy Conservation in Electricity Generation: A Case Study of the Electricity and Water Industry in Kuwait [J]. Energy Economics, 1996, 18 (1): 69 – 79.

[234] Masih, Abul M. M., Masih R.. A Multivariate Cointegrated Modeling Approach in Testing Temporal Causality between Energy Consumption, Real Income and Price with an Application to Two Asian LDCs [J]. Applied Economics, 1998, 30 (10): 1287 – 1298.

[235] Meadows D. H., Meadows D. L., Randers J.. Beyond the Limits [M]. Post Mills, VT: Chelsea Green Publishing Co., 1992.

[236] Medlock K. B., Soligo R.. Economic Development and End-Use Energy Demand [J]. The Energy Journal, 2001, 22 (2): 77 – 105.

[237] Miketa A., Mulder P.. Energy Productivity Across Developed and Developing Countries in 10 Manufacturing Sectors: Patterns of Growth and Convergence [J]. Energy Economics, 2005, 27 (3): 429 – 453.

[238] Miketa A.. Analysis of Energy Intensity Development in Manufacturing Sector in Industrialized and Developing Countries [J]. Energy Policy, 2001, 29 (10): 769 – 775.

[239] Moran P. A.. Test for the Serial Dependence of Residuals [J]. Biometrika, 1970, 37 (1): 178 – 181.

[240] Mulder P., de Groot H. L. F.. International Comparisons of Sectoral Energy and Labor Productivity Performance: Stylized Facts and Decomposition of Trends [R]. CPB Discussion Paper, CPB, The Hague, 2003, 22.

[241] Mulder P., de Groot H. L. F.. Sectoral energy and labor productivity

convergence [R]. CPB Discussion Paper, CPB, The Hague, 2003, 23.

[242] Mulder P. , de Groot H. L. F. , Hofkes M. W. . Explaining Slow Diffusion of Energy-saving Technologies, a Vintage Model with Returns to Diversity and Learning-by-using [J]. Resource and Energy Economics, 2003, 25 (1): 105 - 126.

[243] Mukherjee K. . Energy use Efficiency in US Manufacturing A Nonpammetric Analysis [J]. Energy Economics, 2008, 30 (1): 105 - 126.

[244] Mukherjee J. . Energy Use Efficiency in the Indina Manufacturing Sector: An Interstate Analysis [J]. Energy policylo, 2007, 35 (1): 1 - 11.

[245] Nordhaus W. D. . Modeling Induced Innovation in Climate Change Policy [C]. Paper Forthe Workshop Induced Technological Change and the Environment, IIASA, Laxenburge, 1999: 355 - 367.

[246] Nordhaus W. D. . Lethal Model 2: The Limits to Growth Revisited [J]. Booking Popers on Economic Activity, 1992, 23 (1): 1 - 43.

[247] Ord J. K. . Estimation Methods for Models of Spatial Interaction [J]. Biometrka, 1950 (37): 178 - 181.

[248] Patterson M. G. . Wadsworth C. Updating New Zealand's Energy Iniensity Trends: what has Happened Since1984 and Why? [R]. Wellington: Energ Effieiency and Conservation Authority, 1993.

[249] Patterson M. G. . What is Energy Efficiency? Concepts, Indicators and Methodological Issues [J]. Energy Policy, 1996, 24 (5): 377 - 399.

[250] Persson T. A. , Colpier E . C. , Azar C. . Adoption of Carbon Dioxide Efficient Technologies and Practices: an Analysis of Sector-specific Convergence Trends Among 12 Nations [J]. Energy Policy, 2007, 35 (5): 2869 - 2878.

[251] Porter M. E. Vander Linde C. . Green and Competitive: Ending the Statemate [J]. Harvard Business Review, 1995, 73 (5): 120 - 134.

[252] Phillip Lebel. Economic Considerations in the Framework of Sustainable Development Initiatives in Africa [R]. Working Papper, 1998.

[253] Pittman R. W. . Multilateral Productivity Comparisons with Undesirable Outputs [J]. Economic Journal, Royal Economic Society, 1983, 93 (372): 883 - 891.

[254] Rahe R. , Tatom J. . Energy Resources and Potential GNP [J]. Federal

Reserve Bank of St Louis Review, 1977, 59 (1): 68 - 76.

[255] Renshaw E.. Energy Effieieney and the Slump in Labour Productivity in the USA [J]. Energy Eeonomies, 1981, 3 (1): 36 - 42.

[256] Rebelo S.. Long-run Policy Analysis and Long-run Growth [J]. Journal of Political Economy, 1991, 99 (5): 500 - 521.

[257] Rebecca J. Elias, David G. Victor.. Energy Transitions in Developing Countries a Review of Concepts and Literature [R]. Working Paper, 2005.

[258] Robert K.. The Mechanisms for Autonomous Energy Efficience Increase: a Cointegration Analysis of the US Energy/GDP Ration [J]. The Energy Journal, 2004, 25 (1): 63 - 88.

[259] Robert K.. Kaufmann, Stephane Dees, Pavlos Karadeloglou, Marcelo Sánchez. Does OPEC Matter? An Econometric Analysis of Oil Prices [J]. The energy Journal, 2004, 24 (1): 24 - 67.

[260] Romer P.. Increasing Returns and Long-Run Growth [J]. Journal of Political Economy, 1986, 94 (5): 1002 - 1037.

[261] Romer P.. Endogenous Techonlogical Change [J]. Journal of Political Economy, 1990, 98 (5): 26 71 - 102.

[262] Shephard R. W.. Theory of Cost and Production Functions [C]. Princeton, N. J.: Princeton University Press, 1970.

[263] Scholz M., Georg Z.. Exhaustible Resoueces, Monopolistic Competition and Endogenous Growth [M]. Mimeo, University of Kiel, 1996.

[264] Schou P.. Polluting Non-renewable Resources and Grpwth [J]. Environmental and Resource Evonomics, 2000, 16 (2): 211 - 227.

[265] Schnabal H.. The ECA-Method for Identifying Sensitive Reaction Within an IO Context [J]. Economic Systems Research, 2003, 15 (4): 495 - 505.

[266] Subal C.. Kumbhakar, C. A. Knox Lovell. Stochastic Frontier Analysis [C]. Cambridge University Press, 2000.

[267] Sinton J. E., Levine M. D.. Changing Energy Intensity in Chinese Industury: The Relative Importance of Structural Shift and Intensity Change [J]. Energy policy, 1994, 22 (3): 239 - 255.

[268] Sinton J. E., Levine M. D., Wang Q.. Energy Efficiency in China: Accomplishments and Challenges [J]. Energy policy, 1998, 26 (11): 813 - 829.

[269] Smil, Vaclav. China's Washington, D. C: Office of Technology Assessment, Report Prepared for the U. S. Congress, 1990 Energy [C].

[270] Sokal R. R., Oden N. L.. Spatial Autocorrelation in Biology, 1. Methodology [J]. Biological Journal of the Linnean Society, 1978, 10 (2): 199 - 228.

[271] Solow R. M.. Intergenerational Equity and Exhaustible Resources [J]. Review of Economics Studies, 1974, 41 (1): 29 - 45.

[272] Soytas U., Sari R.. Energy Consumption and GDP: Causality Relationship in G - 7 Countries and Emerging Markets [J]. Energy Economics, 2003, 25 (1): 33 - 37.

[273] Soytas U., Sari R.. Energy Consumption and Income in G - 7 Countries [J]. Journal of Policy Modeling, 2006, 28 (7): 739 - 750.

[274] Solow R. M.. A Contribution to the Theory of Economic Growth [J]. Quartery Journal of Economics, 1956, 70 (1): 65 - 94.

[275] Solow R. M.. Technical Change and the Aggregate Production Function [J]. Review of Economics and Statistics, 1957, 39 (3): 312 - 320.

[276] Stiglitz J.. Growth with Exhaustible Natural Resources: Efficient and Optimal Growth Paths [J]. Review of Economic Studies, 1974, 41 (1): 123 - 137.

[277] Stokey N. L.. Are There Limits to Growth? [J]. International Economic Review, 1998, 39 (1): 1 - 31.

[278] Subarhmanya M. H.. Labour Productivity, Energy Intensity and Economic Performance in Small Enterprises: A Study of Brick Enterprises Cluster in India [J]. Energy Conversion and Management, 2006, 47 (6): 763 - 777.

[279] Sun J. W.. The Decreas in the Difference of Energy Intensities between OECD Countries from 1971 to 1998 [J]. Energy Policy, 2002, 30 (8): 631 - 635.

[280] Swan T. W.. Economic Growth and Capital Accumulation [J]. Economic Record, 1956, 32 (2): 334 - 361.

[281] Thomas G. Rawshi. What is Happening to China's Energy Consumption [J]. Energy Policy, 2001, 28 (2): 347 - 354.

[282] Thoma M.. Electrical Energy Usage over the Business Cycle [J]. Energy Economics, 2004, 26 (3): 463 - 485.

[283] Toshiyuki Sueyoshi, Mika Goto, Takahiro Ueno. Performance Analysis

of US Coal-fired Power plants by Measuring three DEA Efficiencies [J]. Energy Policy, 2010, 38 (4): 1675 – 1688.

[284] Tyteca D.. On the Measurement of the Environmental Performance of Firms: A Literature Review and a Productive Efficiency Perspective [J]. Journal of Environmental Management, 1996, 46 (3): 281 – 308.

[285] Tzvetanov P., Ruicheva M., Denisiev M.. Scenarios of Energy Demand and Efficiency Potential for Bulgaria [J]. Applied Energy. 1997, 56 (3): 287 – 297.

[286] Upton G. J., Fingleton B.. Spatial Date Analysis by Example, Volume 1: Point Pattern and Quantitative Date [M]. New York: Wiley, 1985.

[287] Vousden N.. Basic Theoretical Issues of Resource Depletion [J]. Journal of Economic Theory, 1973, 6 (2): 126 – 143.

[288] Watanabe M., K. Tanaka. Efficiency Analysis of Chinese Industry: A Directional Distance Function Approach [J]. Energy Policy, 2007, 35 (12): 6323 – 6331.

[289] Withagen C.. Asheim G. B.. Characterizing Sustainability: The Converse of Hartwicks Rule [J]. Journal of Economic Dynamics and Control. 1998, 23 (1): 159 – 165.

[290] Wilson B., Trieu L. H., Bowen B.. Energy efficieney trends in Australia [J]. Energy Policy, 1994, 22 (4): 287 – 295.

[291] Wolde-Rufeal Y.. Electricity Consumption and Economic Growth: A Time Series Experoence for 17 Africa Countries [J]. Energy Policy, 2006, 34 (10): 1106 – 1114.

[292] Wilson B., Trieu L. H., Bowen B.. Energy Efficieney Trends in Australia [J]. Energy Policy, 1994, 22 (4): 287 – 295.

[293] Yamaguchi M.. Factors that Affect Innovation, Deploment and Diffusion of Energy-Efficient Technologies – Case Studies of Japan and Iron/Steel Industry [C]. In-Session Workshop on Mitigation at SBSTA, 2005 (22).

[294] Yoruk B., Zaim O.. Productivity Growth in OECD Countries: A Comparison with Malmquist Indices [J]. Journal of Comparative Economics, 2005, 33 (2): 401 – 420.

[295] Yu S. H., Choi J. Y.. The Causal Relationship between Energy and

GNP: An International Comparison [J]. Journal of Energy Development. 1985, 10 (2): 249 - 272.

[296] Zhou P., Ang B. W., Poh K. L.. Measuring Environmental Performance under Different Environmental DEA Technologies [J]. Energy Economics, 2008, 30 (1): 1 - 14.

后　　记

　　本书是2011年教育部人文社会科学研究规划基金项目"考虑环境效应的中国省际能源效率问题研究"的最终研究成果。从课题立项之日起，在西安交通大学科研院的支持下，经过课题组成员的共同努力，满载着众多人的心血、汗水和期盼，这本书终于要和大家见面了。

　　能源效率问题研究是一个内涵广泛的研究课题，而考虑环境效应的能源效率问题是一个新的研究领域，更是一个复杂的理论与现实问题。在研究内容上，涉及资源科学、环境科学、经济学、管理学等学科；在研究方法上，涉及统计学、计量经济学、运筹学等相关领域；在研究视角上，涉及国别之间、区域之间、产业之间的比较分析。经过近三年的探索和研究，本书从不同视角、运用不同方法对中国能源效率问题进行了系统研究，并提出了相应的对策建议。随着我国国民经济的迅速发展，资源、环境与可持续发展的矛盾将进一步凸显，如何解决资源、环境约束问题，将直接关系到我国国民经济的持续健康发展，甚至影响到我国的综合国力，从这个意义上讲，这也是作者今后进一步研究的动力。

　　本书在写作过程中，得到了西安交通大学经济与金融学院各位领导和同事的大力支持和帮助，而且得到了西安交通大学人文社会科学学术著作出版基金的支助，同时也得到了经济科学出版社的大力支持，在此表示特别的感谢。

　　谢语再多，也难以表达心中的感激，唯有继续努力才能以优异的成绩回报老师、同学的帮助以及家人的巨大付出。

　　能源效率问题研究涉及多个学科，尽管作者在研究过程中力求完善，但由于水平有限，书中难免存在缺陷和错误，恳请广大读者批评指正。

屈小娥
2014年6月